JN276521

# 市民社会の帝国

近代世界システムの解明

J・ローゼンバーグ［著］
Justin Rosenberg
渡辺雅男＋渡辺景子［訳］

THE EMPIRE of CIVIL SOCIETY
A Critique of the Realist Theory of International Relations

桜井書店

THE EMPIRE OF CIVIL SOCIETY by Justin Rosenberg

First published by Verso 1994

© Justin Rosenberg 1994

Reprinted 2001

All rights reserved

Japanese translation published by arrangement with Verso,
The Imprint of New Left Books Ltd. through The English Agency(Japan)Ltd.

# 日本語版への序文

本書は幸運に恵まれてきた。一九九四年に出版されてから、年を経るごとに、国際政治の理解にとってマルクスの資本主義分析が有効であるという本書の中心テーマは、時事的な広がり以上の意味を持つようになっている。本書が書かれた時点で、新自由主義政策は世界を席巻しており、冷戦の相手であったソビエトに対する資本主義社会の勝利を確固たるものにしていた。だが、この資本主義の勝利が、その結果として、米ソの二極支配の後に続くアメリカの「一極支配」をさえ凌駕するようになるとは、当時まだだれも予想できなかった。一八五三年にマルクスは「アジアの社会状態の根本的な革命なしに人類がその使命を果たすことはできない」(「インドにおけるイギリスの支配」)と指摘していた。日本が一九世紀に突破口を開き、その後ついに中国とインドが資本主義的工業化を開始したことで、この革命は劇的な展開を見せている。しかも、それがもたらす最大の成果のひとつは、間違いなく国際政治のバランスを回復させることであろう。つまり、二〇〇年以上にわたる西欧の覇権に終止符が打たれることである。資本主義が最終的にその西欧という発祥の地を脱却することで、国際関係に対して資本主義が持つ意味はさらに強化されるだろう。

マルクス主義は国際理論に多くの貢献を行なってきた。その中で、本書が行なった議論は二つの点において独自である。第一は、本書が理論的な出発点にレーニンの帝国主義論やグラムシの「ヘゲモニー」論を置かず、マルクス自身の資本主義社会分析と価値論を置いたことである。こうした直接的な「マルクスへの回帰」がマルクス主義の国際関係論に関する著作でなぜ一般的に行なわれてこなかったのか、私にはわからない。本書を読んでいただければわかると思うが、マルクスの著作は国際理論に根本的な前進をもたらすために利用可能である。第二に、マルクス主義が国際関係論を扱う際には当然のことながら、現実主義の「パワー・ポリティクス」論を受け入れることはないし、むしろ資本主義の世界市場が富と権力の国際的不平等をいかにして生み出しているかに焦点を当てようとする。だが、その結果、現実主義者の中心的な主張に対しては積極的に関与しないということになりがちである。これに対し、本書『市民社会の帝国』は現実主義の内在的批判を行ない、「主権」や「無政府性《アナーキー》」といったその中心概念が資本主義社会に特有の社会政治的現象を反映したものにすぎないことを明らかにした。当時の私は、それが最強の現実主義批判であると考えていた（これに対し、現実主義は、自分たちの主張が歴史貫通的な適応可能性を持つと考えていた）。その後、私は、資本主義的な地政学の歴史的に独自なあり方をめぐるマルクスの議論がグローバリゼーション理論の自由主義的な幻想を批判する際にも利用できることを発見した（Rosenberg 2000, 2005）。

どの本もそうだが、本書でも、積極的に取り組んだ問題もあれば、語られなかった問題もある。本書は、国際関係に対する資本主義の意義を明らかにする議論は行なったが、資本主義に対して国際関係が持つ重要性に関してはほとんどなにも語っていない。最近では、この後者の問題が私の研究の中心テーマとなっている。私は、トロツキーの「複合的不均等発展」論の批判的検討を通じて、このテーマを追究している（Rosenberg 1996, 2006）。幸いなことに、これまでのところ本書での議論と基本的に矛盾するような問題点はあらわれてきてはいない。最後に、本書を日本の読者に届けるうえで努力してくれた翻訳者の渡辺夫妻と出版社の桜井書店に謝意を表したい。

ブライトンにて
二〇〇八年二月

Rosenberg, 1996, 'Isaac Deutscher and the Lost History of International Relations', *New Left Review*, Jan/Feb 1996, 3-15. (The 1995 Deutscher Memorial Lecture).

Rosenberg, 2000, *The Follies of Globalisation Theory: Polemical Essays*, London, Verso 2000.

Rosenberg, 2005, ‘Globalisation Theory: a Post-Mortem’, *International Politics*, Vol. 42, Issue 1, March 2005, 2–74.

Rosenberg, 2006, ‘Why is There No International Historical Sociology?’, *European Journal of International Relations*, 2006 12: 307–340.

# 謝辞

本書の議論に説得力が備わっているとすれば、その多くは以下の人々からの批判や刺激、助言に負うものである。イアン・ロックスバラ（Ian Roxborough）とニコス・ムーゼリス（Nicos Mouzelis）は模範的な博士論文指導者であった。マーゴット・ライト（Margot Light）からは、論文をＬＳＥ（London School of Economics and Political Science）に提出する最終段階で、有益な編集上の助力を得た。さらに、寛大ながら綿密な博士論文試験で、エレン・ウッド（Ellen Wood）からいくつかの弱点を指摘された。その一部は修正できたが、残された点もある。最後に、この計画に最初からかかわってくれた二人の人物の名前をあげておきたい。一人は、私を最初に国際関係論の分野に引き入れたフレッド・ハリディ（Fred Halliday）である。彼の先例と、この計画に与えてくれた暖かい励ましは、なにより私を力づけてくれた。もう一人、サイモン・ブロムリー（Simon Bromley）は、忍耐と恐るべき知的パワーとを絶えず惜しみなく与えてくれた。それらに負うところは非常に大きく、その恩義に私は深く感謝している。彼の支えがなかったら、本書の成果は非常に異なったもの、もっと貧弱なものとなっていただろう。本書に残る弱点と遺漏は私自身の責任である。

第一章の初稿は、'What's the Matter with Realism' という表題で *Review of International Studies*, 16(4), 1990, pp. 285–303 に掲載された。第三章は、'Secret Origins of the State: The Structural Basis of Raison d'Etat', *Review of International Studies*, 18(2), 1992, pp. 131–59 を少し改訂したものである。第五章の一部は、一九九二年春にベルファストの Queens University で行なわれた Political Studies Association Conference で発表された。

# 目次

# 市民社会の帝国

近代世界システムの解明

人間の知性を追い求め，その中で数々の正説を覆してきた，
私の母，パトリシア・ローゼンバーク(1925–1993)に
本書を捧げる。

# 序論

何年か前、ケンブリッジ大学のあるコレッジでこんなことがあったといわれている。そのコレッジはきわめて保守的な寮長の監督下にあった。

ある若者が、このコレッジのフェローに選ばれた。彼は向こう見ずにも、出席した最初のフェロー会議でコレッジの運営方針について数々の提言を行なった。不機嫌そうな顔つきで聞いていた寮長は、この新参者の話が終わると、こう言った。「面白いね。だが、君の提案はコレッジの伝統とはいささか矛盾しているように私には思える」。意欲的な改革者は、こう切り返した。「とんでもありません。私はコレッジの歴史を調べました。私の提案がコレッジのこれまでの三〇〇年の歴史の流れに完璧に合致していることは間違いありません」。寮長の答えはこうだった。「そうかもしれない。だが、ここ三〇〇年の歴史が、控えめに言っても、むしろ例外だったのではないだろうか」[1]。

もちろん寮長は正しかった。ここ三〇〇年をそれ以前の人類の歴史から区別する何かが存在する。国際関係論の分野では、このことはとくに明白である。それは、この時代に初めて全地球をカバーする国家システムが登場したからである。だが、それ以外の分野でも、このことは明らかである。事実、「近代《モダニティー》」という言葉を使うとき、そこには、世界のあり方に関して過去と現在とを区別する大きな断絶、構造的な不連続性が含意されているのである。

この不連続性とは何か。これこそが、すべての社会科学の最初の問題、つまり、現代社会を体系的に理解しようとするあらゆる試みの出発点となる疑問だといえるだろう。そして、スコットランド啓蒙思想家からヘーゲルにいたるまで、また、イギリスの政治経済学者から革命後のフランス社会学者にいたるまで、現代社会思想の先駆者ないし創始者と今日考えられている一八世紀と一九世紀のほぼすべての大思想家たちが取り組んだのも、この問題であった。その答えを身分社会から契約社会への変化と考えるか、あるいは、有機的連帯の社会から機械的連帯の社会への変化と見るか、戦士階級から産業階級への転換として考えるか、あるいは、封建制度から資本主義への転換と見るか、いずれにしても近代世界の性格を解明しようとするこれらすべての試みは、近代世界とそれ以前の世界との違いがどれほど大きいかを強調することから始まっている。

実際、彼らの多くにとって、変化がいかに大きなものであったかという、この認識こそが、政治哲学とは区別された独自の存在としての社会科学を可能にするものなのである。自分たちの知る世界が、実は事物の普遍的な自然的秩序の一部ではなく、むしろ特定の社会を特徴づける、歴史的に特殊な社会関係の日常的所産であることを明らかにすることによって、社会科学は可能となるのである。オーギュスタン・ティエリは、フランス革命の余波の中で書いた文章で、この点をきわめて雄弁に語っている。

われわれ一九世紀を生きる人間はだれでも、〔一八世紀を生きた〕ヴェリー、マブリ、ヴォルテールと比べて、謀反や征服、帝国の分割、王国の没落と復興、民衆の革命とその反動などについて、多くのことを知っている。……過去五〇年間の出来事、これまでになかった出来事のおかげで、われわれは中世の革命を初めて理解することができたし、年代記の文字の裏に隠された精神を知ることもできたし、ベネディクト派の文書から、学識ある人々もその重要性を見いだしえなかった、あるいは部分的にしか見つけられなかったものを引き出すことができた。彼らには、社会の大転換への理解や共感が欠けていた。彼らは好奇心から法律や公法、裁判規則や私的契約などを研究した。……だが、政治感覚、死んだ文字の背後で息づくあらゆるもの、社会やそのさまざまな構成要素についての認識が、……彼らにはない。……この認識は、われわれが自らの経験を通じて獲得したものである。それは、われわれの前の時代に起きた、権力と社会の途方もない変化のせいで手にすることができたのである。[2]

そして、もちろん、ひとたびこの点が過去との関連で理解されると、われわれが当たり前のものと考えていた現代の社会形態――例えば、市場、国家、そして実に個人まで――についても特定の社会を特徴づける、歴史的に特殊な社会関係という観点から考えざるをえなくなる。

その主張が歴史学と社会学とを結びつけようという強力な議論になるか、それとも、両者を切り離そうという強力な議論になるかは、おそらくその人の政治的見解による。だが、どちらにしろ、近代を議論した初期の理論家に見られる際立った特徴は、今日われわれが当然のこととして行なっているように、学問の境界にしたがって社会を区分したりはしていない点である。スミスを「非経済的」要素の徹底的な外部化である新古典派経済学に押し込むことができないのは、マルクスが正統派の社会学に収まりきらないのと同じである。その理由は、社会の現実を学問にそって分割してしまうと、スミスとマルクスがともに新奇なもの、説明しなければならないものと考えた近代社会についてのある基本的な事柄を、当然のものと考えてしまう（それゆえ看過してしまう）ことになるからである。

これを明確に示す例が、政治学と経済学との学問的な分離である。一八七〇年代のいわゆる「限界」革命の後に純粋経済学が誕生したことを考えてみると、いまやこの公式の分離から一世紀が経過している。現実主義の国際関係論は、この分離を基礎にして成立したいくつかの学問の一つであり、国家間の政治関係の研究を内容としている（本書では、国家間の現実的関係と区別して、国際関係の学問を国際関係論と呼ぶ）。以前から、多くの論者（例えばE・H・カー[3]を含む）が、現実世界を理解するうえでこの分業は有益ではないと指摘していた。いずれにせよ、国家は市場を規制したり制約したりするために日常的な介入を市場に対して行ない、市場は国家の行動に影響するような効果を生み出している。最近、ここから、国際政治と国際経済との因果的な相互関係に焦点を当てた国際政治経済学という新しい分野が生れてきた。[4] これは、国際関係論と経済学との学問的境界を乗り越えようという一つの新機軸と見られている。

おそらく、そうなのだろう。「国家と市場とはどのような関係なのか」という疑問はたしかに興味深いし、また重要でもある。だが、それは、国際システムが政治と経済という明確に区別された制度的領域から成り立つという考えを出発点にしている。この出発点は自明のことと思われるかもしれない。しかし、実際には、これが近代世界にほぼ独自のものであることは、歴史を振り返って見れば明らかである。[5] そして、こうした社会形態が本当に新しいものであるとするならば、そこからはさらなる疑問が浮び上がってくる。近代の国際システムが、独自の社会形態、つまり国家と市場を前提にしているのは、いったいなぜなのか、ということである。国家と市場の基本特性に即してこの疑問に答えることができないことから、われわれはさらに根本的な疑問へと導かれる。いかなる種類の社会において政治と経済とが独自の制度的分野として展開するのか。また、それはなぜか。そのとき、実際にはなにが起こっているのか。これらの疑問に答えることは、後で述べるように、社会的な権力の近代的形態について、さまざまなことをわれわれに教えてくれる。それは、われわれが国家と経済とを社会的現実の基本的な構成要素と考えているかぎりけっして理解することができないものである。

だが、さしあたりの問題は、この根本的な疑問を提起するためには、既存の学問の外に一歩足を踏みだし、初期の社会思想家たちが考えたように、社会全体を一個の社会的総体と考えなくてはならないということである。その理由は、近代社会科学における学問間の分業それ自体が、近代独自の社会形態の無批判な反映であり、その自然化だからである。そこでは、国家、市場、個人という、われわれがまさに説明しなければならないものが、すでに当たり前の出発点として想定されている。近代的な社会関係の特定の構造を互いに切り離して概念化することで、この分業は、それらの構造を独自の特性を持った自己充足的な行為主体へと転化する。それによって、これらの社会形態の歴史的な新しさも、これらを構成する特殊な社会関係も、隠蔽されてしまう。そして、これがイデオロギー的閉塞を生み、人類の共同的な可能性という展望を閉ざすものであることは言うまでもない。

とてつもない轟音と衝撃をともなって近代社会がヨーロッパに到来したことは、当時そこに暮らしていただれの目にも明らかだった（必ずしも理解されたというわけではないにせよ）。そして、その後、痕跡は跡形もなく消えてしまったかのようである。

社会科学の真の課題はこのプロセスに荷担することではない。むしろ、その反対である。つまり、われわれを取り囲む世界を、それが以前の社会とどのように違うかを明らかにすることによって非自然化することであり、国家や市場という具象化された社会形態を、その構成要素である人々の歴史的に特殊な社会関係へと分解することであり、そして最後に、近代社会の出現と発展を「現実の、生きた個人」[6]の社会関係の歴史として再発見するために、われわれの足跡をたどることである。

もしこれが社会科学全体の仕事であると定義するなら、国際関係論が、それ自身の研究対象の探究に際して、方法論の独自性を持たなければならない理由はあるのだろうか。もちろん、現実主義という依然支配的な考え方の中で研究を続ける多くの論者にとっては、理由はたしかにあるだろう。

彼らからすれば、国際関係論は、国内の政治生活（これは調整機能や平和維持機能を持つ国家主権のもとで営まれる）と国外の政治生活（これは否応なしの無政府状態《アナーキー》の論理に支配されている）との根本的な乖離の認識を前提としている。この無政府状態の論理を解明することが、国際関係論の独自の理論的課題と考えられている。それは、国外政治と根本的に異なる原理に支配されている国内政治の研究とは、かなり厳密に区別されなければならない課題である。[7]そして、国際的な出来事を関係国の国内的な特性を基準に説明しようとするのは粗野な還元論であって、外的な要因のはたらきを理解していないと（しばしば正当にも）みなされる。こうした理由から、経験的な再構成においてなにが求められているにせよ、地政学的なシステムと国内の社会構造との関連性を跡づけることは国際関係論の課題ではないとされてきたのである。ケネス・ウォルツはつぎのように述べている。

国際政治を学ぶ者は、国内政治と対外政治の理論を、だれかが両者を統一する方法を発見するまで、別々のものとして学ぶのがよい。(8)

問題は、ひとたび対外政治の理論がこうして切り離されてしまうと、前述のような形での社会形態の具象化を避けることが完全に不可能になることである。なぜなら、それらを構成する社会関係が、「国内政治」の名のもとに視野から排除されてしまうからである。当然、切り離された対外政治の理論は国家を出発点にしなければならないことになる。

歴史上のさまざまな地政学的システムを比較し、それらが実際どのように違っていたのかを知ることで、弊害を部分的に抑えることができるかもしれない。例えば、封建時代における王家の外交の役割（あるいは現代世界では王家の外交は役に立たないこと）を、国内社会の性格に触れずに説明することは不可能だろう。だが、このような再検討は、歴史対比の驚くべき軽視によって阻まれ、その結果、われわれが説明しなければならない近代《モダニティー》そのものが見えなくなっている。ウォルツは少し極端かもしれないが、次のように述べている。

国際政治の基本的特徴は、何千年ものあいだ、国際活動の性格が驚くべき同一性を示してきたということである。この意見については幅広い賛同が得られるだろう。(9)

こう語るのは、彼だけではない。ロバート・ギルピンも「国際関係の本質は何千年ものあいだ、基本的に変わっていない」と主張している。(10) イタリアやギリシャの都市国家がバランス・オブ・パワーの永遠性を示す例として取り上げられるのも珍しいことではない。

その結果、批評家がしばしば言うように、現実主義の国際関係論は現代的な地政学を具象化し、歴史的な対比を無視して、強国の盛衰としてしか歴史的変化を捉えることのできないような国家システムのモデルを生産することで終わっている。

本書の目的は、先に述べたような社会科学の共通の使命にそって、一つの学問としての国際関係論を新たな方向に向け直すことである。つまり、(a)近代の国際システムが歴史上の他のすべての地政学的システムとどのように異なるのかを明らかにすること、(b)この対比を近代世界の支配的な社会構造についての幅広い理解と関連づけること、(c)このような見方が、過去から未来につながる国際システムの歴史を再生させようとするわれわれの方法にいかなる変化をもたらすかを示すことである。これらの目的はそれぞれ、正統的な現実主義に対する、少し異なった点での批判的な取り組みを要求する。だが、三つすべてを結びつける統一的なテーマがあるとしたら、それは、地政学的システムは社会生活の生産および再生産の構造から独立して成立しているわけではなく、また、それと切り離されて理解できるものではないという単純な主張である。

本書の議論は三つの主要部分に分かれ、それぞれが二つの章で構成されている。第一部では、アカデミックな国際関係論の支配的理論である現実主義に対する理論的批判を行なう。第一章は、この学派で最も影響力のある三人の論者について、順次その記述的立場、規範的立場、社会理論的な立場を批判していく。現実主義理論の基本的な弱点は、その非歴史的な、社会学以前の性格にある。ここでは、将来の再定義のために、「主権」と「無政府状態《アナーキー》」という二つの概念を取り上げる。第二章では、この二つの点についての議論をさらに展開する。現実主義の理論が国際システムを歴史的に考える道をいかに閉ざしているかという例から始めて、無政府状態という非歴史的な問題把握を、それに代わるべき、近代という社会学的な問題把握へと置き換える必要があることを主張する。この目的のために、現代の社会理論の中のいくつかの重要問題に目を向け、幅広い史的唯物論の分析枠組みを概説する。さらにまた、現実主義の立場は、その学問対象である地政学的な問題領域が、社会の再生産というより幅広い構造から存在論的に区別されると考えるが、この現実主義の基本原理を批判することもこの章の課題である。

第二部では、社会構造がいかに地政学的なシステムと関係しているかを歴史的に考察する。第三章は国家の自律性という概念を取り上げる。これは、地政学的な領域を切り離して考える現実主義の立場にとって中心的な概念である。近代の資本主義的な国家システムとルネッサンス期イタリアや古典期ギリシャの国家システムとを対比させることで、これらが見せる表面上の類似は、それぞれの国家形態が特定の種類の社会に固有なものであったという事実を見ないかぎり、理解できないことを明らかにする。これは一つの相互関係であり、国家間のパワーの性格や全体としての地政学的なシステムの発展の軌道に重大な影響を与えるものである。これらの例を国家システムに独自の超歴史的一貫性の証拠であるとする従来の議論を直接に批判する。第四章では、今日の世界市場に前近代で対応するもの、つまり、絶対主義の時代のポルトガル帝国とスペイン帝国とを特徴づけた交換関係の構造と帝国主義的拡張の形態とが議論の対象となる。この章では、本国社会の前資本主義的性格が近代世界経済の交換関係と鋭く対立する一連の交換関係を支えていたケース（ポルトガル）と、海外拡張と植民地獲得の力学に本国の社会構造が刻印されていたケース（スペイン）を取り上げる。

第三部では、議論を現代にもどし、マルクスの資本主義社会の社会理論を、近代の国際関係を理解するための、現実主義に代わる枠組みへと発展させようと試みる。とくに、再定義のためにさきに選び出された「主権」と「無政府状態」という二つの概念が、これまでの歴史的、理論的な研究を踏まえて、ここで再検討される。現実主義者によって、この二つの概念には、国際関係論をそれ以外の幅広い社会科学から切り離す役割が担わされてきた。ここでは、これらの概念は正反対の意図をもって作り替えられる。近代の国際システムは、このシステムの主要国がもつ資本主義的社会構造と間違いなく調和的関係にあるが、そのあり方を明らかにするためにこれらの概念が使われるのである。第五章では、資本主義社会における国家の導出を論じたマルクスの議論を受けて、「主権」の概念を再定義する。次いで、マルクスにもまた、資本主義的近代の特徴的な社会的形態としてあまり注目されなかった「無政府状態」の理論があることを指摘する。最後に、第六章では、さらなる歴史研究の課題を示すために、マルクスの「本源的蓄積の秘密」論を展開する。この課題は、国際システムの出現と発展について、正統的な国際関係論で前提とされているものとは根本的に異なる歴史叙述を示唆するものである。

議論を始めるにあたり、ここでもう一点述べておくのが適切だろう。以下の各章は四年間にわたる博士論文の準備期間中に書かれたものであり、書かれた順番も内容も、ほとんどそのままの形でここに収録されている。このような形での発表に不都合な点があることは明らかである。議論は時間の経過とともに発展してきたのであり、それは、後続の章の展開に反映されている。実際、もし結論の章で到達した地点からもう一度本書を書き直すとすれば、構成は違ったものになるだろう。前もって議論の行き着く先がわかっていたら、もう少し直線的な道を選んだだろうし、現実主義の国際関係論よりもっと有望な出発点を選ぶこともできただろう。その一方で、現実主義の長所や短所をめぐる議論は、国際関係論を学ぶ者にとっては、どうしても避けて通れない出発点である。そうした読者にとっては、馴染みの論争から始まって、なんとかそこを抜け出し、まったく別の知的領域へとたどり着く研究のほうが、専門分野の公認の境界の外で論陣を張った研究よりも実際には役に立つのではないだろうか。したがって、以下の議論に行論の凹凸や特有のねじれが見られるとしても、それが現実主義から抜け出す一つの可能性を示唆しているとすれば、それなりに意味があるといえるだろう。

注

（1） E. Heller, *The Artist's Journey into the Interior*, London 1966, p. 3.
（2） G. Therborn, *Science, Class and Society*, London 1976, pp. 172–173における引用。
（3） E. H. Carr, *The Twenty Years' Crisis*, 2nd edn., London 1946, reprinted Basingstoke 1981, p. 116〔邦訳、二一六頁〕。
（4） スーザン・ストレンジの著作は、国際政治経済学の課題を詳述したものとして、秀逸で印象深い労作である。Susan Strange, *States and Markets: An Introduction to International Political Economy*, London 1988. pp. 13–14〔邦訳、一九—二一頁〕

を参照。

（5）「しかし、そう仮定することがわれわれにはいかに自然に見えたとしても、それは正当化されえない。なぜなら、われわれはみなあまりたやすく忘れてしまうのだが、市場経済はわれわれ自身の時代以外には一度も存在したことのない制度的組織……だからである」（K. Polanyi, *The Great Transformation*, Boston 1957, p. 37〔邦訳、五〇頁〕）。

（6）*The German Ideology* (Part I and II), ed. R. Pascal, New York 1947, p. 15〔邦訳『全集』第三巻、大月書店、二三頁、岩波文庫版、二五頁〕。このような作業は、物質的な権力関係によって支えられた社会関係を実際に超越することと混同されてはならない。どれほど人間の自己理解の解放的潜在力を肯定したいと願ったとしても、たんに疎外された社会形態を認識のうえで取り返すことによって権力構造の解体が可能であるということにはならない。この誤りは政治的な知識人につきものの職業病に近いものであるが、最も重症なのは現象学的な傾向をもつ社会学者やヘーゲル主義的なマルクス主義者のようである。後者の場合――おそらくある種の現代「批判理論」の認識論的な問題関心もこれに含まれるだろう――は『ドイツ・イデオロギー』の巻頭で「哲学的批判者たち」の「無邪気で子供らしい空想」に向けられた辛辣な皮肉を考えると、とくに不可解である。マルクスは青年ヘーゲル派を戯画化して次のように言う。「彼らの頭から生まれ出た怪物は彼らの頭を越えて大きくなった。……これらの思想の支配に反逆しようではないか。これらの妄想を人間の本質にふさわしい思想に置き換えることを彼らに教えようではないか、そうある者は言い、それらの妄想に批判的な態度をとることを教えようと他の者は言い、それらの妄想を念頭から追いはらうことを教えようと第三の者は言う――そうすれば、いまある現実は崩壊するであろうというわけである」（Ibid., p. 1〔邦訳『全集』第三巻、一一頁、岩波文庫版、一三―一四頁〕）。これとは対照的に、マルクスからすれば「商品の物神性」は、社会関係の特殊なあり方が生み出す人間主体の現実的疎外過程の感覚的な構成要素である。意識は、これを理解することはできても、解決することはできない。セイヤーも言うように、「物象化は社会的過程であって、単なるカテゴリー的誤りではない」（Sayer, *Capitalism and Modernity*, London 1991, p. 61〔邦訳、八〇頁〕）。

（7）例えば、ウォルツによれば、「国内のシステムは中央集権的であり、ヒエラルキー的である。……国際システムは分権的であり、無政府的である。二つのシステムの秩序原理は明確に異なっており、実際、まさに正反対である」（Keohane, ed., *Neorealism and Its Critics*, New York 1986, p. 81）。

（8）Ibid., p. 340.

（9）Ibid., p. 53.

（10）Robert Gilpin, *War and Change in World Politics*, Cambridge 1981. p. 211. マーティン・ワイトも「なぜ国際理論は不在であるのか」という疑問に対する答えとしてこのことをあげる。「もしトマス・モアやヘンリー四世が［一九六〇年の］国際情勢を観ることがあったら、おそらく彼らが記憶しているものとの類似に驚いたことであろう。……舞台は広がり、登場人物は減り、使われる武器は威力を増したかもしれないが、芝居は相も変わらぬメロドラマである。国際政治は再現と反復の世界である。そこでは、政治的行動はつねに必須である」（Martin Wight, 'Why is There No International Theory?', in H. Butterfield and M. Wight, eds., *Diplomatic Investigations*, London 1966, p. 26）。

# 第一章　現実主義の難点

国際関係論という学問は、理論の分野ではあまり強力とはいえない。社会学ではマックス・ヴェーバー、マルクス、デュルケームの遺産がさまざまな展望を切り開いているのに対し、国際関係論にはそれに相当するものは存在しない。国際関係論の代表的論者の一人であるイギリスのマーティン・ワイトがかつて「なぜ国際理論は不在であるのか」(1)という論文を書いたほどの状況である。彼自身が出した答えは、ひとつには、バランス・オブ・パワーというメカニズムが発見された後には、理論化すべきものはなにも残らないというものであった。彼ほどの鋭く独創的な知性がたどり着いたにしては、残念な結論である。しかし、これはこの学問分野の中心的特性を衝いている。なぜなら、バランス・オブ・パワーという二次元モデルは、国際関係論の現実主義理論の限界である、と言うことができるからである。ただ、ワイトの結論は、研究対象である国際という領域に固有な特性を反映したものというよりは、おそらく現実主義の正統派が国際関係論を支配していることを示したものといえるだろう。

では、国際関係論で現実主義の立場に立つということは、なにを意味するのだろうか。戦後、現実主義という言葉は、国際政治に対する独自のアプローチの基礎となる一連の命題を示してきた。それらの命題をまとめてみれば、以下のようになるだろう。

1　国際政治は、主に国家主権の相互作用の領域として理解されるべきであり、それは国内政治の領域から切り離されて存在する。

2　この領域の独自の性格は、「無政府状態《アナーキー》」と表現される。つまり、各国によるさまざまな「ナショナル・インタレスト（国益）」の追求が、より高次な主権による規制の不在の中で競争的に行なわれる。

3　その結果、国家間関係に対して包括的な一連の強制力が生み出され、これが、勢力均衡の複雑なはたらきをとおして、国家の国際的行動のあり方を規定する。したがって、バランス・オブ・パワーを理解することは、国際政治を解明する鍵でもある。

本章は国際関係を理解するための出発点として、これらの前提の妥当性を吟味する。作業は三つの節に分けて行なわれる。各節で、E・H・カー、ハンス・モーゲンソー、ケネス・ウォルツの著作が現実主義の記述的立場、規範的立場、理論的な立場の代表例として取り上げられる。(2) そこで議論されるのは、記述としての現実主義はあまりに多くを除外していること、規範的な原理としての現実主義には、あまりに多くのものが含まれてしまっていること、そして、社会理論としての現実主義といっても、実際、それは社会理論などではなく、社会理論に見せかけた機械の操作マニュアルにすぎないということである。このようなテクニカルな評価の後で、現実主義のイデオロギー的な性格を明らかにし、中心的なカテゴリーの再検討がいかに国際関係論の理論的展望を変化させるかについて、予備的な提言を行なう。

## 記述的な現実主義――E・H・カーと国家の視点

現実主義を上記のように定式化してみると、ただちに奇妙かつ暗示的な逆説に突きあたる。現実主義を一つの学派として考えてみようとする人が、その古典的な文献に目を向けるとき、そこでは国家中心主義的な学説が政治学という幅広い考え方を基礎に議論されているのではないか、あるいは少なくともそれが命題形式で述べられているのではないか、と期待するのは当然である。だが、事実は必ずしもそうではない。実際、カーを読んでみても、そこに国家中心主義を積極的に擁護した議論は見当たらないだけでなく、そこでの「現実主義」の議論は国家中心主義を暗示すらしていない(3)。

『危機の二十年』の前半で、カーは「現実主義」の概念を展開している。その際、この概念は、政治思想に基づくイデオロギー的決定論の正体を暴くための知的な道具として使われている。「法を通じての平和」という希望に対して強烈な批判が繰り広げられるのは、そのためである。カーは、自由主義的で国際主義的な価値観や、人々の利害の根本的な調和という主張が、物質的・政治的な特権層に代々引き継がれたおごり、自らの正当化であり、大いなる錯覚であることを繰り返し説明する。この批判にとって「現実主義」がいかに有効であるかは、その中心的な前提、カーがマキャベリから導き出した以下の前提の中によく示されている（pp. 63–64〔邦訳、一三〇―一三二頁〕）。第一に、歴史の過程は原因と結果の連続であり、この関連は合理的な分析により発見可能である。第二に、思想は実際の行動から独立した精神的力能ではない。理論は実践の中から創り出されるのであり、実践の一つの機能として分析されうる。第三に、倫理的な行動が行為者間の互恵性への期待に依存するものであるかぎり、この互恵性は強制権力の存在によってはじめて保証される。道徳性は権力の一機能であり、このことを踏まえて価値判断されるべきである。彼のここまでの議論に国家中心的な視点を明確に読み取ることはできない。実際、以上の三点に加え、第四の点として歴史に内在する進歩の力学を後から付け加えることによって、カーはマルクス（マルクスは国内政治と国際政治との原則的分離をけっして受け入れることはなかっただろう）を近代の「現実主義者」の仲間にいとも簡単に入れてしまう（p. 65〔邦訳、一三二頁〕）。政策立案の立場から一歩距離を置く彼には、たとえば国家を突き動かしている行動主体は権力だけであるというような強烈な感覚は見受けられない。

では、カーはいかなる意味でわれわれのいう現実主義者なのだろうか。興味深いところである。というのも、（同いまま、すべて出揃っていたからである。

書の後半で）彼が国際政治について自身の理解を打ち立てようとしたときには、現実主義の前提条件は、言明されないまま、すべて出揃っていたからである。

そのこと自体は、驚くほどのことではない。カーは、彼が批判している「理想主義者」と緊急政策の方向性を共有していたからである。理想主義者のユートピアニズムが一九一四年〔第一次世界大戦の開戦〕による強制退却であったとすれば、カー自身によるその現実主義的な訂正は、同じように一九三〇年代の教訓を学ぶようにと迫る強制命令であった。結局のところ、彼は元外交官だった。(4) その結果、カーの議論は最初から「国家理性」の議論となっている。そして、国家を主体として見る立場に身を置いている。そのため、説明としては、国家政策の中途半端な実行とその部分的にねじれた帰結として国際関係の歴史を描くことに精力が傾けられる。理論的には、国家という行動主体が究極のカテゴリーとされ、しかも、それは、国家が直面する複雑な数々の困難の中ではなく（カーは安易な政策的解答を要求しない）、国家を構成要素とする、国境を越えた国際的なプロセスに関連して議論される。つまり、カーの言う「国際政治の科学」とは、国家の問題ではなく、暗黙のうちに国家のための問題を提起することなのである。そして、当然、ここに現実主義の特性を認めることができる。現実主義の最深部にある諸前提は、外交という社会的実践へのイデオロギー的要請に基礎を置いている。現実主義はその規範を表現しているのである。

現実主義の諸前提のなかでおそらく第一の前提は、国際システムにおける政治的行動主体は国家にほぼ限定されるということである（歴史的行動主体は、現実主義者の著述のなかでは、ほぼつねに政策に還元できると考えられている）。したがって、カーが社会権力を定義しようとする際に、それを国家政策の手段ないし制約として非常に狭く論じるのは、当然といえる。国家権力がさまざまなイデオロギー的、経済的、軍事的要素から成り立つことを認めはするものの、それでもなお、国家権力は、国際的な結果に影響を及ぼす、国民的に構成された国家の潜在能力という包括的な形で測られたり、表現されたりするのである。(5)

この権力概念の理論的な意味を知るためには、それほどの飛躍を必要としない。軍事的、経済的、イデオロギー的な要因が（国家が行使する）包括的な権力の三本柱を構成し、それらが国際関係のパターンを形成すると考えられるなら、そして、それらは、国家政策の手段として動員されることによってのみ国際的な影響力を獲得すると考えられるなら、国民国家間の関係の構造は、国際秩序の特殊な契機にとどまる必要はない。それは、実際に国際秩序の力学を規定する。そして、世界政治を理解する作業も、バランス・オブ・パワーを説明するという、現実主義者になじみの課題へと解消される。

いまや経済的、社会的、軍事的、政治的な権力構造をグローバルな全体の一部として理解することが必要である。これが国際関係論に独自の理論的課題であることは間違いないだろう。だが、国際関係のすべてを国家間の政治的・軍事的な競争モデルに流し込むだけで、課題を果たすことが本当にできるのだろうか。こうした方法で国際政治とはなにかを十分に説明することができるのだろうか。これこそカーがこの著作で取り組んだ課題であった。われわれは、なぜこれが不十分であるのかについて、いくつかの例を見てみなければならない。

明白な（一九三九年にはとくに切迫していた）理由により、「軍事的手段」はこの意味での抵抗が最も少ないものだった。国際政治が国家間の権力闘争として理解され、自助が究極的には闘争を有効に規制する唯一の道であるとすれば、軍事力は、国際競争の質を最も明確に決定することになる。これは、国家によって直接的にコントロールされるものであり、現実主義者の権力観にほぼ合致する見方である。こうしてカーは、国際的なパワー・ポリティクスのゼロサム・メカニズムをきわめて鮮やかに描いている。それは「より強大な権力への欲求」[6]や複雑で脆いバランス・オブ・パワー[7]の根底にある「囚人のジレンマ」である。

だが、同じ調子で経済的パワーを論じようとすると、途端に深刻な問題に突き当たる。カーの議論はまず、財源が軍事力の前提条件であり、この（最大の）理由によって、国家は経済成長の推進に強い関心を持つ、というところから出発する。この点を基礎にして、また、国民経済への政府介入の歴史的拡大に着目しつつ、彼は「『政治経済学』という用語への一般的な復帰」（p. 116〔邦訳、二一九頁〕）を訴える。

この用語が国際関係を考える場合に有効であるとすれば、それは、この言葉が二つの決定的な展望を同時に切り開いてくれるからである。一つは、政治的競争の経済学（国家は、国境を越えて力を拡張するために、国境内部での経済活動に規制を加えたり、管理したり、課税したりするということ）であり、もう一つは、世界経済の政治学（流動的でグローバルな経済関係が政治的境界を越えて出現しており、それが不均等発展の国際的なプロセスを通じて政治活動の形態や範囲を決定しているということ）である。明らかに、われわれはこの両方を理解しなければならない。同様に、カーが「経済の学問は一定の政治的秩序を前提とする」（p. 117〔邦訳、二一九頁〕）と付け加えたとき、そのことは、経済的資源を動員する支配的な政治エリートが存在するという経験的事実を示唆するだけでなく、国家および国家システムが国民経済および国際経済に対してどのような制度的関連をもつかという理論的な問題提起をも行なっているのである。

残念ながら、彼が「国策に活用するための経済的武器」（p. 115〔邦訳、二一八頁〕）を考えているため、二つのケースのいずれにおいても、カーの説明は前者の意味〔政治的競争の経済学〕に大きく偏っていて、重商主義が経済政策の理想型のように描かれている。これは部分的には、彼が論争相手にアダム・スミス以来の自由主義を想定したこと、その市場理論をユートピア思想の源泉と考えたことの結果である。だが、これは、現実主義の記述的方法論が抱えるより一般的な弱点をも明らかにしている。この方法論では、近代国家が経済を動員しようとする存在であることは認識できるが、経済が国家を超えた全体的存在の一部であり、この全体的存在が国家の作用とは独立に重要な政治的影響を及ぼすということは認識できない。二つの例がこの点を明らかにしてくれるかもしれない。

カーの議論によれば、一九世紀の自由貿易の原則は「経済の政治からの分離」という幻想を振りまいたが、この幻想は帝国主義の現実によって裏切られただけでなく、後に第一次世界大戦中の国家による経済統制によっても荒々しく打ち砕かれた。「こうして、一九世紀の重要ではあるが異常な自由放任の幕間の後に、経済を政治の一部として率直に認めることができる立場にわれわれは立ち返ってきたわけである」（p. 116〔邦訳、二一八頁〕）。純粋な現実主義の見方の内部で、われわれは、一周して元の場所にもどってきたようである。ヨーロッパの絶対主義が終焉を迎えてから、なにも根本的に変わってはいなかったのである。国家は国際舞台で依然として権力を求めて競争を続け、政策（一般的に「力の最大化」ととらえられている）の遂行に向けて経済的、軍事的資源の動員に血道をあげている。「実際の場で外交問題を解決しなければならない人たちの心につねに存在する」（p. 111〔邦訳、二一一頁〕）ジレンマを再構成することで政治的識見の適否を判断しようとする元外交官としてのカーは、ここではたしかに歴史家としてのカーを凌いでいる。そして、現実主義が、歴史的逸話（より正確に言えば外交秘話）の宝庫を相続しているにもかかわらず、歴史的変化の過程についてはいては不思議なほど鈍感であることもまた垣間見える。

ここで暗示された循環のイメージは、まさに「木を見て森を見ず」の譬えにふさわしい。一九世紀の歴史的連続性をとらえるためには、少なくとも、国際システムとしての産業資本主義の拡張と、それに関連した国民国家の強化とを組み込んだ螺旋的な動きに思いをめぐらす必要がある。もしわれわれがこの変化を無視するなら、「経済の政治からの分離」はたんに現状肯定のイデオロギーとならざるをえないし、自由貿易は「強者の重商主義」とならざるをえない。もう少しわかりやすい形で言えば、政治と経済との分離はまさに資本主義経済と国民国家とを結ぶ制度的要の位置を占めている。つまり、市場関係を直接の政治的な支配や論争から切り離し、国境を越えた投資の流れを可能にする財産権の法的構造である。(8) 国家が経済的資源を外交目的のために利用する点をカーが指摘したことは正しい。だが、経済は、軍事力とは異なり、国家の意のままに使える、国民的に構成された手段では必ずしもない。

第二の例は、経済をこのように考えることにより、なにが見失われるかを示している。カーは資本輸出を国家政策の一手段としてしか考えていない。大西洋（および太平洋）を挟んだどちらの側にも、国際的な資本の流れを政府のコントロールのもとに置きたいと願う政治家が数多くいることは間違いない。だが、民間資本の流れは高収益を追い求める。そして、国内経済の国際競争力のために通貨が高騰すると、これにともなう低利の投資機会を求めて資本は流出する。政府はこの動きを支援あるいは阻止しようとするかもしれない。だが、根本にあるのは資本主義のメカニズムであって、国家のメカニズムではない。したがって、資本輸出をたんに国家政策の一手段とみなすことは、世界経済の国際的な動きや、それと国民国家の政治秩序との複雑な相互関係を分析の範囲外に放逐することである。

カーが「意見を支配する力」と呼ぶ、国際政治のイデオロギー的側面の考察からも同様の問題が発生する。ここでカーが攻撃の対象としているのは、国際的世論が国家間の紛争を裁定したり、制裁したりできるとする自由主義的な考え方である。そこで、彼は以下の点を示そうとした。普遍的なイデオロギーが効果をあげることができるのは、利害関係を有する国民国家によってそのイデオロギーが採用された場合に限られること、世論はますます近代国家の道具となっていること、したがって、「国際的な世論」は、いくつかの国の国益の一時的な合致でこそあれ、国際情勢の中での自立的な動因となることはできないということである。たしかによく検討された、もっともな話である。だが、これで一件落着というわけにはいかない。なぜなら、カーが経済強国のイデオロギーと呼ぶ自由貿易原理でさえ、外交の手段となることを意図して登場したわけではなかったからである。むしろ逆に、それは、国内的には政治的で、国際的には経済的な野心を内に秘めた自覚的な階級的プロジェクトの最重要項目として出現したのである。[9] それを国家が採用したことは、これらの利害にとっての勝利であり、たしかに、イギリスの経済力の優位を意味した。だが、その担い手はいまどこにいるのだろうか。

この問いはきわめて広い範囲に適用できる。というのも、もし国際関係の筋道が国家政策の研究を通じて把握できるとするなら、そして、世論が主に公的な操作の対象として扱われるとすれば、われわれは、社会革命や、それが国際紛争において持つ重要性をどう理解したらよいのだろうか。このことを指摘するのは、「世論」の自律性を主張しようとしているからではないし、国家がナショナリズムの潮流を日常的に操作している事実を否定しようとしているからでもない。ただ、もし純粋に道具的な意味で議論していくと、国際政治の一つの次元である社会的イデオロギー（ナショナリズムでさえ）について、どれだけ多くのことが語られないままになってしまうかということを示したいだけなのである。

したがって、国際システムの力学の記述としては、現実主義は深刻な欠陥を抱えている。だが、現実主義の主要形態は、すでに述べたように、規範的である。つまり、政策立案者に対する指針として存在するのである。それはどれほど通用するのだろうか。

## 規範的現実主義——モーゲンソーの「政治の法則」

前節で示したように、現実主義の原理の展開を期待して『危機の二十年』を読んでみると、むしろそこに発見されるのは、ユートピアニズムに対する「現実主義」的な批判であり、続いて、原初的な現実主義による世界政治の理解である。現実主義の理論的な起源を追ってきたわれわれがたどり着くのは、カーが（おそらく本能的に）彼の議論を国家の視点という二次元的な枠組みへと流し込む場面である。そして、彼の議論を導く諸前提は、それに続く批判を通じてはじめて目に見えてくるのである。このことは現実主義の一般的特徴を明らかにしているように見える。国家理性の諸原則をまず解説し、次に理論化しようとする、その後の試みを再検討してみれば、この特徴はますますはっきりしてくるだろう。

戦後のアメリカにおける現実主義の知的状況を社会学的に分析したスタンリー・ホフマンの有名な論文がある。[10] ホフマンは、（なによりも）国際関係論に対する財政的支援の資金源、アメリカのグローバルな勢力拡大の中での、国際関係論と対外政策の立案過程との制度的な結びつき、広く社会科学を支配する実証主義の正統派について考察した。そして、彼は、これらの要因こそ、アメリカの国際関係論を世界政治の一般理論の探求へと向かわせたものだと主張する。この一般理論の「有用性」は、それが政策の指針となれるかどうか、政策を予測できるかどうかで判断される。おそらくこれこそ、ハンス・モーゲンソーの『国際政治——権力と平和』が『危機の二十年』をはるかに凌いで、外交官の必携マニュアルとなった理由であろう。この本は、人間性の法則から出発し、「外交の九つの方式」にいたるまで、広範な議論を展開しているからである。

現実主義の諸前提から政治活動の公理を導き出そうというモーゲンソーの試みは、最初から循環論に陥っている。いかにして、またなぜ循環論に陥ったのかを解明することが重要である。というのも、実際のところ、現実主義はいかなる行動をも正当化することができるからである。

モーゲンソーが繰り返し「あるがままの人間性」に言及するのは、理想主義の無責任さへのあてこすり以上の意味を持っている。「国際政治の科学」が成立する可能性に関する彼の議論の核心には、経験的に観察可能な歴史の連続性は普遍的かつ時代を超越した客観的因果法則の存在を指し示しているという考えがあるからである。「政治は、人間性にその起源をもつ客観的法則に支配されている」[11]（p. 4〔邦訳、三頁〕）。この人間性を研究することによって、「社会をつくりだす本質的な生物心理学的衝動……、生への衝動、繁殖への衝動、支配への衝動といったものは、すべての人間に共通する」ことが明らかになる（p. 39〔邦訳、三七頁〕）。そして、人間性と社会的世界の構成的関係は一方通行である（「社会的諸力は、人間性が機能した結果生まれたものである」（p. 20〔邦訳、一九頁〕））から、政治行動の基本法則は歴史を貫いて不変だというのである。

モーゲンソーが現実主義の理論を科学的だと主張するのも、また、それに関連して、政策予測や健全な政策指針に活かせると考えるのも、こうした法則の存在に基づいてのことである。科学的な理論ということで彼はなにを意味しているのだろうか。「あらゆる科学的な仕事の本来の目的は、社会現象の基底にある諸力と、その作用の様式を発見することである」（p. 18〔邦訳、一七頁〕）。この発見を行なうために、彼は幅広い実証主義的方法論を提唱する。それはつまり、合理的な仮説を立て、孤立した社会現象のあいだに存在する決定的な因果関係を推測することであり、これを使って、経験的な証拠によって検証されうるような予測を立てることである。それに成功すれば、最初の仮説が立証されたことになる。言い換えれば、「理論が事実と一致し、なおかつその理論自体のなかで首尾一貫している」（p. 3〔邦訳、二頁〕）なら、その理論は成立する。モーゲンソーはリチャード・ローズクランスのように、「歴史は実験室であり、その中で国際政治についてわれわれが行なう一般化を検証することができる[12]」と明言するところまではいかないにしても、同じ考え方を共有している。

　モーゲンソーの理論的核心は、国家は本質的に力を最大化しようとするという点にある。国家は「政治的世界」という別の世界に存在し、この世界は力への関心によって特徴づけられている。一方で、力は「人間に対する人間の支配（コントロール）を確立し維持するすべてのもの」（p. 11〔邦訳、九頁〕）を意味する。このコントロールを無限に高めることに各国が利害をもつので、各国は潜在的に食うか食われるかの関係にある。さらにまた、この競争の本性上、最終的に国家が生き残るためには自助に頼るしかないから、有利な軍事的立場に立つための政略が各国の最大の関心事となる。複数の主権が拮抗しあう国際社会では、彼のいう「一般的な社会原理」が貫徹する。「すべての社会は多数の自律的単位で構成されているが、その構成部分の自律性は一般的な社会原理による」（p. 187〔邦訳、一八〇頁〕）。つまり、バランス・オブ・パワーのことである。多国間同盟の中での均衡が絶えず変化することにより、システムの一極に力が過度に集中することなく、構成単位の独立が維持されるのである。

　そうだとすると、健全なる対外政策は、国際活動の核心が権力闘争であることを認識するところからしか生まれてこないはずである。健全なる対外政策とは、所定の目的を達成しようとするなかで、利害と同盟とのバランスをとるためにこの権力闘争を利用することなのである。権力を持ちすぎると、同等の力をもった対抗勢力を呼び起こす。権力が小さすぎると、国益の追求が不可能となり、攻撃を受けることになりかねない。道徳的な潔癖さも情熱も、利害やバランスの理性的な計算にとっては同じように不適切であり、危険である。同様に、政治の研究も同じ認識に立脚しなければならない。つまり、政治研究の主要なカテゴリーは、権力闘争の力学を際立たせ、それを叙述するものでなければならない。これこそが『国際政治』の中心に位置づけられる主張である。「われわれは、政治家は力として定義される利益によって思考し、行動する、と仮定する。そして、この仮説は歴史の証拠によって裏付けられる、と考える」（p. 5〔邦訳、四頁〕）。

これはなにを意味しているのだろうか。われわれはここでもう一度、権力とはなにかという難問に目を向けなければならない。手段として見るなら、権力は、政治秩序のタイプに応じ、それが向けられる目的の性格に応じ、また動員される社会勢力に応じ、さまざまな形態をとる。同じく、個人と集団とのあいだで公式の支配関係を日常的に成り立たせるものとして、「権力」は特定の歴史的な社会に固有の基軸的社会制度へと、われわれの関心を再び向けさせる。忠誠の義務、資本主義的な賃労働契約、国家の主権、といったものである。いずれの場合も、権力という概念の意味は、コントロールという幅広い一般化を超えて、歴史的文脈とその目的によって与えられる。権力をそれ自体目的と考え、それに基づいて歴史的説明を行なうというのは、まったく理解しがたい。これを浅薄に読み取って、すべての政治的行動主体は自己の目標を達成するために（短期的な目的としての）権力を追求しなければならないと考えるとすれば、ここにはなにもかもが含まれてしまうから、そもそも説明したことにはならない。だが、モーゲンソーにはもう少し深い読みを行なおうという意図も見受けられる。というのは、彼の議論によれば、国家の行動も、国家間関係の帰結も、バランスから生み出される強制力を軸にグループ分けされたパワーの一定の力学という視点から独自に理解可能だからである（もちろん、これは、予測という実証主義的な目標にとっては必要不可欠なことである）。

ところで、競争の政治的あるいはその他の形態にはさまざまな側面があり、それらは競争参加者の数、利害、利用できる手段、加えられる規制の程度などによって決まる。国家は日常的に、国際舞台で否応なしに戦略を追求しているが、その戦略は他国の利害や行動を考慮したものでなければならない。したがって、歴史の中の国家間紛争を取り上げ、この戦略的次元を「バランス・オブ・パワー」の視点から記述することは、いつの場合でも可能であるだろう。

だが、バランス・オブ・パワーのメカニズムを国際政治の説明として使うためには、少なくともさらに二つの前提を立てる必要がある。第一に、国際政治の舞台はもっぱら、統一的な行動主体と考えられる複数の国家が登場する場であり、各国家はそのパワーを外部環境が提供する機会や危険に合わせて調整するということが前提とされなければならない。その結果、国内の政治問題や国内の権力配置は対外政策を決定しない（あるいは決定すべきではない）、ということになる。もしわれわれが国家の「内部」をのぞき見しようとしたら、そこに見られるのは、内外両面を向いた政治制度によって統括された社会の複合体ではない。むしろ、われわれは政治家のイメージへと引きもどされる。それは、国家の対外的な強みを計算したり、理性的な判断を脅かす「世論」の介入にいらだったりしながら、その眼差しを絶えず外に向けているというイメージである。このように内部を外部から切り離して封じ込めることによってのみ、「国際部面の第一義性」（変数の数を減らすことによって、予測の課題を簡略化する）を確保することができるのである。もちろん、政治家が交渉のテーブルに載せる資源のほとんどは国内から引き出されたものである。だが、そうした資源が手ににぎられているのは、彼の影響力を強化するためだけであって、ゲームのルールに影響を与えるためではない。モーゲンソーは、パワーが大きさを得たり失ったりする過程を説明しようとはしなかった。説明したのはただ、いったんパワーを持ったら、それらはどう動くのか、そして（最終責任を支配への普遍的衝動に押しつけたうえで）競争全体を煽るものはなんなのか、という問題だけである。

　第二の前提として、バランス・オブ・パワーとはもちろん軍事的バランスのことであるとされる。国際的な無政府状態では自助が第一であることから、軍事力に突出した重要性が与えられる。したがって、国際政治をバランス・オブ・パワーの観点から定義することは、国家が国際的に直面する問題の優先序列を決定することにつながる。そこでは、軍事力の行使に関係する、あるいは潜在的に関係する問題だけが（パワー・）ポリティクスとしての資格を付与される。ここから、以下のような記述が生まれる。「一国が他国と逃亡犯罪人引渡し条約を締結したり、商品やサービスの交換に従事したりするときには、国家が国際政治にかかわっているとは言わないのである」（p. 32〔邦訳、三〇頁〕）。

　だが、ここまでの段階でも、議論は修復不可能な循環論に陥っている。国家システムにおけるパワーが究極的には軍事力のことであり、政治家は安全保障に関する問題に携わっている場合にのみ「政治を行なっている」のだとしたら、「政治家は力として定義された利益の観点から思考し、行動する」という仮説は反証不可能となる。

　政治的事実の範囲がこのようにして限定されてしまうと、国際政治とは「力として定義された利益」に関するものだという予言は、トゥキディデスからマキャベリをへてキッシンジャーにいたる大きな環に連なることになる。それは戦略的な重要場面を順次たどりながら、教訓を引き出していく。例えば、カール五世（カルロス一世）、ナポレオン、ヴィルヘルム二世、ヒトラーはすべてヨーロッパを支配しようとして、同じ運命をたどった。教訓――国家システムにおける帝国主義の野望は、それに対抗する圧倒的な同盟を生み出す。もう一つの例として、一六世紀初頭から二〇世紀中頃まで、イギリスはヨーロッパ大陸での支配権を確保しようとして、敵対するフランスとドイツのあいだで同盟相手の変更を繰り返した。教訓――一国の対外政策のめまぐるしい変化は、「バランスの保持者」という同一性による根本的な一貫性を覆い隠すかもしれない。一九四五年以降のヨーロッパにおける外交関係は米ソ対立という包括的状況によって固定されたままだった。(13) 教訓――システムが多極的であるか、二極的であるかによって、外交的な流動性にも違いが出てくる。モーゲンソーはこうした例を数多く列挙する。それらは、バランス・オブ・パワーがはたらいていることの例証だと言うのである。だが、これで国際政治についてなにが説明されたことになるのだろうか。

現実主義の立場は、大きく隔たった時代における国家システム内の軍事的競争の論理を重ね合わせることによって、カール五世、ナポレオン、ヴィルヘルム二世、ヒトラーのあいだの類似性を強調する。だが、その際、政治権力は軍事的なクライマックスに引き寄せて理解され、形態間の差異は見失われるため、政治権力の形態について予断が生じることになる。これが規制を受けない競争についてのきわめて一般的な命題であれば、まったく問題はない。だが、これをもって政治の説明だと宣言するなら、それは還元論である。さらにまた、こうした事象が「人間性にその根源をもつ客観的法則」（p. 4〔邦訳、三頁〕）によって説明されることにより、国際政治の本質は非歴史的なものとなる。経験的な事例が延々と積み重ねられるだけであり、参加者の顔ぶれこそ変わるが、そこで演じられるのは同じシナリオである。現実主義者は、政治家がバランス・オブ・パワーによって配られた手札で勝負している様子の観察に忙しいが、この同じ国際的な闘争は、世界における社会的なパワーの形態や存在条件の大規模な変化を媒介しているのである。過去一〇〇年の帝国主義諸国の対立関係や、国家を超えた資本主義経済のグローバルな変化、世界的な国民国家システムの出現などを思い起こしてみればよい。トゥキディデスの格言でとらえうる以上のことが、国際的に起きてきたことは明らかだろう。

このように、広く社会科学で活発に議論されてきた問題、つまり、合意された説明が存在しないため「近代」という言葉で括られざるをえないこの大規模で継続的な歴史的変化をどう特徴づけたらよいのかという問題に対し、モーゲンソーの現実主義はいかなる対応も示していない（限定的、孤立的な例外として、核兵器の開発が戦後世界の軍事力の使用を複雑にしたという指摘がある。だがこれも、経験的な観察にとどまっている）。ケネス・トンプソンが言うように、「政治構造の『時代を超えた特徴』を見つけ出すために支払わなければならない対価は、世界情勢の変化のプロセスに対する理解を犠牲にすることである」[14]。

これは、たんに残念な見落としといったものではない。十分な説明とはどういうものかを根本的に把握できていないのである。この欠陥は、国内政治と国際政治とを切り離す現実主義の原理にほぼ直接に起因する。国内の非国家的な政治プロセスを無視することは、そのプロセスが国家を超えて広がっていくことに対して目を閉ざすことにつながる。さらにまた、このことは、政治以外のグローバルな権力構造を考えることを不可能（あるいは無関係）にしてしまう。なぜなら、唯一の可視的な行動主体は他の国家だからである。国際政治の中身の多くがいっきょに捨てられてしまい、その代わりに無差別の「力の最大化」理論と、無政府状態の中での終わりのない安全保障のニーズとが入り込むのは不思議でもなんでもない。そうでなければ、すべての争いはなんのためだったのか、というのである。

モーゲンソーにもどると、彼は、科学としての体裁を整えるため、純粋に政治的なものの抽出を試み、それによって国際政治を狭く定義する。では、この規定の目標はどこにあるのだろうか。バランス・オブ・パワーの仮説が正しいとすれば――そして、モーゲンソーは明らかに正しいと信じている――、より幅広い経験的データに対してそれを検証していくことで、徐々に政治の法則の輪郭をなぞることができるはずである。それは政治家の過去の行動を説明するだけではなく、「彼の対外政策を予見するための手がかり」（p. 6〔邦訳、五頁〕）を与えてくれるかもしれない。これだけでは不十分とばかり、現実主義は外交官にとっての規範的で実際的な手引きであろうとする。政府の責任は打算という倫理を要求するものであり、また、政治的な成果を決定する勢力に逆らう者はただ災いを受けるだけであるから、政治家は道義的にも職業的にも、力として定義されたナショナル・インタレスト（国益）を追求せざるをえないのである。

問題はもちろん、過去については反証不可能な仮説を生み出した力についての定義が、現在の政策に対して無制限の実践的提案を正当化できるかどうかというところにある。モーゲンソーは後に、現実主義の対外政策の意味を明確化しようとして、「ナショナル・インタレストの必然的かつ多面的な要素」[15]のあいだの区別を行なおうとするが、それはせいぜいそれらの要素を確認し、切り離すために「合理的な詮索」を行なうよう求める訴えにすぎず、そのような訴えはあまり役に立たない。同様の態度が「外交の第四の基本方式」に対する注釈に見られる。「政治的宗教の十字軍的熱情によって混乱させられずに、双方の側のナショナル・インタレストを客観的に観察できる人々にとっては、これらの死活的利益の境界を設けることは、そう難しいことではない」（p. 588〔邦訳、五七一頁〕）。問題となっているのは、こうしたカテゴリーを正確に識別するための規準だけではない。後のベトナム戦争問題でのモーゲンソー自身の孤立が示唆しているように、決定的な利害が問題となっていることが一般に意識されている場合ですら、「ナショナル・インタレストの追求」という命令は実体的な中身をともなっていないのである。いずれにせよ、ナショナル・インタレストを守ろうと考えない政治家など、いるだろうか。もちろん後の現実主義者が非難する一九三〇年代の「融和策の信奉者たち」もそうである。ケネディが両大戦間期のイギリスの対外政策について述べているように、

この国は、戦争に巻き込まれれば、得るものはなにもなく、失うものは多かった。そのような状況下では、平和は最大のナショナル・インタレストだったのだ。[16]

そして、実際、『危機の二十年』の初版でカーは、チェンバレンの宥和政策を「ユートピアニズムに対する現実主義の反発」と説明していた[17]。これは重要なポイントである。なぜなら、戦前の対外政策の決定で理想主義が主導権をにぎっていたことがミュンヘン会談の屈辱とその後の破局を不可避なものとしたと考え、自分たちはこれとは違うと主張するのが、戦後の現実主義のイデオロギー的な自己認識の不可欠の要素だからである[18]。これはまったくの神話である。ローマカトリックにおける「霊的教会」と「世俗的教会」の区別と同様、現実主義の合意事項は、どれも後知恵である。現実主義は自分が対外政策の指針になっていると思いたがるが、実際には、対外政策のたんなる正当化になってしまうことのほうが多い。現実主義の「有用性」は、それが望んでいたのとは別の種類のものだった。

　このことは興味深い問題を提起する。もし理想主義が存在しなければ、現実主義はそれを作り上げなくてはならないのだろうか。社会生活のある特定の部面が（還元論的な意味で）「支配的なレベル」を占めると真面目に主張したいのならば、その行為を説明する手段とその成果とで武装しなければならないが、それらは期待を裏切ることもある。もし国際関係がバランス・オブ・パワーという機械的な論理でパターン化できるとするなら、もしそれが政治家の思想や行動を方向づけているとするなら、なぜ政治家はその原則を固守するよう勧告を受けなければならないのだろうか。モーゲンソーは無邪気にも、この難問に対して、「非合理的な政治の逆理論《カウンター・セオリー》」（p. 7–9〔邦訳、七頁〕）[19]を持ち出すことで答えようとした。「法を通じた平和」学派はこの「逆理論」の一つの表現であると主張したのである。だが、この難問の難問たる理由はだれの目にも明らかである。それは、現実主義が、国家間関係の戦略的な問題に向けた自らの切迫した願望[20]を、国際関係の結果の説明とつねに混同していることである。そして、ア・プリオリに演繹可能なシステムの罠に注意を集中することを妨げるものや、戦略的な失敗につながりかねない、他の問題への関心はなんであれ、理想主義だとされる。だが、もちろん、それ以外の要素が非合理的だということにはならない。それらは、国家が関与する他の活動領域や判断領域に根ざすものかもしれないのである。例えば、それらは、国家が国内での正当性を確保するために必要だと考えて行なった国内支出や対外事業であるかもしれないし、あるいは、国際システムの中で国家が担った統制的役割から生じる義務かもしれない。

このような理由から、広く認識されているように、モーゲンソーの「力として定義された利益」という立場は著しい不確定性をともなっている。それは、政治活動を規定する客観的な政治法則を示しているのだろうか。たしかに彼は、それが「客観的法則を反映」し、予測を可能にする「道標」だと言うとき、このことを主張している。あるいは、それはむしろ理念型であって、政治行動の意味をその担い手に理解させたり、非合理的あるいは偶発的な要素によるその歪曲を記録したりするものなのだろうか。これもまた「完全なバランス・オブ・パワー政策は、現実のなかにはめったにみられない」（p. 10〔邦訳、八頁〕）という批判に対して彼が行なった弁明である。あるいはまた、「対外政策はそれ自身の道義的、実践的目標からみて合理的でなければならない」（p. 10〔邦訳、八頁〕）と語っているように、これは規範的な教訓であって、それが達成されるかどうかはきわめて不確定的であり、それに向かって政治家は道義的に努力しなければならないと考えるべきなのだろうか。これら三つのすべてが成り立つことはありえない。理念型の構築は解釈の方法論であって、予測の方法論ではない。事実、ヴェーバーは、理念型を用いるための前提として、人間行為の客観的な因果法則性を否定している。逆に、人間行為の決定論的な説明は、「非合理的な政治の逆理論《カウンター・セオリー》」（p. 7〔邦訳、七頁〕）によって、歴史的に不正確との非難をまぬがれることはできない。そして、客観的法則の世界への主意主義の侵入者である道義的な教訓は、「あるがまま」の世界を指し示すという主張とはうまく適合しない。[21]

これらの緊張関係は、著書の最初の二つの章で明白な矛盾としてあらわれた。第一章で、モーゲンソーは「あるがままの事実と一致する」（p. 3〔邦訳、三頁〕）理論の重要性を強調する。そうした理論によって、「われわれは、過去、現在、もしくは将来の政治家が政治舞台にしるしてきた、あるいはしるすであろう足どりを、振り返ったり予見したりすることができるのである」（p. 5〔邦訳、四頁〕）。モデルとされたのは経済学の成果であり、「政治の分野でこれと同じような発展に貢献するということ」（p. 16〔邦訳、一五頁〕）が目標とされた。これに対して、第二章では「国際政治の諸事実がいかに曖昧であるか」（p. 23〔邦訳、二三頁〕）が論じられ、国際政治の「第一の教訓」とは「信頼できる予言が不可能である」(p. 23〔邦訳、二三頁〕)こととされた。そして、経済学の予知能力の不足についての一般的な嘆きが語られる。第二章が書かれた後に第一章が書かれたという事実は、こうした混乱にとって、まったく重要なことではない。

## ウォルツの理論的な現実主義——事故は起こるもの

モーゲンソーの政治的現実主義の体系はその出発の時点から崩れかけていた。なぜ『国際政治』が長いあいだ代表的な教科書であり続けたかという疑問は、知的な問題というよりは社会学的な問題である[22]。ただ、モーゲンソーに向けられた多くの批判は、彼の現実主義の前提を問うというよりは、むしろ彼独自の世界観からそれらを救い出そうとするものであった[23]。考えてみれば、モーゲンソーは、人間性についていささかあからさまで粗野な見方をしていたし、その見方を現実主義の哲学的な基礎づけとして使うという厄介な傾向があった。外交官にとっても、戦後のアメリカの対外政策の基礎が民主主義の防衛よりむしろ「本質的な生物心理学的……支配への衝動」(p. 39〔邦訳、三七頁〕)にあり、それは「ヒヨコやサル」(p. 39n〔邦訳、四二頁〕)と共通の衝動だと言われたら、いささか不安を感じたに違いない。そこで、アメリカの現実主義の第二世代の一人であるケネス・ウォルツは、その著書『人間、国家、戦争』の中で、バランス・オブ・パワー概念の理論的根拠を確保しようとして、合理的選択モデルという、より口当たりのよい形式の中にア・プリオリにその根拠を置いた[24]。さらに、ウォルツは、現実主義が論理的になにを必要としているかを驚くほど明晰に把握していたため、彼の議論は現実主義についての最も簡潔な理論的定式化となっている。

『人間、国家、戦争』は国際政治の一般理論ではない。国家間の戦争がなぜ起こるのかを説明しようとする際に発生する「分析レベル」の問題を幅広く議論したものである[25]。モーゲンソーに対するウォルツの主な批判は、戦術的なものである。モーゲンソーは、国際的な権力闘争を人間性に由来すると考え、無秩序な競争という独自の圧力のもとで行動する政治主体の行為を、生得的とされる権力への意思と混同している、というのが彼の批判である。この混同は、二つの点で問題がある。第一に、人間性から議論を立てることの問題である。つまり、それでは、解明すべき現象に見られるさまざまな差異、この場合は、戦争がなぜ人間生活の恒常的で一般的な特徴ではないのかを説明できない（p. 29）。[26] 第二に、議論を説明の領域に限定することが困難となり、その結果、倫理的課題を招き入れ、分析目的から逸脱することになる（p. 37）。これに対し、ウォルツはバランス・オブ・パワーを国際システムの無政府状態から導き出してくる。これだと、バランス・オブ・パワーは、合理的選択における数学的なジレンマに根ざす一つの論理的必然性となり、厳密かつ道徳的な中立性を保つことが可能となる。モーゲンソーをこのように修正することにより、以下のような疑問が起きてくることは避けられない。現実主義の指針の理論化を行なうことで、ウォルツは国際政治についてのわれわれの理解を深めるのだろうか、それとも、高度な抽象レベルで国家理性の仮説を繰り返しているだけなのだろうか。

ウォルツの議論は三つの部分に分かれる。最初に彼は、最高権威が存在しなければ、どんな社会システムも紛争を避けることはできない、という一般原則を導き出す。つぎに、国家はどこまでこのようなシステムを構成する個別の単位と見なされるかを検討する。最後に、利害の対立と戦争との結びつきを論証し、バランス・オブ・パワーを無政府状態にある国際社会構造の一つの機能として再解釈する。

最初の部分で、ウォルツは、自然状態の中で五人の男が空腹のために鹿狩りを協力して行なわなくてはならないという、ルソーの寓話を持ち出す。彼ら全員の胃袋を満たすはずの獲物が罠にかかろうとしたその瞬間、一匹の野ウサギ（一人分の食料にしかならない）が目の前を横切る。五人のうちの一人がウサギにとびかかり、それに驚いて鹿は逃げてしまう。

ウォルツによれば、この寓話の教訓は以下の点にある。すなわち、無政府状態にあって、各自の利益を求めて行なわれる個人間の協力が合理的であるのは偶然にすぎない。各人は、他人のとるかもしれない行動を計算してかからなければならないが、合意を保証する共通の権威が存在しなければ、他人がどのような行動をとるかを確実に計算することはだれにもできない。したがって、絶対的に頼れるものはなにもない。だから、野ウサギを捕まえようとして鹿狩りを台無しにしてしまった男のことを非合理的だとは言えない。なぜなら、彼にはたんに仲間に先んじるだけではすまないことがわからなかったからである。合理的な利己心は、彼のパートナーたちの信義が保証されている場合にのみ、自制を命じたはずである。無政府状態によって信義の保証は排除されているのだから、契約を強制する権威が存在しないかぎり、協力関係そのものの不可避的な特徴として、集団の利害と個人の利害とのあいだの対立を招くような政治的理由の二律背反が生み出される可能性は否定できないのである。

現代の国際システムの中での国家の状況は、ルソーの鹿狩りの寓話にどれほど近いのだろうか。明らかに国家の相互作用は、共通の政治的権威を欠いた中で行なわれている。国家が統一的な行動主体として成立あるいは機能しているかどうかについて、ウォルツはだれかがそれを引き受けているかぎり、それで条件は満たされていると考える。そして、担い手がいないことには国家は存在できないのであるから、これは必然的にすべての国家についてあてはまる。国家は国際紛争を避けられないとか、偶然や誤算が政治の世界にはつきものであるとかいったことは、ここでのウォルツの議論には無関係である。問題はただ、無政府状態の結果として対外政策がもつ、一般的利害と特殊的利害との対立に、権力をもつ者が向き合うのかどうかということである。もちろん、その答えはイエスでなければならない。そこで、ルソーの有名な結論、「よく統治された共和国が不正な戦争を行なうことも不可能ではない」が引き出される（p. 181–182）。そして、これが以下のようなウォルツの議論の論理的な核心を形成する。「特殊性の中で事故が起こるのは偶然ではなく、必然である……無政府状態には自動的な調和というものは存在しない」（p. 182）。さらに、相互依存とともに不和が醸成されるから、協力関係が必要とされながら、これにともなう対立を有効に管理したり調停したりできない場合には、武力行使が最も起こりやすい。ルソー（そしてウォルツ）が言うように、これは国際システムの政治構造に合致している（p. 184）。このように、ウォルツによれば、個人の合理的選択の総計から全体としては最適下限の結果しか生まれないのだとすれば、その決定的な原因は社会構造そのものにあるのである。

この後、自己の物理的な安全保障を維持したいという国家の欲求を想定し、それをこの無政府状態の社会構造に挿入することによって、バランス・オブ・パワーの論理は簡単に導き出される。安全の維持というこの目標を達成するための手段は、各国を取り巻く無政府状態の状況の制約を受ける。ポーカー・ゲームのように、「戦略に関しては、だれもが他人の出方しだい」(p. 201) となる。この原則を実行に移すためには、たとえ正式の同盟関係の形ではないとしても、他の行動主体からの特定の動きを暗黙のうちに信頼することが必要となる。だが、通常は、三者ないしそれ以上が関係するところでは、一時的な連携が生まれるだけである。

ここでウォルツはフォン・ノイマンとモルゲンシュテルンのゲーム理論を援用している。(27) しかし、彼は、これらのモデルから引き出された法則を国家に適用するには、二つの条件を満たさなければならないことを明言している。第一に、安全保障の競争的な追求は必ずしも純粋なゼロサム・ゲームに終わるものではない。一方の利得が他方の損失を招かない「一般」ゲームも成り立ちうる。場合によっては、集団的安全保障の最大化が共通目標となることもある(そして、なぜこのようにやり方を切り替えるかは、ゲームのルールには書かれていない)。第二に、国家は、国内でも国外でも、安全保障のゲームに認められた政治的優先権や物質的資源をめぐって、同時に別のゲームにも参加する。これは重大な指摘である。というのも、これにより、一定の限界内(実際には、きわめて広いことが判明する)であるにしても、無政府状態が国家の行動に与える影響は、現実主義の理論的視野のまったく外部にある決定要因により、さまざまに変化するものであることを認めたことになるからである。国家は、バランス・オブ・パワーの理屈どおりに行動しないことを選択する、あるいは、しないよう強制されることがある。緊急の国内目標のために資源を振り向けなくてはならない場合、国際的に大規模な退却を行なうこともありうる。具体的な「ナショナル・インタレスト」の要求する範囲を超えて、国際的な社会経済システムの軍事的防衛を引き受けることもありうる。極端な場合として、深刻な国内問題で手いっぱいで、外からの攻撃に対し適切に反撃できないこともありうる。より日常的には、ある種の安全保障上の利害は、それを追求することが国内的、国際的にみて費用がかかりすぎる場合、あっさり無視されることがある。あらゆる国家が参加するすべてのゲームが無政府的なルールで行なわれるとしても、その結果をア・プリオリに予測することはできないだろう。というのは、ある時点でのそれぞれのゲームの、それぞれの国にとっての相対的な重要性は、偶然的なものだからである。そうだとしたら、現実主義の唱える予言や規範は事実上、無意味になる。なぜなら、バランス・オブ・パワーに対する配慮よりも、別の利害関係が優先される場合には、現実主義はその予知の基準をもっているかのように装うことができなくなるからである。「どんなルールも（安全保障という）ゲームにどの程度の重要性を付与するべきかを明らかにはできない」（p. 206）のである。これがもたらす結果について、ウォルツはきわめて率直である。

> ゲーム理論に言及したからといって、国際政治を数学的に解明する手法が見つかったというわけではない。ただ、フォン・ノイマンとモルゲンシュテルンの概念を使えばバランス・オブ・パワーの政治を有利に記述することはできる（p. 201n）。

ここに含意されているのは、バランス・オブ・パワーの理論は国際政治の理論ではないということである。したがって、なんらかの厳格なルールがそこから引き出せるというわけではない。はっきり言えば、「平和のために、国は武装すべきか、あるいは非武装でいくべきか、妥協すべきか、あるいは非妥協的であるべきか、理論上はどちらとも言えない」（p. 222）のである。

　では、理論の説明の有効範囲はどうなっているのだろうか。皮肉なことに、ウォルツの「強力な」現実主義は、その主張の有効範囲という点ではきわめて脆弱である。それは、特定の戦争がなぜ起こるかの説明をしないまま、国際システムの中でなぜ戦争が繰り返されるかを説明しようとする。戦争の動因ではなく、一つの許容因を持ち出すのが彼の現実主義である。これは、国際政治の理論というよりも、むしろ恒久平和の否定である。そして、その目的はたんに次の点を明らかにすることにすぎない。国際政治には、統治の不在によって引き起こされた、ルソーの寓話にふさわしいある局面が存在するということである。つまり、他人の意図が不完全にしか知られておらず、しかも、武力の行使が排除されていないとするならば（これらは無政府状態がもたらす二つの直接的な帰結である）、いかなる個人の合理的な計算も利害の安定的な調和を想定すること（したがって実現すること）はできない。ゆえに、バランス・オブ・パワーだというわけである。

「大山鳴動して、ねずみ一匹」の感は否めない。モーゲンソーのような還元論はうまく避けられたかもしれないが、ウォルツの理論的現実主義は陳腐のそしりをまぬがれない。もちろん国家は、あらゆる場面で、とくに安全保障に関しては、他国との関係を円滑にしようとして、繰り返し囚人のジレンマに直面する。現実主義者たちは好んで指摘するところであるが、この程度の道理なら、何千年にもわたって政治家には自明のことだった。

だが、ここにはおそらくもっと重要な疑問が存在する。理論的レベルとしては、現実主義には、還元論か陳腐な決まり文句かという不毛な選択しかないのだろうか。この疑問は、国家こそ統一的な行動主体だと主張する現実主義の議論を再検討してみると、さらにはっきりしてくる。というのも、この主張は、国際政治の核心を理解するということとは　政治家が直面したジレンマを再現し、手段を目的に合致させるために繰り返されてきた手法を跡づけることである、という信念と固く結びついているからである。このことは、ウォルツが引用する鹿狩りの寓話を見ると、とくにはっきりする。ウォルツは、「自然状態」の虚偽を一応暴いた後でもなお、前社会的な個人という虚構の存続を許す。この観点に立つと、社会構造は個々の相互に計算された合理的な選択の集合体から派生する一連の外的な制約として描かれる。結局のところ、それは政治家がいかに経験したかを再現してみせることである。だが、そうしたモデルは、現実政治《リアル・ポリティーク》の仕組みを図式化するだけのものにすぎない。システムの中で実行者がいかに（理想的に）計算を行なうかということと、モデルの中でどのような決断がくだされるのかということとは、同じである。これでは、国家理性をたんに体系化しただけのことである（囚人のジレンマを論理的に立証することもまた、国家理性を規範として正当化することであることを、付言しておきたい）。

現実主義に内在する弱点が最も露わになるのは、この機械的な構造概念においてである。とくに、変化とパワーという二つの主要な概念がきわめて疑わしいものであることが容易に理解できるのは、このレベルにおいてである。現実主義に歴史的変化の認識が欠けているのは、いったいなぜなのだろうか。

おそらくその理由は、バランス・オブ・パワーに純粋に対応する単位として国家を考えるためには、国家を存在論的に国際システムに先立つものとして暗黙のうちに想定しなければならなかったことにある。そして、もしシステムがたんに、それを構成する単位の数や相対的な強さによって与えられる一連の外的な制約であるなら、変化とは関係国の数や、そのあいだでの影響力の配分の（可逆的）変動――この場合、数学的可能性はすべてア・プリオリに与えられている――以上の何を意味することができるだろうか[28]。だが、これはもちろん、われわれが考える歴史的変化ではない。力も弱く、領土的にも分裂し、君主が権威と裁判権を教会や貴族階級と分かち合っている封建国家から、国境で区切られた近代的な主権国民国家への移行は、こうした視点ではとらえきれない。この移行に際して、国内の革命と国際システムとの激しい相互作用が果たす重要な役割も、これではとらえきれない。これらをとらえるためには、合理的選択モデルから引き出すことのできないものに目を向けることが必要である。それは、つまり、あるシステムの内部で社会的パワーが行使される条件のことである。この条件は、関係当事者の数のバランスから生み出されるものではなく、システムの歴史的性格を反映した基軸的な諸制度の再生産の中から生み出されるものである。この基軸的な諸制度は、資源へのアクセスに応じて個々の国を位置づけ、相互作用の範囲を規定する。このような次元の認識を欠落させたまま、パワーを理解することができるような社会システムを想定することは、すでに述べたような「自然状態」の仮説と同じ誤謬を犯すことになる。

ウォルツは、おそらく、国家間のシステムは一つの例外だと言うだろう。財産権、人格の自由、日常的な暴力の排除といった基軸的諸制度は、市民国家の手に強制的権力が確保されていることで、国内での再生産が可能となる。だが、国際的には、だれが強制者たちに強制を行なうのか。ウォルツの議論では、世界政府が出現していない以上、強制する者はだれもいない。各国は最終的には自己の資源だけが頼りとなるのだから、歴史研究を通じて他の国際的なプロセスの認識を重ね合わせる必要はあるとしても、この機械的な構造理解は国際社会の記述としてはきわめて適切であることになる。

だが、これでは、われわれのパワー理解を国際関係の軍事的定義に帰するという誤謬へと逆もどりするだけである。それは、この機械的な構造が適用される唯一の領域だからである。こうして再び、議論は振り出しにもどった。

## イデオロギーとしての現実主義

このように議論が繰り返し堂々巡りに陥るということは、国際関係論の中で現実主義が果たす役割を説明するのに、純粋にテクニカルな評価を超えた新たな次元が必要であることを意味している。本章の冒頭近くでも述べたように、それ以外の点からも、同じ方向性の示唆が得られる。つまり、現実主義が自己申告する性質と、その後の批判を通じて初めて明らかにされる性質とのあいだの驚くべき食い違いである（すでに述べたように、ウォルツの議論の明快さは、むしろ例外に属す）。その命題形式そのものが激しい異議申し立てを受けている知的立場は、イデオロギーとして扱わざるをえない。

端的に言えば、現実主義の創造の神話がそもそも間違っているのである。神話とはつまり、理想主義に対する歴史的勝利には、なにか「認識論的な断絶」が含まれており、それが国際関係論という学問分野の幕開けを告げるのだという主張のことである。理想主義に対抗して現実主義が繰り返し、おそらく強迫観念に駆られて行なう自己規定の中に、巧みなごまかしが隠されている。たしかに、この「大論争」を語る際に、対立する仮説のリストは正しく整理されている。当為（ought）に対しては存在（is）が、道義（morality）に対しては権力（power）が掲げられている。だが、「大論争」がつねに基本的には政策論争であったという事実によって与えられた前提は、（どちらの側からも問題にされなかったため）この論争の背後に隠されている。そこで、現実主義は、統一的な行動主体としての国家、国際的な「自然状態」、政治領域の自律性といった、規範的政治理論の伝統を引き継いだ諸前提を暗黙のうちに再生産している。肝心な点において、現実主義は理想主義と断絶していなかった。だから、理想主義の中心的な前提が語られることのないまま残っているのである。だからこそ、国家を世界政治の幅広い理解の中でいかに理論化するかという課題、国際関係論が直面するまさに中心的なこの問題を、現実主義は問おうとしないのである。それは理想主義との共通基盤に抵触するからである。

したがって、現実主義は、たんなる国際関係の国家政治的側面への注目ではない。それは政治的現実の一つの解釈であり、一連の隠された命題や、故意の沈黙をともなっている。

現実主義は、近代国家権力の行使についての保守的イデオロギーである。それは国際関係に専門用語を提供して、ジレンマを脚色し、優先順位を正当化し、現実政治の手段を並べ立てる（自由主義的、社会主義的、そして革命的な政府も、人気のない国家政策を正当化するために現実主義の議論を借用するが、避けることができれば、現実主義を総体的な説明として受け入れることはしない。なぜなら現実主義は、彼らの代替的なイデオロギー、つまり「社会中心」の道具主義的な国家観と衝突するからである）。

この役割を果たすために欠かせないのは、国家の行動を独自に説明できるような、「国際的なもの」の環境を別個に想定することである。それには、国際的なものを国内的なものから分離することが必要となる。これこそが「政治の自律」を可能にする仕掛けである。この場合、「政治の自律」が結果についての自己充足的な説明として考えられている（モーゲンソー）か、それとも、世界政治のむき出しの枠組み（そして唯一可能な理論）として考えられている（ウォルツ）かは、どちらでもよい。こうした国際環境の境界線と特性は、主権と無政府状態という一対の概念によって設定され、規制される。これらの概念をきわめて限定的に定義することが、国際環境を封印しておくためには必要である。現実主義者の主権概念は、軍事的事実、法的要求、理論的範疇のあいだで揺れ動いている。だが、いずれの場合でも、主権概念自体は「分割不可能」とされるから、それにより社会は境界を持つ存在と規定され、社会相互の交流は国家という行動主体を通じて行なわれることになる。だが、それにより主権概念が社会（国家が取り仕切る）に向けて開かれた窓になるかというと、そうはならない。むしろ、逆に、外交政策のために国家は社会と同一の広がりを持つものと想定することによって、国家権力に転換可能ではない社会経済勢力のはたらきは主権の概念から排除されなくてはならないことになる。(29)

現実主義の理屈から言えば、この国家主権は、他国との相互作用の理論的定式化に先立つものである。この事実はきわめて重要である。政治家の経験にそうという、もっともらしい口実のもとで、現実主義は二つのことを達成する。一つは、国家を完成された社会秩序として描き出し、その外交的利害は完全に国際的なものであるように見せかけることである。それにより、「ナショナル・インタレスト」を国内の政治的論争から解釈する道は閉ざされる。もう一つは、純粋な国家間交渉の理論に道を開くことである。構図を複雑にするかもしれない、それ以外のグローバルな構造、あるいは国際的な行動主体は、（国内の）サブ国家的な社会経済関係の国境を越えた拡張の結果でしかありえないのだが、それらは認識されないからである。もし、主権がこのような形で先行的ではないとするならば、さらにまた、主権はその政府が国家システムを支配するような社会に特有の支配の形態であると考えられるならば、そこから国家システムが国内の社会秩序を維持するうえで果たしている役割が見えてくるだろうし、「無政府状態」という言葉でその決定的な「構造原理」を言いあらわすことも、再検討されなければならなくなるだろう。ところが実際には、国際政治の目的からすると、国家とは互いに取引する交渉相手にすぎない。しかも、完成された秩序としての国家がもつ分析上の優先順位にともなう理論的なアトミズム（原子主義）は、機械的な構造概念を要求する、等々。

以上のことを踏まえて、われわれは、現実主義とは別の立場を構築するうえできわめて重要な、主権と無政府状態という二つのカテゴリーを、本書の後半部分で明確に再定義することにする。

　では、現実主義にイデオロギーとしてきわめて強い耐久力が備わっているのはなぜなのだろうか。主な理由は四つ考えられる。第一に、切り離された「国際的」領域というものが虚構だとしても、近代国家という独自の社会形態は、主権に支えられた法的、領土的、暴力的な側面において表現されるものであり、理論的な対処を必要としていることは確かである。市民社会からの国家の分離という歴史的事実も、ここから生まれる主権国家という形態の特殊性も、国家を経済的要素に「還元」してしまっては理解できないし、同様に、それを社会の他の部分から切り離してしまっても理解できない。現実主義は、最終的に国家の特殊性の意味を取り違えているかもしれないが、少なくともかなり重大な問題を扱っていることは確かである。

　第二に、現実主義の議論がもっともらしく響くのは、それが世界政治について一般に信じられている常識的な考え方を表現しているからである。これは驚くにあたらない。なぜなら、現実主義は、国家が自己の行動を合理化する際に使う言葉遣いを真似ており、その意味で、優れて支配イデオロギーを形成しているからである。国家が主権を持った統一的な行動主体であるという現実主義の考え方は、国家と生まれ故郷（ほとんどの個人が国際システムに参加する形である）とを同一視する通俗的な発想とよくなじむ。この考え方は、メディアの「ニュース」や、外交官や政治家による日常的な解説を通じて、国際的な問題を世間的に議論する際に、あらゆる方面から補強される。現実主義が外交の高い専門性を賞賛することは、恒久的な「ナショナル・インタレスト」が存在すると考え、国際関係の処理は、主としてそれにたずさわる人間の（政治目的ではなく）手腕や手段の問題であるとするナショナリズムの前提と合致する。

「平和」のためにデモ行進を行なう人々の理想主義は評価してきたが、私としては、最大の賛辞を、すべての国の、あまり目立たない、過労気味の人々に、つまり、官僚や外交官や法律家やビジネスマンや政治指導者といった、書類の山に埋もれて仕事をしている人々に捧げたいと思う。彼らのうんざりするような仕事、冷静な見通し、苦労の末に達成された文化的障壁を超えての相互理解が実際のところ平和を維持しているのである。[30]

第三に、国際関係論が、研究者の数、動員される資源、出版物にものをいわせた「アメリカの社会科学」であるかぎり、現実主義の永続性は保証されているように見える。主に、アメリカの学問を特徴づけている三つの要素の相互作用や相乗効果の結果から、そう思われる。一つ目として、この学問に財政的支援を行ない、それとともに国家の視点を自然な見方として導入するような、政策に関連した研究に対する需要があげられる。二つ目に、アメリカ国家が果たしている独特の役割がある。アメリカは国際システムのあらゆるレベルで広範囲にわたりグローバルな干渉を続けていることから、それについての正当化を必要としているのである。三つ目に、他の諸科学の「有用性」と張り合おうとして国際関係論が実証主義的な方法論を採用したことである。この方法論は、現実主義の常識が受け取った（国家が提供した）カテゴリーを無批判に受け入れる傾向にある。

第四に、現実主義の最大の強みは、ウォルツが言う「許容因」にある。それは、グローバル・システムの政治構造を概念化しようとするとき、規範的な政治理論から持ち込まれた概念化に代わるものが存在しないこと、また、現実主義を批判する側の（それと関連した）行動が見られないことに基づいている。「リベラルな社会学にも、マルクスの著作にも、領土で画された国民国家の登場や、それと軍事力との結びつきについての体系的な説明は見当たらない」というような議論は、近年一般的になっている。[31] その理由はどうであれ、国家の国内活動についての理論が山ほどあるのとは大違いである。国際関係論の内部では、これまでのところ、規範的政治理論が政治社会学によって乗り越えられた状況に対応するようなことは起きていないようである。[32] 国際関係論の主流が「なぜわれわれは強制力をともなう国家活動を支持しなければならないのか」という古典的な問題の枠組みを離れ、「いかにわれわれは近代国家の独自の社会形態を理解すべきなのか」と問うようになったときに初めて、社会科学としての国際関係論に対する現実主義の締めつけは緩み始めるだろう。

だが、ここ当分のあいだ、現実主義の指導的地位は、ナショナリズムというより広範なイデオロギーや、メディアが流す言葉、政治家や外交官の証言などを通じて再生産され、批判勢力を混乱させる効果を持ち続けるだろう。実際、こうも言えるだろう。現実主義は自己の支配力を強化するようなおなじみの論争の領域へと、これらを誘導することに成功してきたのである。いずれにしても、明らかに不首尾に終わった、反現実主義のさまざまな議論を見てみると、現実主義が学問内部の論争でどれほど主導権をにぎることに長けていたかがわかる。反現実主義の議論として、二つの立場が際立っている。第一は、国家についてその政治活動や制度的形態の特異性をいずれも無条件に否定してしまう立場である。政治活動については、ジェンキンズとミネラップの断固たる宣言が典型な例を示している。

> 国家間の紛争といっても、現実には国家間の紛争などでは全然なく、むしろ、国家を自己の目的に利用している特定の社会的、階級的利害のあいだの紛争である。……支配階級によって与えられたその階級的内実を剝ぎ取ってしまえば、国民国家は政治的主権のたんなる外皮であり、形式であり、編成原理であるにすぎない。一方を他方に対立させる内在的なダイナミズムを欠き、しかも、「上」では連邦的なつながりと、「下」では脱集権的な権限委譲と両立可能であるような、人類の垂直的分断の一単位である。[33]

リベラルな国際主義の長い歴史を振り返れば、同様の主張は数多く見つかるだろう。国家の制度的な形態に関して言えば、政府がにぎる暴力装置や独自の外交政策立案部門の中央集権的なコントロールを民主化し、さらには解体まで求める動きには、同じく長い歴史がある。これは、コブデンのスローガンである「外交政策不要」論から始まり、レーニン（そしてエンゲルス）の「人民の自主的に行動する武装組織」への期待をへて、国際的な緊張を和らげる手段としての「下からの緊張緩和」という一九八〇年代の平和運動の主張にいたるまで、政治的立場を超えて幅広く見られる動きである。いずれの場合も、政治的なるものの自立性を断固拒否しようとすれば、代替的な国家論を理論化することが必要となるはずだが、批判する側はそれを提供しない。その結果として、現実主義の独壇場が続くことになる。

現実主義の正統派理論を前にして起こる自滅的議論の第二のタイプは、政治的領域の分離という考え方は是認するが、現実主義の出す処方箋については倫理的理由から反対するというものである。パワー・ポリティクスの安易な受け入れや、軍備拡張競争の正当化や、軍事力の行使や戦争に対してどれだけ道義的批判を加えたとしても、分析的批判の裏打ちがなければ、現実主義にとっては痛くも痒くもない。なぜなら、それは、現実主義のイデオロギー的自己規定である「存在」と「当為」の対比を正当化するものだからである。道義的批判の声が高まれば高まるほど、現実主義の最も疑わしい二つの主張から注意がそれていってしまう。その一つは、現実主義のパワー概念にはなんらかの特筆すべき説明力（修辞的ではない）が備わっているという主張であり、もう一つは、それが価値自由な経験論に基礎を置いているという主張である。ここで見てきた二つの現実主義批判は「大論争」を無意識のうちに繰り返し、それによって、知らないうちに現実主義の優位を再生産しているのである。

## 結論——なにが欠けているのか

上で見たように、無政府状態の強調と主権の限定的な定義とが重なり合って、国際関係論の理論的発展への、ある種の足かせとなっている。そこで、この足かせが外されたとき、どのような新しい展望が開けるかについて、この場で予備的な考察を行なっておこう。

最初に、無政府状態の問題を取り上げてみよう。第五章で、無政府状態を体系的に再定義するつもりであるが、それによって、現実主義以外においても無政府状態が近代国家システムの中心概念であることが明らかになるだろう。

ただ、さしあたりは、既存の現実主義的なカテゴリーを置き換えることから出発したいと思う。すでに見たように、国際政治学における厳密な国家間理論は、この無政府状態の概念を前面に押し出している。そして、国家間の関係がそれ以外の国内政治プロセスによってどれほど規定されるか、その管理にどれほど関与しているか、といった問題についての考察を阻んでいる。国際政治は国内政治の正当性を高めるための場を提供しているというだけではない。むしろ、国家、グローバルな政治秩序の中での国家の位置、そして、グローバルな政治秩序の全般的性格そのものについても、その記述が徹底して歪められているのである。同一の行動主体が国際政治と国内政治を構成すると同時に、それを管理する中核をなしているという認識がそこには欠けている。

この点を明らかにする重要な例の一つに、革命という現象がある。(34) 厳密な現実主義の立場に立てば、国内の革命が国際システムに大きな影響を与えると考える必然的な理由はない。なんらかの不安定性がバランス・オブ・パワーにもたらされるとするなら、それは当該の国家の弱体化と結びつかざるをえない。したがって、革命的国家は隣国との平和共存に強い関心を寄せるはずである。ところが、現実はそうではない。革命的国家の外交政策は、外国の支配層に対して一般に敵対的である。国内で打倒されたのと同じ抑圧的な社会勢力と見なすからである。革命的国家は、(同じ理由から) 従来の外交チャンネルの正当性を認めようとしない。そして、国境を越えた結びつきや他国における反政府活動の支援を通じて、しばしば革命を輸出しようとする。再び一般的に言えば、革命的国家が輸出しようとする社会的紛争は、国家間レベルでは、「秩序」の回復のために直接、間接に介入しようと狙う国際的な反革命同盟によっても利用される。だが、反革命的な外交政策がたんなる外交政策にとどまることはまれである。個別のケースに応じて程度に違いはあるにしても、反革命的な外交政策は国内にも向けられた政策であり、国内の政治的変革のプログラムを外国からの脅威と同一視するナショナリズムが背後にある。例えば、冷戦の構造はつねにこうした三次元性を特徴にしていた。

現実主義者にとって、こうしたことはどうでもよいと見えるのかもしれない。しかし、国家システムの歴史がどれほど社会的紛争の国際化によってかき乱されてきたかを思い起こしてみれば、つまり、「国際」紛争の全歴史を通じて、当事国が社会諸勢力の調停役を果たしたことを語る必要があることを考えれば、どうでもよいとは言えない。マーティン・ワイトの計算によれば、一四九二年以降、「国際革命の時代が二五六年、革命のない時代が二一二年」であった。これは一九六〇年の時点での数字である。国家が他国のとるかもしれない行動に対してどれだけ備えを十分にしなければならないとしても、「国際」政治はまた同じ程度に、国内の政治秩序の変化を管理することにも関係してきた。大きな戦争の後には、一般にこの側面を強調する必要がある。ワイトが述べているように、「ビスマルクの時代から、大国間のすべての戦争は負けた国での革命で幕を閉じた」[35]。そして、二つの世界大戦の後にきたのは、反革命で国際的な足並みがそろった一時期であった（国家システムが社会変革に対し一律に歯止めをかけたのではない。多くの場合、むしろその反対であった。その証拠は、ヨーロッパ帝国主義の劇的な影響力や、ドイツや日本における自由民主主義の外からの強制などに見られる）。

これは、国家が「たんなる外皮」だということを意味するのではない。なぜなら、国境を越えた政治（そして政治以外の）運動や勢力という視点で国家を考える場合、国家の権力が物質的であるという点はきわめて重要な意味をもつからである。革命家は権力をにぎったとき、国家理性に従って外国の同志に対する支援に手加減を加える。彼らが武力によって革命に国境を越えさせようと企てる場合、その連帯の旗印に対するナショナリズムの抵抗運動の流れを刺激する。そしてまた、「解放」の過程そのものが革命的国家の権力の拡張を意味する。これは、一般的に見れば、ナショナリズムに該当することである。国境を越えて革命を拡大させるために国家を積極的に利用しようとする試みは、際限なく問題をはらんだものであった。

だが、ここで重要なポイントは、以下の点である。いずれの場合でも、政治的領域に固有なのは、国家の役割が他の政治活動や政治的対立を過剰に規定していることだが、このことは、国家を他国という形の外的規定にだけ反応する「国民的、領土的な一体性」[36]と考えているかぎり、見えてこないという事実である。主権の多元性は、たしかに近代の世界システムの基本的な特徴である。だからといって、現実主義の考える無政府状態がその中心的特徴《アイデンティティー》となるわけではない。逆に、すでに見たように、現実主義者の主張が成り立つとすれば、それは国家システムの歴史からその実際の政治的内容を取り除いてしまった場合だけである。おそらく、これが国家システムの一般理論を構築するために支払わなければならない代価であろう。もしそうであるなら、それは支払う価値のある代価ではない。

主権の問題に話題を移すと、モーゲンソーは以下のような説明を行なっている。

> 主権はある政治的事実を指し示している。その事実とは、ある一定の領域内では、相争う関係にあるいかなる人または人びとの集団よりも強大な権力をもった人または人びとの集団が存在するということであり、しかも、それら最強者の権力――それが永続するためには制度化されなければならない――は、その領域内で法規を制定し執行する最高権威としてあらわれるということである。(37)

主権を持たない国家というものも存在した。例えば、中世の君主は裁判権を教会や貴族と共有しなければならなかった（ウォルツの原子論的な現実主義の立場からすると、この場合でも国際的なものの概念はゆるがない）。この点から見て、主権は歴史的に条件づけられたものであり、そのことから逆に近代国家システムの年代が算定できることがわかる。ただし、主権は特定の支配形態の質的特性というよりは、権威の量的尺度であることにとどまる。さらに、それはオール・オア・ナッシングの事実である。主権が成立しているか成立していないかのどちらかであり、成立している場合、国際的なものについての現実主義の見方が妥当するとみなされる。トゥキディデスに頼れば一件落着である。

繰り返すが、現実主義に欠けているのは、国家システムの歴史がたんに繰り返される権力闘争の積み重ねではないという感覚であり、大国同士のこうした競争が世界の政治構造の継続的な発展と、地理的な拡張と、グローバルな統合とを引き起こしているという自覚であり、この世界の政治構造が国家の国内的形態や正統性や権力とさまざまな形でつながっているという自覚である。つまり、主権の意味そのものが歴史的に特殊だという感覚である。

イギリス（およびヨーロッパ）の長期的な凋落には、ヨーロッパのどこかの国やその植民地がまだ所有権の確定していないほとんどすべての土地を軍事的に占領したことが関係している。その後にアメリカが世界の大国として登場したが、同時期に、百余りの新生国家が誕生した。ヨーロッパ諸国による世界の分割が国家システムの拡張のために行なわれたわけでないことは、いまや明らかである。むしろ、ヨーロッパ諸国が植民地国家という装置を導入したのは、搾取と支配という自分たちの目的のためであり、この搾取と支配がナショナリストの抵抗を引き起こし、抵抗運動の焦点となった。そして、独立への動きを外から補助したのが、自由と民族自決を旗印に無制限の経済的アクセスを求めるアメリカの圧力だった。アメリカには、すでに一九四二年五月の段階で、政策立案者のあいだに「大英帝国は再起不能であり、アメリカがそれにとって代わらなければならない」との認識が生まれていた。勃興するナショナリズムを考慮すれば、「帝国主義という旧来の形態を避ける」必要性があり、この必要性を満たすために、国連のような新しい国際管理制度が整備されなければならないと考えられた[38]。ここで明らかとなるのは、システムの内部で覇権的パワーの自己認識が変化しただけでなく、システム自体の歴史的性格もまた変化したことである。グローバルな国民国家のシステムの中で指導的役割を果たすことは、周辺部の植民地の治安維持からはすでに大きく隔たっている。そして、そのいずれかが、トゥキディデスのアテナイと共通点を持つとすれば、それは混乱である。

要するに、さしあたり現実主義の無政府状態への関心を度外視するならば、国家システムの歴史は生き生きとした政治的内容を持つということがわかる。この内容を少しでも見てみれば、政治という領域を理解するためには、人間社会に広く見られる歴史的な行動主体という考え方が必要なことは明らかである。この行動主体は、国家がつねに動員を試み、しかし、けっして国家政策に還元することのできないものである。次に、もしさきに見たようなやり方で主権を再定義できるとするならば、パワーを一つのカテゴリーとして理解する第一歩を踏み出すことができる。なぜなら、われわれは、パワーを社会関係の歴史的な形態と特定するからである。これはまた、国家の変化しつつある制度的形態と、それにともなう「国際的」パワーの本質的な新規性とを浮き彫りにする。そして、こうした全面的な再定式化の過程のある時点で、現実主義がわれわれに見せることができなかった、別のなにかが見えてくる。それは、グローバルな国民国家のシステムの出現であり、歴史的構成である。この未曾有の発展の種差について、現実主義はわれわれになにを語るのだろうか。そして、国際関係論でないとしたら、それ以外のどこに、その重要性が記録されるのだろうか。

### 注

（1）序論の注(10)を参照。

（2）これらの著作は学問的には古典としての地位を得ている。カーの『危機の二十年』は第二次世界大戦の前夜に出版されたが、国際連盟に期待を寄せ、国際法と仲裁裁判は国家間関係における戦争の役割にとって代わることができると空しく考える、「法による平和」の思想的な流れ（現実主義の立場に立つ批判者からは「理想主義」とか「ユートピアニズム」とか呼ばれる）に対する最も代表的かつ強力な告発である。アメリカに亡命したドイツ人であるハンス・モーゲンソーの『国際政治——権力と平和』（一九四八年初版）は、「政治権力の軽視」とアメリカ外交政策の過剰な理想主義とに対して、それらがナショナル・インタレストの責任ある追求を妨げるおそれがあるとして反対している。一九七七年の著作の中でスタンリー・ホフマンは、「もしこの学問分野に創設者がいるとしたら、それはモーゲンソーだ」と述べた（Stanley Hoffmann, 'An American Social Science: International Relations', *Daedalus*, Summer 1977, p. 44）。この著作は、数多くの版を重ね、数十年にわたってアメリカの大学における国際関係論の優れた教科書としての地位を確保した。最後に、ケネス・ウォルツの『人間、国家、戦争』（一九五九年）は現実主義思想の本質（無政府性《アナキー》、バランス・オブ・パワー）を採り出し、それを演繹的証明の用語法の中で再構成しようとする、おそらく最もよく知られた試みである。現実主義学派の優れた歴史的概観としては、M. J. Smith, *Realist Thought from Weber to Kissinger*, Baton Rouge and London 1986〔邦訳、一九九七年」を参照。

（3）　以下、私はカーの議論に見られるような批判的思考様式のことを括弧つきの「現実主義」と呼び、現実主義的国際関係論に特殊な諸前提を括弧なしの現実主義と呼ぶことにする。括弧内の数字は、カー『危機の二十年』（*The Twenty Years' Crisis*, 2nd edn., London 1946, reprinted Basingstoke 1981〔邦訳、一九九六年〕）の頁数。

（4）　『危機の二十年』は、カーが一九三六年に外交官の職を辞してから数ヵ月のうちに構想されたものである。

（5）　Carr, *The Twenty Years' Crisis*, 2nd edn., p. 108.「権力が国家的に組織されているかぎり、……その本質において、権力は不可分な統一体である。近年、ある批評家がつぎのように述べている。『社会力学《ソシアル・ダイナミックス》の法則は、権力の見地からのみ述べることのできる法則であって、権力のあれこれの形態について述べられるものではない』と」〔邦訳、二〇七―二〇八頁〕。

（6）　「権力の行使はつねにより多くの権力への欲求を生むようである。ニーバー博士が言っているように、生きる意志と権力への意志との間に明確な一線を引くことは不可能である」（Ibid., p. 112〔邦訳、二一三頁〕）。

（7）　「一九一四年、オーストリアは、セルビア人がオーストリア＝ハンガリー連合帝国の崩壊をもくろんでいると信じたので、セルビアに対し最後通牒を発した。ロシアは、オーストリア＝ハンガリーがセルビアを破った場合、ロシアを脅かすような強大さを得るのではないかと恐れた。ドイツは……等々」（Ibid., p. 111〔邦訳、二一二頁〕）。

（8）　実は、カーもこうした問題とその意義については十分に自覚していた。例えば、『ナショナリズムの発展』（*Nationalism and After*, London 1945, pp. 6-17〔邦訳、一一―二六頁〕）の中で、彼は一九世紀の世界市場と国民国家の世界の可能性との関連について洞察力に満ちた議論を行なっている。ただ、われわれのここでの関心は、あくまで『危機の二十年』にある。それは現実主義の古典としての地位を占めているからである。

（9）　自由貿易運動への関与を語る際に、コブデンはためらうことなくこの言葉を使った。「われわれの大多数は、その問題に関して、ある独自の階級的利害を持っていると信じるからこそ、この闘争に立ち上がったのである」（P. Adelman, *Victorian Radicalism*, London 1984, p. 3）。

（10）　Hoffman, 'An American Social Science: International Relations'.

(11)　以下、括弧内の数字は、ハンス・モーゲンソー『国際政治――権力と平和』(*Politics among Nations*, 6th edn., New York 1985〔邦訳、一九八六年〕の頁数。

(12)　T. Taylor, 'Power Politics', in T. Taylor, ed., *Approaches and Theory in International Relations*, Harlow 1978, p. 125での引用。

(13)　モーゲンソーは一九八〇年代末にこの秩序が崩壊するのを、生きて見届けることができなかった。

(14)　K. Thompson, 'Toward a Theory of International Politics', in S. Hoffman, ed., *Contemporary Theory in International Relations*, Englewood Cliffs, New Jersey 1960, p. 35.

(15)　'Another "Great Debate": The National Interest of the US', reprinted in M. Smith *et al.*, eds., *Perspectives on World Politics*, Beckenham 1981, p. 52.

(16)　P. Kennedy, *The Realities behind Diplomacy*, London 1981, p. 257.

(17)　Carr, *The Twenty Years' Crisis*, 1st edn., London 1939, p. 14n.

(18)　トレバー・テイラー(Trevor Taylor)のように、この時期に理想主義が政策面を支配していたと認めるのは明らかに譲歩しすぎである。テイラーは、「ユートピア的な理論が政策的な大失敗をもたらす(事実、もたらした)」と述べている(*Approaches and Theory in International Relations,* p.124)。純粋に知的な意味での主張としても、疑問である。ウィリアム・オルセン(William Olsen)は大戦間期における現実主義と理想主義との論争について次のように述べている。「振り返って見れば、あの論争はどこまで本当に論争だったのか、また、国際関係についての学問的な専門家のどれほどが、さまざまな形の平和主義の声高な唱道者たちとは対照的に、実際に『ユートピア的』であったかは疑わしい。彼らのうちどれほどが実際に、平和への願いが自らの学問に優先することを許しただろうか」(in B. Porter, ed., *The Aberystwyth Papers: International Politics, 1919–1969,* London 1972, p. 23)。実際、「ユートピア的」思考が大戦間期の政策の失敗に事実上どこまで責任があるかという問題について、カーの見解を確認することは非常に難しい。『危機の二十年』の第二章で、ユートピア的思考は、一般世論の支持を得て、国際連盟にロック的な自由主義の諸原理の実現を無駄に期待する無邪気なリベラル政府の考え方と見なされている。だが、後に、これらの同じ国家が、不誠実にも「……持てるものの権利を基礎に、新しい国際道徳を打ち立てようとした」として非難されている。一方で、カーは、政府にも世論にも完全に無視されるようになる「書斎で国際問題を研究している人びと」もユートピア的であると考えている〔それぞれ、邦訳、六七頁、四〇八頁、八二頁を参照〕。

(19) スミスによれば、「モーゲンソーは、彼のアプローチや助言に対して強力な反論に出会うといつも、彼の反対者のことを、情緒や道徳的な幻想の囚人と呼んだ」(M. J. Smith, p. 160)。

(20) 「政治的リアリズムは、政治世界の写真が可能な限りその肖像画に似ることを望んでいる」(p. 10〔邦訳、八頁〕)。

(21) したがって、ノーム・チョムスキーによれば、モーゲンソーはアメリカ外交を批判する修正主義者が「自分の身勝手な現実感を現実そのものと混同している」と不満を漏らしている。チョムスキーは、いつもの彼流のやり方でこの錯綜を解きほぐす。「現実であるのは、『われわれの精神が映しだす歴史の証拠』によって明示されている、未達成の『国民的目的』なのであり、現実の歴史の記録は、たんなる身勝手な現実感なのである」(Noam Chomsky, 'Intellectuals and the State', reprinted in *Towards a New Cold War*, New York 1982, p. 74〔邦訳、四六頁〕)。

(22) この学問がアメリカで戦後発展するうえで『国際政治』が中心的な役割を果たした点については、J. Vasquez, *The Power of Power Politics: A Critique*, London 1983, p. 17を参照。

(23) このことは以下で取り上げるウォルツの著作について当てはまるだけでなく、国際関係論にシステム論の方法を持ち込んだ六〇年代の、いわゆる「行動革命」についても当てはまる。ヴァスケスが言うように、「行動革命は、現実主義が描いてきた世界像に異議を申し立てたのではなく、現実主義が適正な科学理論と考えたものに、また、適正な科学理論であることを証明するためにとった手続きに異議を申し立てたのである」(Vasquez, ibid., p. 23)。

(24) ここでウォルツを取り上げるに際して、彼の後期の著作 *Theory of International Politics* (Reading, Mass. 1979) は検討の対象にされていない。だが、一九七九年にも、わずかに抽象度のレベルが高くなっているにせよ、ウォルツが一九五九年と同じ問題設定の仕方をしていたかぎりにおいて、同じ根本的な批判が当てはまる。この点で、*Theory of International Politics* が『国際政治』の理論的発展でないということは確かである。後者は国際関係論の内部で古典的な教科書としての地位を獲得して、この分野の教育においては広く用いられている。

(25) 国際関係論における「分析レベル」の問題とは、国際問題を説明する理論がどの「レベル」で構築されるかという問題である。簡単に言えば、当該の個人や集団の心理学的な特性に注目すべきなのか、個々の国家の政治的特徴に注目すべきなのか、それとも、国家システム全体の構造的特質に注目すべきなのか、ということである。ウォルツはこれらの選択肢を第一イメージ、第二イメージ、第三イメージと呼ぶ。彼は、この分類を、「戦争の原因とはなにか」という問題に対する一連の答えを批判的に検討するための枠組みとして利用する。一連の答えには、人間性についての宗教的、心理学的理論（第一イメージ）、軍国主義を特定の種類の――封建的および資本主義的な――国家と結びつける自由主義および社会主義の理解（第二イメージ）、自然状態（無政府状態）および規制を受けない競争のシナリオをそれぞれ政治哲学およびゲーム理論から読み解く立場（第三イメージ）が含まれる。以下に示すウォルツの議論はこの第三イメージに限定される。

（26）この節で引用された文章末尾の括弧内の数字は、Kenneth Waltz, *Man, the State and War*, New York 1959 の頁数。

（27）国際関係論におけるゲーム理論の幅広い適用を概説したものとしては、J. E. Dougherty and R. L. Pfaltzgraff, *Contending Theories of International Relations*, New York 1981 を参照。

（28）ウォルツは後に以下のように述べている。「国際政治を研究する者は国際政治システムの違いを、大国の数に従って区別するだけである」（Keohane, ed., p. 92）。

（29）フレッド・ハリディは、こうした現実主義の国家概念を「国民的、領土的な一体性（the national territorial totality）」と呼んで、刺激的な批判を展開している。Fred Halliday, 'State and Society in International Relations: A Second Agenda', *Millennium*, Summer 1987.

（30）M. Howard, 'The Concept of Peace', *Encounter*, 61(4), December 1983, p. 24.

（31）A. Giddens, *The Nation-State and Violence*, Cambridge 1985, p. 26〔邦訳、三七頁〕。

（32）スタンリー・ホフマンが言うように、「現代の社会学や政治学は、一九世紀の政治史や社会史、政治哲学、公法から自己を解放した。国際関係論はそれをしなかった」（Hoffman, op. cit., p. 41）。

（33）B. Jenkins and G. Minnerup, *Citizens and Comrades*, London 1984, pp. 146–147.

（34）国際関係の研究にとっての革命の意義を体系的に明確化したものとして、F. Halliday, '"The Sixth Great Power": On the Study of Revolution and International Relations', *Review of International Studies*, 16（39, July 1990）.

（35） M. Wight, *Power Politics*, Harmondsworth 1986, p. 92n.

（36） この表現はハリディ（Halliday: 'State and Society in International Relations: A Second Agenda'）による。

（37） Morgenthau, *Politics among Nations*, p. 335〔邦訳、三三四頁〕。

（38） 外交問題評議会（Council on Foreign Relations）のメンバーの発言。L. Shoup and W. Minter, 'Shaping a New World Order: The Council on Foreign Relations' Blueprint for World Hegemony', in H. Sklar ed., *Trilateralism*, Boston 1980, pp. 146 and 149.

# 第二章　社会構造と地政学的システム

国際関係を理解するための、現実主義に代わる理論を展開しようとするわれわれにとって、問題の性質について、また社会理論を構築するうえで利用可能な手段について少し検討してみることは有益であろう。以下でそれを行なっていくが、その際に指針となるのは、互いに関連する二つの前提である。一方で近代世界の歴史が経験した壮大な社会的変化に対して目を向けようとしないという、国家システムの一般理論の欠陥を避けようとするなら、地政学的なシステムを理解するためにわれわれが展開する理論的カテゴリーは歴史的なカテゴリーでなければならない。[1] つまり、それら理論的カテゴリーは、すべてのケースを幅広くカバーするような一般的なものであるよりも、むしろ、特定の歴史的形態、例えば特定の国家形態を区別し、説明することができるものでなくてはならない。他方でそれら理論的カテゴリーを策定することが幅広い社会構造の検討なしには不可能であることは、すぐさま明らかとなる。社会構造の時間的な発展が地政学的なシステムの歴史的形態の変化の基礎となって（また、それを説明して）いるからである。したがって、逆に、いかなる歴史研究も社会構造一般の理論的な理解と、それが具体的な地政学的システムの再生産にどう関係しているかの把握とに裏打ちされていなければならないことになる。これまで何度も見られたように、現実主義がそうした社会理論（抽象的なものであれ、さきに区別したような実質的なものであれ）を提示できないことは、おそらく、国際関係論が非実証主義的な社会科学として発展することを妨げている最大の障害であろう。

本章での議論は四節に分かれている。第一節では、国際関係論にとって有名な歴史的事例である一七一三年のユトレヒト条約について、従来の解釈に異議を唱えることで、時代錯誤の罠を暴き、歴史的なカテゴリーの必要性を明らかにする。続いて、近代の国際システムの出現を歴史的に考えようとした一つの試みを取り上げ、その失敗が実は現実主義の理論的な前提に由来するものであることを簡単に示す。第三節では、この失敗を踏まえ、社会構造についての一般的な理論的検討を行ない、実体的な社会理論としての史的唯物論の性格について手短に議論する。最後に、これに基づいて、地政学的なシステムを社会構造から（したがって、外的なものを内的なものから）切り離す現実主義の原則を理論的に問題にして、第三章、第四章での本格的な歴史的検討の前置きとすることにしたい。

## 一七一三年のユトレヒト条約

最初に、次の点から出発することにしよう。もし地政学的なシステムが長いあいだに変化するとすれば、われわれの理論的なカテゴリーは同時に歴史的なカテゴリーでもなければならない。この点を明確にするために、有名な歴史的事例である一七一三年のユトレヒト条約を取り上げることにする。ユトレヒト条約は、国際関係論の分野では一般に、ヨーロッパでのバランス・オブ・パワーの確立が講和を明確な目的として登場した最初の事例とされている。条約前文にも述べられているように、条約の目的は、

各国の勢力均衡を実現し、各国間の同盟が一つにまとまることのないようにし、バランスのとれた対等の関係を目指して、一国の利益が他国のリスクや損失とならないようにすることである。(2)

したがって、ユトレヒト条約は、一般に国家システムの歴史的登場を準備したとされる一連の由緒ある条約の末尾に位置する。ローディの和約（一四五四年）が「イタリアにおける協調体制と最初の集団安全保障のシステムを確立し

た」[3]のに対し、アウグスブルクの和議（一五五五年）は「君主の領土内で人は君主の宗教に従うべし」の原則を定めたが、これは国家システムの部分的な世俗化を意味した。国家システムの世俗化は後のウェストファリア条約（一六四八年）で完成し、ドイツ諸侯はローマ教皇と神聖ローマ帝国皇帝とに対して自己の主権を確立した。[4]「ユトレヒト会議が開かれた頃には、国家システムは存在していた」とワイトは述べている。[5]言い換えれば、教会と帝国は、外交機構の基礎としての世俗的な主権国家に明確にとって代わられたということである。そして、ヨーロッパ大陸に広がるさまざまな国家機構の集団的な自己組織化のための外交制度が利用可能になり、時に応じて利用されたのである。われわれは核心に近づいた、近代の国家システムの輪郭は本質的には完成した、というわけである。だが、そうだろうか。ユトレヒト条約とは実際にはなんだったのだろうか。バランス・オブ・パワーの処方は紛争解決にどの程度効果的だったのだろうか。条文を検討してみると、かなり懐疑的にならざるをえない。

条約が最初に取り上げている三つの条項は、以下のとおりである。[6]フランスはイギリスでプロテスタント系の王位継承が行なわれることに同意する。これについては後述する。次に、スペインはイギリスに「奴隷貿易の独占権、つまり、アシエントの権利（スペイン植民地への黒人奴隷供給権）」を与える。第三に、フランスは「アメリカにおける係争中の領土、つまり、ハドソン湾地方、ニューファンドランド諸島、ノヴァスコシア、セントクリストファー島」をイギリスに割譲する。これらの項目からしばらく先に進むと、しばしば言及される「バランス・オブ・パワー」条項があらわれる。ダンケルクにフランスが設けた要塞の取り壊しである。別に大昔の条約の埃をかぶった条文を掘り起こすことに興味があるのではない。現実主義者なら、恥ずべき利益の追求はかなり普遍的な行為であり、国家間の戦略的競争の一面としての領土拡張についてはとくに説明の必要もないと主張するかもしれない。だが、アシエントの権利を独占するということは、封建的な王領に新たな追加的領地を加えるといった、たんなる追加的な収入源の問題ではなかった。[7]それは、金地金の生産と管理という、絶対主義ヨーロッパの大陸をまたいだシステムの中できわめて特殊な――現代の目から見るといささか誇張された――役割をイギリスに与えることにつながった。他方、この大陸をまたいだシステム、この国家および重商主義的な制度と慣行のあり方は、ヨーロッパ社会の支配的な構造的特質が課した貿易への制約を考慮せずに理解することはできない。

こうした歴史的条件の重要性を認識できないために、現代の著述家は時として、重商主義の原理を知的な誤謬として退けてきた。歴史への関心が高い批評家の中にも、「重商主義の原理は富裕の本質とそれを達成する手段とを甚だしく誤解している」と主張する者もいた。[8] 国際貿易のゼロサム・モデル、正金への執着、商業的独占を確立・拡大するための武力の大規模な行使――これらは、富の生産についての近代科学の成立に先立つ、粗野な前史を示すものと理解されてきた。だが、それらは資本主義以前の貿易すべてに認められる特徴の反映であること、また、近代以前の社会秩序において「富裕達成の真の手段」には自由貿易、価格競争、賃労働とは大きく異なった戦略が必然的に含まれていたことは、明白である。つまり、近代資本主義的な貿易が生産拠点を相互に競争関係で結びつけ、労働過程における剰余価値の搾取を強化するとすれば、資本主義以前の貿易はある生産拠点をある遠隔市場と結びつけ、独占的に価格を設定することにより超過利潤を獲得するのである。[9] しかも、利潤は交換部面で取得されるので、商品流通の物理的なコントロールが利潤の前提条件となる。これは、明らかに、直接的な武力に支えられた領土の分割支配という戦略を必然化することにつながる。この戦略は実際に、イギリスの植民地貿易はイギリスの船と港に限るとした英国航海条例や、[10] 商務院の管轄下で年二回大船団をアメリカ植民地に送り込んでいた一六世紀のスペインの海上貿易、[11] モルッカ諸島での香辛料生産を隔離し規制するオランダ東インド会社の強制栽培制度という形で実施に移された。[12]

遠距離貿易とはこういうものであったから、「輸送」がどこで行なわれるかはほとんど関係なかった。事実、ブローデルが言うように、[13]「東洋における富の最大の源泉」は奢侈品のヨーロッパへの輸送ではない。むしろ「経済的にも互いに異なり、地理的にもきわめて隔たっているアジア各地域間の貿易」、いわゆる「地方貿易」を独占したことにある。インドでの上質な香辛料の消費は、ヨーロッパ全体の二倍だった。だが、重要な違いが一つあった。東西貿易における西側の長年の赤字のために、ヨーロッパ人にとっては、この貿易に参入することは困難だったことである。「最後にヨーロッパ人が頼ったのが貴金属、とくにアメリカ産の銀だった。それがこの貿易への進出を可能にした。」このことは、なぜカリブ海諸島のオランダ人やイギリス人が、本土に入植したスペイン人の植民者とのあいだの密貿易に熱心だったのかを部分的に説明する。

> こうしてオランダ人とイギリス人はスペインの銀をカリブ海諸島の水脈を通じて吸い上げることができた。一七世紀の末になると、ジャマイカ貿易を通じて獲得されたスペインの銀の総量は……イギリス東インド会社により極東アジアに毎年輸出される銀地金の約半分にのぼった。(14)

世界貿易の総量はきわめて緩慢にしか増加せず、(15)しかも、生産と市場の規模が「世界の伝統的な農業制度や、農村の社会関係という、大きな凍結万年雪」(16)によって直接に制約されていたから、剰余を拡大する手段を示す方程式は、ほぼゼロサムになってしまう。東西貿易の拡大にとって銀が重要な戦略的役割を担ったことや、この資源を獲得するための特殊な仕組みがあったこと（アシエントの権利の獲得はその一つ）は、このような制約を経験することのない現代の資本主義的な世界市場を前提にしていては、理解できない。

前述のユトレヒト条約の他の条項についても、これと同様の留保が必要である。例えば、イギリスとフランスのあいだで行なわれた紛争は、後にジョージ・カニングが豪語したような意味での、周辺地域における領土的な拡張主義につながる軍事競争の一例ではなかった。(17)まったくその反対である。それらの紛争は、毛皮貿易を支配するための商業的な競争の結果起こったものであった。毛皮貿易が戦略的に重要だったのは、効果的な独占の領土的な前提条件だったからである。(18)東海岸のビーバーが激減するにつれ、社会関係と生態系による四つ巴の複合体（当時ビーバーの狩猟地を支配していた先住部族と交易を行なっていた英仏の対抗関係を含む）は、継続的な政治的調整を飛び越え、先住民との新たな交渉や戦略的な作戦行動の可能性をも排除して、西部へ向けて徐々に移動していった。ユトレヒト条約から直接の便益を受けたイギリスのハドソン湾会社の活動は、まさにそうした作戦行動の一部を成していた。同会社の主要な目的は領土獲得ではなく、むしろ、会社が独占しようとした採取的な社会関係の流動性が、この戦略を決定したのである。

最後に、前述の第一の条項（フランスによるプロテスタント系の王位継承の承認）は、ユトレヒト条約で解決された紛争がスペイン王位継承戦争であったという事実をわれわれに思い起こさせる。もちろん、だからといって、これに関与した諸国家が中世的な意味での封建機構にすぎないなどと主張しようというのではない。だが、政治的正当性の原理が国家機構の存続の危機を決定づけるほど強力に作用していたという事実は、まさに完全な意味での主権を語るには時期尚早であることを暗示している。それから八〇年をへた後でも、イマヌエル・カントは『永遠平和のために』の「予備条項」に「小国であろうと、大国であろうと、独立しているいかなる国家も、継承によって、ほかの国家がこれを取得できるということがあってはならない」と明記せざるをえないと考えたのだった。[19]

したがって、よく考えてみれば、ユトレヒトの講和に関与した政治的な行動主体も、その社会的なプロセスも、現代的な対応物と関連づけて理解することはできない。ここには国民国家も資本主義も見られない。見られるのは、王制と寡頭制の国家機構であり、それと結びついた商人集団であり、領地からの農業収入を補完するために、資源（たいてい奢侈品の貿易）の独占的支配を確保しようとする領土戦略の展開である。国から特権を与えられた（インドや極東における）株式会社や、独立した国家主権など認められないような、ヨーロッパの外部の政治環境である。[20] ここに「国家システムが存在する」と言うのは実際にはなにを意味するのだろうか。その特徴は、今日の国家システムと本当に共通するものなのだろうか。共通するものでないとしたら、それはどのような国家システムなのだろうか。学問としての国際関係論が始まるのは、現実主義の非歴史的な一般化を超えたとき、継起的な制度諸形態の時代区分や行動主体や、今日のグローバルな国民国家システムの先駆に付随する「国際パワー」の作用範囲といったものを策定するようになったときであると言えるかもしれない。[21] もしわれわれにこれができるなら、現代の地政学となにが大きく違うのかを明らかにすることができるだろう。次いで、このことは、われわれが説明しなければならないものはなんなのかを問い直させることになるだろう。

歴史を時代区分することがきわめて困難な問題を孕んでいることはよく知られている。ある出来事やプロセスに光が当てられる一方、陰に回ってしまう出来事やプロセスが出てくるのは避けられないからである。それでも、近代社会の歴史的特殊性と構造的メカニズムの両者について、われわれの理解を明確にしたり検証したりするためには、時代区分が不可欠な手段であることに変わりはない。現実主義のなかでは、こうした時代区分を行なうために、どのような手段が利用可能なのだろうか。

## ワイトによる現実主義的歴史解釈の限界

かつてワイトは、鋭い洞察を込めた控えめな文章で、国家システムの起源の確定と、その総体的な歴史的アイデンティティーの定義という二つの問題がきわめて密接に結びついていることを明らかにした。

もし［国家システムが］一四九四年以降ではなく、一六四八年以降に成立したと見るなら……、世俗化された政治、国家理性ないし国家の利害、複合的なバランス・オブ・パワーが規範となり、フランス革命期や二〇世紀のイデオロギー対立はそこからの逸脱となる。もし一四九四年まで遡るなら、われわれは国家システムが、教義をめぐる四世代にわたる対立と、二極構造をとったバランス・オブ・パワーの圧力によって形成されるのを目の当たりにすることになる。[22]

彼は別の論文で、彼なりの選択を打ち出そうとして、一七三〇年代でも一七一三年でもなく、一六四八年でも一四九四年でも、さらには一四五四年でもなく、一四一四年に注目した。その理由を問うことはなかなか興味深い[23]。この選択を裏づけるために彼が展開した議論は三つの部分から成る。ワイトはまず、国家システムを六つの「内在的な指標」つまり、主権国家の成立、主権国家の相互承認、主権国家間のヒエラルキーの一般的確立、主権国家間の恒常的コミュニケーション手段の確保、主権国家の法的な枠組みと共通利益の防衛手段の確保[24]」を通じて定義する。次いで彼は、これらの条件が一五世紀以前には完全に欠けており、一七一三年には完全に見られるようになっていたと考える。したがって、その間の三世紀は、キリスト教世界の失われた（神話的）統一から高度の絶対主義ヨーロッパの組織化された無政府状態への過渡期に相当する。ワイトは歴史家的な洞察力を十分に持っていたので、この過渡期が単一の因果関係の軸にそって進行したとか、あるいは、さまざまな側面を同時に完成させたなどとは主張しない。それでも、彼は、厳密な転換点がどこにあったのかを見つけるという難問に挑戦する。そして、「国家的」な行動主体の多元性が彼の定義では重要な指標であることから、最終的には一四一四年に「真の断絶」を見る[25]。というのも、一四一四年こそ「国家」の政策に従った最初の公会議（同時に、皇帝が主催した最後の公会議）が開かれた年だからである。

近代の世俗的な主権国家システムは、中世の国際的な教皇君主制の廃墟の中から出現した。二つを分ける分水嶺は明らかにコンスタンツ公会議によって示された[26]。

この議論の奇妙な点は、前述したワイトの疑問を彼自身の時代区分に当てはめてみればよくわかる。国家システムのどのような歴史的性格がこの時代区分によって明らかになるのか、ということである。彼の言う六つの指標にすでに明示されているように、端的に言って、明らかになるものはなにもない。わかるのは、複数の政治的行動主体と、その独立性についての先進的な法的承認という単純な事実だけである。キリスト教世界の分裂の瞬間から、国家システムは「それ自体として」存在する（「国際的な無政府状態を嘆く最初の声が発せられた」のは一五世紀の前半だった）。ただ、国家システム「それ自体にとって」の外交手段が蓄積されるまでには約二世紀を必要とする（「ウェストファリア条約のときには、国家システムはまだ成立していない。それは生成の過程にあった」）[27]。この時代のヨーロッパでこれらの条件が偶然に実現されるにいたった歴史的経緯、これらの条件が大規模な社会的転換を生み、またその逆もあったということは、ここでは重要ではない。というのも、この時代区分は、近代の国家システムがいかに成立したかを歴史的に説明するためではなく、その記述的特性の一つがいつ登場したかをただ特定するためだけのものだからである。同じような現象は、古代のギリシャ、中国、ムガール帝国以前のインドの戦国時代にも等しく見られたかもしれない。実際、ワイトによれば、見られたのである[28]。歴史的だとされる定義が数世紀を超えて容易に当てはまるとなると、なにが定義されているのか、国際システムの歴史を理解しようという試みに対してそれがどのような関係をもっているのかを考え直さざるをえない。

なぜそうなるかといえば、それは、ワイトの言う「内在的な指標」が実は外在的な指標だからである。それらは、個別に存在する政治的構成要素の相互作用と調整を示すにすぎない。彼のこの定義では（本節冒頭に引用した彼の推測とは裏腹に）、「教義をめぐる対立」、フランス革命、二〇世紀のグローバルな抗争といったものがどこから生まれてきたのかを明らかにすることはできない。だが、これは別に不思議なことではない。慣れ親しんだ現実主義にがんじがらめになっているのである。近代社会をとらえようとして、現実主義の理論は、無政府主義的な国家システムの、時代を超えたメカニズムのように見えるものだけに注目する。そのため（それが説明されるべきものとされることから）、過去に目を向けても、そこに見いだすのはせいぜいこうしたシステムが登場してくる合法的な歴史にすぎない。「社会学的な視点を欠いた法的な概観」[29]に自己を限定する視野狭窄である。そして、もちろん、近代の国際システムの歴史的出現がキリスト教世界から無政府状態への形式的な転換の中で（純粋に外在的な指標によって）把握できると考えることは、現在の国際システムの独自性がただ無政府状態だけにあると想定することと同じく、誤った考え方である。こうして、ワイトの論文は国際関係の歴史的な性格についての展望を切り開きながらも、結局は、問題を現実主義的な観点から提起することで、その展望を閉ざしてしまうのである。

そこで、次の疑問が生まれる。それは、現実主義以外のどのような観点から問題は提起されるべきか、ということである。なぜなら、「国家システムの、時代を超えた力学に支配された別個の領域」という国際関係の正統的な定義をひとたび放棄した場合、国家の行動を規定するもう一つの外圧要因として国内の政治情勢を付け加えるだけではすまないからである。(30) もし国際的なシステムがそれ自身の自律的な決断に従って動く別個の領域でないとしたら、より幅広い、包括的な社会秩序の一レベルないし一次元として理解される必要があり、また、理論化されなければならない。そして、もしそうであるなら、国家システム自体の特徴づけを国際関係のレベルに限定することは不可能となる。なぜなら、国家システムの制度や慣行は歴史的に特殊な社会構造によって与えられた社会的パワーの形態を反映せざるをえないからである。これは強力な主張である。しかし、国際関係論以外では人々を驚かせるほどの主張ではないだろう。ギデンズも懐疑的なうちの一人だったことは確かである。

> 国際関係が国家や「社会」の内部で起きていることからはなんらかの形で区別された、独自の分野だという考え方はまさに、これまで私が述べてきた社会思想にとっての限界を示している。……社会科学の中にも分業や専門分野がなければならないとはいえ、学問のこうした分割が永続化させようとしている理論的な逸脱は、正当化することはできない。(31)

そこで、もしわれわれが現実主義をとらないとすれば、ただちにわれわれは、社会科学全体を活性化する一連の問題に取り組まなければならないことになる。われわれの国家システムを問い直すことは避けられない。国家システムにはいかなる種類の社会が関係しているのか。その社会を物質的、政治的に再生産するうえで核となる制度や慣行はどのようなものなのか。社会がこうした歴史的アイデンティティーに関係する形態はいかに特殊なものであるのか。いったい、近代の国際システムの幅広い構造的なメカニズムを識別することは可能なのか。それは以前の地政学的なシステムとどの点で異なるのか。

要するに、現実主義にひとたび別れを告げると、まずはこの学問を規定してきた問題に対して別の答を用意する必要が出てくるのである。戦争の原因（大義名分）はなにか。パワーの検討がどれだけ国家の行動を左右するのか（すべきなのか）。規制されない複数の行動主体によるシステムは、どのような全体的特徴および制度的ニーズをもつか、等々の問題である[32]。必要となるのはそれだけではない。もっと根本的な問題に取り組まなくてはならないのである。無政府状態を出発点と考えるような、形式的で法律的な問題設定から抜け出し、近代の社会形態の独自性の検証を出発点とするような歴史的な問題設定へと、国際関係論を全面的に転換させることが必要なのである。「近代」という問題に言及したからといって、自由主義的な近代化理論やモダニズム対ポスト・モダニズムという昨今の議論につなげようと意図しているわけではない。むしろ、われわれが取りもどさなければならないのは、構造的転換の自覚、そして初期の社会科学の歴史的傾向を促進した過去とのラディカルな断絶の深い自覚である[33]。

このような転換を行なうことには二つの大きな利点がある。第一に、すでに述べたように、これにより、国際関係論の歴史的目的を問い直すことが可能になり、説明されるべき事柄がようやく目に見えてくる。理論化すべきものが存在しないから、国際関係の理論も存在しないというワイトの確信は、現実主義的な問題構成の外部では無意味である。逆に、現実主義とは別の、われわれの問題設定を構成する問題に取り組むことで、現実主義が語りうる以上のものがわれわれの国家システムに含まれていることが明らかになるだろう。第二に、国際関係論を他の社会科学と同化させることは、より一般的な意味で実り豊かな成果を約束する。それによりわれわれは政治経済学や社会学の豊かな理論的伝統を活用できるだけでなく、そうした伝統に新たな方向性を与え、そこから国際政治を考えるうえでの意味を引き出すこともまた可能になる。国際的な見通しを付加するということは、政治社会学にとって、社会学を承認することが国際関係論に提起するのと同じくらい多くの問題を提起すると言ったら、言い過ぎかもしれない。しかし、近年の歴史社会学的な国家研究の流れを検討してみれば、どのみち、われわれが他の学問分野の研究の二番煎じとなることを恐れる必要がないことは明らかである。(34) 国際関係論を社会科学として再構成すべきだと主張したからといって、国際関係論は消滅して社会学になるべきだとか、なるだろうと言っているわけではない。

## 社会理論と社会構造

歴史的社会を理解するにはどうしたらよいのだろうか。予備的なものとはいえ、この疑問に対してこの時点でなんらかの解答を与えることは、もっぱら方法論的な理由からであるにせよ、避けられないことのように思える。われわれにとって必要なのは、社会構造と地政学的システムとの関係についての全体的な認識、つまり、次章以下で行なう歴史研究の道案内となるような認識を明確化することである。だが、そのためには、われわれが社会構造という言葉でなにを意味しているのかを、最初に言っておかなくてはならない。

人間の活動との関係で社会構造をどう定義するかという問題は、社会理論における重大な亀裂の一つを生み出している。(35) だが、それは、独自に定式化された抽象性のレベルで解決できるような論争ではない。例えばギデンズの構造化理論は、行為主体と構造との二元論を「構造の二重性」によって置き換える試みとして明確に提起されたものであるが、しばしば、見識ある人間主体の行為をいかに理論化するか、いかに社会学的な見方の記述的、批判的なサーベイ(概観)のなかに織り込んでいけるかという問題をめぐる(重要ではあるが、ありふれた)方法論的な勧告に終わってしまっている。(36) 社会学的な見方といっても、最も基本的な意識の構成からグローバルな政治システムまで含まれるから、その影響力はきわめて大きい。だが、それは、実際には自ら指示したものを達成することができない。なぜなら、それは、既定の歴史的事象を説明できるような実質的な社会理論ではないからである。むしろ、すでに述べたように、人間主体と社会的再生産の様相を見て回ったにすぎないからである。したがって、ある意味で、社会構造を定義するという課題は、もう一段「下」のレベルで取り組んだほうがうまくいく。それは、構造的な説明のさまざまな仕方での利用が合理的かつ実証的な基準によって判断できるような厳密に存在論的で認識論的な諸前提を含むレベルである。

このレベルでは、構造の定義は、社会的現実を再生産する個人としての主体に先だって存在し、個人としての主体が死滅した後も存在している社会的現実のさまざまな特徴の観察を超えることができる。そして、問題関心はもはや、行為主体と構造という概念どうしの緊張関係の理論的解決を求めることではなくなる。それに代わり、社会を構成する現実の社会関係そのものを特定することに関心が集中し、また、こうした社会関係によって再生産される資源の配分や特定の制度的なあり方を追究することに関心が向けられる。

一例として、中世ヨーロッパのいくつかの地域で支配と物質的領有の構造的原理として成立していた、封建領主と農奴の関係を取り上げてみよう。この関係は、支配者と被支配者の相互関係を支配する一連の権利、義務、資源配分（社会的地位によって格差をもって割り振られた）の制度化をもたらした。最も単純な意味で、これこそ「構造」が意味するものである。つまり、既定の（さまざまな種類の）資源に関して個人に割り振られた社会的地位のあいだでの、公式化された関係のことである。これは、一定の関係がもつ形態や特性を明らかにするために行なわれた、一つの抽象である。諸個人を操作するために外からはたらく法則といったものではない。ここからまた、社会的秩序の歴史的性格を規定することが可能となる。それは、社会的秩序の再生産にかかわる関係の構造を検討すること、つまり、社会的パワーのメカニズム、それが引き起こす日々の政治対立、将来予測される、また現在の物質的利害の構造に左右されて起こるさまざまな社会的発展、等々を明らかにすることによって行なわれる。例えば、中世の商人層が商品生産の拡大に自己の収益を投下したと考えることはほとんど意味がない。彼らは、労働が農業に関する所有関係に縛られていたために、自由に労働を購入することができなかっただけでなく、彼らの利害関心は、限られた市場で利潤を最大化するために、生産を規制することに向けられていたからである。

何世紀もの経験を通じて、最高利潤は技術進歩によって得られるのではなく、あるいは生産において得られるのでさえないことが明らかとなった。ヨーロッパの人口の大多数を「経済的に中立」であるとして外に措くとすれば、商人層に残されたのはかなり狭い領域であって、彼らはここで商業活動をしてきたのである。(37)彼らは農業的剰余と奢侈品の取引を行なっていたことから、どちらかといえば、既存の貴族権力と社会構造への寄生者であった。

この種の分析は、社会構造の再生産がいかに個人の視野や行動を決定していたかを浮き彫りにする。しかし、だからといって、この再生産がなにか自動的ないし自明のものであるということではない。むしろ反対に、「一四世紀の労働力不足を時代背景にして賦役の強化とともに頂点に達した(38)」農民一揆はいうまでもなく、領主による入会権の侵害に反対する闘いも日常的に起こっていた。すべての社会は現存の社会構造を自然なものと見なそうとするイデオロギー的傾向をもつのに対し、ほとんどの社会理論家は、社会秩序が規範的な合意にのみ基づいて成立するとは考えない。そこには、具体的な地位を占める行動主体が日常的に課す一連の制裁を通じた服従の強制という問題も関係してくる。どのようにこの制裁が発動されるのか、この制裁はどのような形態をとるのか、抑圧を加えようとする側はこの制裁によってどのような力を獲得したのか、それはすべて当事者の関係の構造によって規定される。封建領主が利用できる合法的制裁は、資本主義的な雇用主が行なうものとは大きく異なり、さらにそれは、国家社会主義的な社会で作業管理者によって用いられる懲罰的な制裁とも根本的に異なる。それは、たんに肉体的な強制、解雇、強制収容所のあいだの違いではない。むしろさまざまな社会集団間の構造的資源配分の問題であり、これが制裁に力を与えているのである。失業は中世ヨーロッパの農民にいかなる恐怖も与えなかった。彼らは生活手段を所有していたからである。「自由な」労働は、かつてなかったほどに隷属的である。

だが、このことは、これらの制裁が自動的にはたらくものではないという、あたりまえのことを言っているのである。実際、権力関係の構造が変化して、被支配集団に対して新たな罰則が生み出されることによって、制裁がはたらかない場合がしばしばある。時として、苦境に陥った国家機関が抑圧装置の完全な消失に直面した場合のように、制裁に訴えることがまったく不可能になることもある（王制末期のイランが思い起こされる）。ここには、より一般的な問題が見られる。ギデンズの構造化理論の説明原理の一つに、「支配の弁証法」という考え方がある。[39]簡単に言えば、これは行為主体である人間の性格によって与えられた権力関係のほぼ普遍的な特徴を指し示している。つまり、大量殺戮に訴えたりする条件が存在しない場合、権力者は被支配層の積極的な合意を取り付ける必要性から、被支配層にも制裁への対抗手段となりうる力の保持を許しておくということである。賃労働―資本関係のもとでのストライキはこれを示す明確な一例であるが、それはもっと広い範囲に及ぶものである。結果として、支配の戦略は、闘争や技術革新や駆引に対してその有効性を維持するためには、絶えざる修正をまぬがれえないことになる。人間の主体性をこのように強調したのは、社会構造の再生産が自明の前提ではないということを言おうとしたからである。社会構造の再生産はつねに、それに関係する実践の、そしてその幅広い文脈の偶発的な結果として説明されなければならない。[40]したがって、[41]とりわけ機能主義的な説明の仕方は問題外である。この種の説明の仕方が抱える純理論的な欠点は措くとしても、歴史の記録を見れば、機能主義的な要件を満たさない事例が山ほど存在しており、機能主義に代わる説明方法が必要となっている。機能主義的な要件が社会システムと極度に対立した事例として、一八世紀のポーランド貴族の場合がある。近隣諸国の軍事的脅威にさらされた彼らにとって、絶対主義国家機構を作り上げることが緊急の課題だったはずである。ところが、自己の領地への個人的権利を他の領主から必死に守ろうとして、いかなる王権に対しても反対の立場をとり、結果的にポーランド土地貴族は自滅への道を歩んだ。中央集権化された国家権力に対する彼らの病的なまでの恐怖は、貴族間の無政府状態を生み出した。結果は予想どおりのものだった。ポーランドは地図から消滅し、隣国に併呑された(42)。

より一般的に言えば、歴史上の圧倒的多数の国家は滅ぼされた(43)。現代でも社会構造の崩壊や変化は数多く見受けられる。けれども、生き残ったものは、崩壊したものと同じく、説明されなければならない。ギデンズが述べたように(44)、歴史を変化と混同してはいけない。

われわれは、単一系列の諸関係（構造）の議論から、全体的な意味での社会秩序（社会）の議論へと、議論を移動させてきた。これは正しいと言えるだろうか。言い換えれば、ある諸関係の構造は、他の諸関係の構造と比べて、より深く「存在論的に組み込まれている」と言えるのだろうか。つまり、ある構造の再生産は、社会構成全体の安定的な再生産にとってより基本的であるだけでなく、他の社会構造に対して秩序や形式を結果的にもたらすものであり、したがって、広範な社会的発展を説明するうえで、決定的な役割を演じるものであると言えるのだろうか(45)。そして、社会がこうした性質のもの——複合的だが認識可能な全体性——であるとしたら、いかにしてわれわれは、社会の歴史的アイデンティティーを規定している「戦略的諸関係(46)」を識別したらよいのだろうか。

ギデンズが出す答えは、あまりに一般的であるといわざるをえない。それは、いかに識別するかを語らずに、なにを探すべきかを語っている。

要するに、「社会」とは社会システムのことであり、それが組み込まれた、一連の他のシステム的な諸関係を背景に「浮かび上がってくる」ものである。それが浮かび上がってくるのは、一定の構造的原理が、時間・空間を超えた明確で総体的な「制度の集積」を生み出すはたらきをするからである[47]。

もう一度、われわれは、特定の説明戦略がいかに組み合わされ、練り上げられ、適用されるかを知るために、実体的な社会理論のレベルまで降りていかなくてはならないのである。この点についてのきわめて明晰な例は、史的唯物論の展開に関してエリック・ウルフが示した鮮やかな手法に見られる。彼が前提を記述する際の人類学的な提示の仕方は、さらに興味を引く[48]。

ウルフは、「人類は自然過程の所産である。それと同時に、生まれながらに社会的である」という相互に関連性のある観察から出発する。言い換えれば、どれほど人間が（その意識の点で）自然界を超越した存在とされようとも、人間は自然との相互作用の中にあり、この相互作用を通じて物質的に存在するのである。さらに、この相互作用は結合した個人からなる集団において遂行される。この二つの事実は、自然との相互作用が組織化されるかぎりで結びつく。つまり、自然との相互作用には、個人間の組織的な社会的相互作用（社会関係）もまた含まれている。ここで結びつけられた二つの過程には分析的かつ経験的な同時性が見られる。この同時性を表現しようとすれば、一つのダイナミックなカテゴリーが必要となる。ウルフによれば、それこそがマルクスの「労働」概念である。労働が行なわれるところでは、「仕事」のような孤立的な活動とは異なり、諸個人による物質的な生産はつねに同時に、生産を組織する歴史的に特殊な社会関係の再生産である。労働、そして分業には、調整された社会的な役割、権威と従属の組織化された関係、共有された認知図式、等々が含まれている。

この考察は、言ってみれば、（社会的）労働過程の複合的な側面（認知的、組織的、物的）を列挙したものである。全体的に見れば深みはあるが、議論を呼ぶものではない。人間主体と、社会構造に対するその関係の包括的な示唆であり、それは同時にいかなる組織化された人間活動についてもあてはまるものである[49]。この活動（労働）が「人間と自然との間の物質代謝の一般的な条件、人間生活の永久的な自然条件[50]」を構成するという事実は、議論のこの段階では、労働を他の活動から区別するものではない。しかし、マルクスの手によって、この記述的な観察は、歴史的な社会を理解したり説明したりするための本格的かつ重要な主張へと転換されたのである。

不払剰余労働が直接生産者から汲み出される独自の経済的形態は、支配・隷属関係を規定する……生産条件の所有者の直接生産者にたいする直接的関係……は、つねに、社会的構造全体の、したがってまた主権・従属関係の政治的形態の、要するにこれに対応した特殊な国家形態の、最奥の秘密、隠れた基礎を露わにする。(51)

ウルフはこれを戦略的関係と呼ぶ。その理由の一つは、一方における社会と物質的世界とのあいだの相互作用と、他方における、社会が内包する個人の構造化された相互作用とを結びつける線がすべてここで交わるからである。その結果、この関係はいかなる歴史的社会をも貫くある種の断層線と考えることができる。なぜなら、それは、剰余労働の領有をめぐる闘争が日常的に繰り広げられる場だからである。この関係がひとたび不安定となれば、その結果――奴隷の反乱、農民一揆、ゼネラルストライキ――は、社会全体の秩序を脅かす。剰余を搾取する様式の政治的危機は、社会全体の物質的再生産の危機である。なぜなら、両者は同一の関係の中で展開されるからである。それと同時に、この関係は説明においても戦略的な重要性をもっている。例えば、ここでマルクスは、異なる社会でのさまざまな社会形態と、それに対応するさまざまな生産関係の違いとのあいだのつながりをたどることによって、国家の性格を明らかにすることができると主張している（ちなみに、これは驚くべき主張である。というのも、通常、国家論は史的唯物論の盲点とされており、マルクス主義者の国際関係論は、国家の再解釈ではなく、「階級関係」の立場から国家の廃絶を主張するものと一般に考えられているからである）。

労働には社会組織が関係しているという疑いようのない事実から、どのようにして、社会秩序の説明は剰余労働の搾取様式を研究することによって行なわれるという主張へと進んだのだろうか。前者から後者が論理的必然性によって導かれるとは必ずしもいえない。[52] たしかに両者は整合的ではある。だが、実体的な社会理論のための出発点はこれ以外にも数多くある。例えば、人間の社会組織のあらゆる形態にともなう権威的な次元から出発し、正当化と支配の原理の違いという点から集団を比較するというやり方もある。この観点からマックス・ヴェーバーの著作を議論するのも、ありえない話ではない。[53] 言語や、意味の伝達には、時として別の出発点が存在する。前述の議論の用語法から、これらの立場は、それぞれが優先する社会関係の特定の構造についての「存在論的な埋め込み」をめぐる相矛盾する主張だと理解することも可能である。

では、われわれはどのようにして、これらの前提や、そこに含まれる説明の枠組みを選択したらよいのだろうか。別の言葉で言えば、社会的現実について競合する主張を行なう二つあるいはそれ以上の実体的な社会理論に対し、われわれはどのようにして相対的な評価を行なうことができるのだろうか。クレイブは三つの基準を示している。第一は、理論を構成する命題が相互に矛盾しないことである。第二に、理論は「なんらかの形で事実証拠に照らして判断されなければならない」。最後に、「作用している因果関係と、そのメカニズムがはたらく状況についてより詳細に述べることができればできるほど、よい理論である[54]」。

これらの基準——合理的であること、事実証拠の裏づけをもつこと、説明能力を備えていること——のうちどれが他と比べて重要でないかという問題ではない。実体的な理論をめぐる議論は、経験的な反駁に対してつねに開かれていなければならない。そうでなければ、歴史的な現実に関与しているという、自らの主張を放棄しなければならない。同様に、現実社会の体系的な知識という社会理論の根本的な目標を断念するのでなければ、内的な矛盾に対する禁令を解くことはできない。にもかかわらず、驚くべきことに、これら二つの基準を満たすということは、社会理論としての妥当性にはあまり関係がないのである。例えば、ウォルツの著作に見られる厳密な論理は批評家泣かせだが、近代国家の行動様式についての彼の中心命題は体系的で経験的な論駁を受けたことがない。前章で議論したように、問題は彼がほとんど実際の説明を行なっていないという点にある。この理由から、以下で行なう現実主義への反対論は、そのほとんどをクレイブの第三基準に関連して進める。つまり、説明能力の点で明らかに優越性を示すような、現実主義に代わる理論的アプローチを作り上げることを試みるつもりである。このように見てくると、結局のところ、幅広い史的唯物論的な枠組みの採用は、自明のことではない。採用するか否かは、この枠組みが、われわれの研究領域をなす歴史上の対象や過程、原因や結果について、より詳細で矛盾のない説明を与えてくれるという主張――また、論証されていない――が正しいかどうかにかかっている。この公式化が示すように、そうした検証は遡及的でしかありえない。結局のところ、現実の社会理論について最終的判断をくだす場合の基準は、われわれがそれによって歴史をよりうまく記述することができるかどうかということである。

この段階でもう一言、付け加えておいたほうがいいかもしれない。本書が考える史的唯物論の中心的主張は、多くのマルクス主義者さえもしばしばそう理解しているような、経済諸関係が政治諸関係を決定する、などというものでは絶対にない。[55] 最初にこの点を明らかにしておくことは重要である。こんなものが中心となる命題だったら、ただちに愚かな間違いを犯すことになるだろう。われわれがすべきことは、現代の西欧社会から出て、どこか他の歴史的な社会、例えばヨーロッパの封建制度に足を踏み入れ、「経済はどこだ」と尋ねることだということになる。農奴制を見て、「あれは経済的な関係だろうか、それとも政治的な関係だろうか」あるいは、王室外交を見て、「あれは政治活動だろうか、それとも経済活動だろうか」と尋ねるだけでいいというわけである。

こんな質問はもちろん無意味である。なぜなら、近代に特有なカテゴリーをそれとは完全に異なる社会へと押しつけているからである。マルクスがこんな質問に答えようとして時間を無駄にしたとは思えない。史的唯物論の中心命題は経済決定論ではないのだから、当然である。物質的生産を社会秩序の幅広い制度的な再生産へと組織化するような関係こそが、中心的な役割を果たしている。ある一定の社会において、こうした関係がまさにどのようなものだったかということは、つねに経験的な問いである。よく見てみなければならない。『経済学批判要綱』では、こうした関係に親族関係、「血統、言語、習慣などにおける共同性」[56] が含まれるとされている。実際、これらの関係が国家から切り離され、「純経済的」な関係として独自の制度的領域を構成するように見えるのは、近代の西欧世界だけの特殊な状況である。したがって、われわれは「経済的」な関係やカテゴリーを史的唯物論が要請すると思われている「土台と上部構造」モデルに従う形で考えることはできない。反対に、以下で示すように、それらが近代西欧社会で示す見かけ上の独自性は、われわれが説明しなければならない問題の一部なのである。(57)

## 社会構造と地政学的なシステム

国際諸関係は、基本的な社会的諸関係に（論理的に）先行するのであろうか、それとも後続するのであろうか。疑いなく、後続する。

グラムシ(58)

さきに述べたように、われわれは社会を理解するために、長期にわたって社会の安定的な再生産にかかわってきた、歴史的に特定された一連の社会関係を考えてみる。それらの構造化された社会関係は、ひとりでに維持されるわけではない。具体的な状況に身を置く、知識を持った人間主体が、それを偶発的に再生産するのである。だが、これらの社会関係は社会的なパワーのメカニズムや形態、資源の配分、日常的な社会対立の制度的な場を決定する支配的特性、前提や帰結を含んでいる。どんな社会についても、これらを特定することによって、その歴史的なアイデンティティーを明らかにする第一歩が踏み出せる。

だが、国際関係論の場合、歴史的な検討へと進む前に明らかにしておかなくてはならない疑問がもう一つ残されている。つまり、これはいったい国際関係論とどんな関係があるのか、ということである。この問いが発せられるのは、これまでの議論が、社会相互の関係よりも、ある社会の内部の社会関係のレベルにもっぱら関心を集中させてきたことによる。第一章でも見たように、この区別は国際関係論の正統的立場からすると中心的な問題であった。そして、国際関係論がより一般的な社会理論から区別されるという主張を正当化する根拠とされてきた。だが、この問いは逆転させることで、より正確に扱われることになるかもしれない。挙証責任は相手方にあることは確かだからである。国際関係論の主題に向かうにあたって、われわれの幅広い方法論を修正しなければならない理由があるのだろうか。もう少しはっきり言えば、さまざまな社会が社会関係の支配的構造という観点から分析されるとした場合、これらの社会の再生産――それを通じてそれぞれの社会はもっと大きな社会の一部として組み込まれる――という次元がこの分析にかけられないというのは、筋がとおるのだろうか。どうしてかけられないのか。「社会」と「国際システム」とのあいだには（たとえ両者を互いに独立したものとして考えることができるとしても）、存在論的な差異があるのだろうか。一方で社会と個人とのあいだに、他方で人間と無生物とのあいだに差異が存在するのと同じように、そこには明白な差異が存在するのだろうか。数多くの指摘があるなかでも、とりわけクレイブが指摘しているように、社会が意識する個人でも一個の無生物でもなく、一連の社会関係であるという事実には、われわれが社会現象を説明する際に使用する理論は心理学や物理学に妥当する理論とは異なるという意味が含まれている。

　現実主義が国内問題と国際問題とを切り離すのと同様に、社会理論に対する国際関係論の自律性を正当化しようとするなら、そのための根拠はどこにあるのだろうか。現実主義者の主張によれば、上位の規制なしにそれぞれの国が主権として暴力を行使できることが、「国内」関係から区別された「国際」関係の基本的性格である。だが、それが存在論的な違いではなく、むしろ構造化された社会関係の形態の違いにすぎないことは言を俟たない。結局のところ、社会ならぬ国際関係とはなんなのだろうか。これは、公的な国際機構が各国の利害を規範的に割り当てる共同体を支えるというような(59)意味では（必ずしも）なく、国際関係が一つの社会関係として積極的に再生産されている（したがって、そのようなものとして分析されなければならない）という意味で言っているのである。

　もしそうであるなら、われわれはここで、本章の基礎となっている問題を提起することができる。社会構造と、国際システムが暗に意味する「構造」との関連をどのように定式化したらよいのか、という問題である。すでに述べたように、もしわれわれが国内問題と国際問題とを二つの別々の領域として切り離す現実主義の立場を拒否するなら、二つの分野の因果関係をモデル化し（それがどれほど柔軟なモデルであれ）、「国内的なもの」が「国際的なもの」に、あるいは逆に「国際的なもの」が「国内的なもの」にどの程度まで影響を与えるかを明らかにするという形で問題を解決したりはしない。このような形での因果的な説明を模索することは、すでに両者は別個に存在しているかのように語るのを許すことによって、問題に予断を持ち込むことになる。政治分析においても、短期的な歴史分析においても、こうした想定が力を発揮する事例は数多く存在する。例えば、政治的危機の醸成にあたって、分離して考えられた国内的原因と国際的原因とがどのように相互作用したかに焦点を当てたくなるだろう。だが、ここでのわれわれの目的――国内の社会構造と地政学的なシステムとの連続性を明らかにすることによって、国際関係論を再歴史化すること――を考えれば、この両者の分離という想定は、まさにわれわれが乗り越えなければならないものである。それに代わって、われわれは国家システムを幅広い社会的全体性の地政学的な表現として理解する方法を見つけなければならない。

さきに示したマルクスからの引用は、そのための一つの道を示している。もし、政治的諸関係の性格と国家の形態が、生産関係の形態の変化に対応した社会のあり方に応じて異なるのだとしたら、同じことが地政学的諸関係の性格と国家システムの形態についても言えるのではないだろうか。そうだとすれば、マルクスが「最奥の秘密」と呼んだ抽象化の重要性は明らかなはずであり、それは地政学レベルでも説得力のある説明を行なう力をもつはずである。そうでなければ、その抽象化は、主張されているほど強力なものではないことになるだろう。言い換えれば、それは、国家システムについての一般理論をあらためて与えてくれるというよりも、われわれの国際システムの性格や運動が現代社会特有の社会構造を地政学レベルでいかに反映しているかを示してくれる。それは、社会理論を評価する際のクレイブの第三の基準に対応することである。うまく使えば、「作用している因果関係と、そのメカニズムがはたらく状況について詳細に述べる」ことができるかもしれないからである。国家システム論は、種々異なる歴史的事例を網羅しようとするものでありながら、こうした理解を生み出すことを明らかに避けてきた。だが、国際関係論の主題と取り組むために、われわれはマルクスの社会理論をどう操作したらいいのだろうか。

ギデンズは彼の国民国家の定義のなかに国民国家システムの存在を含めている[60]。これはきわめて賢明な手続きであると思われる。国際関係の史的唯物論的理解を練り上げるために、これと同じアプローチを採用しよう。違いは次の点にある。われわれは、問題を以下のような形では提起しない。「もしある特定の国家が資本主義国家（あるいは封建国家、社会主義国家）であるとしたら、このことは他の国家との関係でどのような影響を国家の行動に与えることになるのか」。これだと、社会構造に先立って国家システムを前提していることになる。これこそ現実主義がつく嘘である。むしろ、われわれは次のように問う。「もしある特定の地政学的なシステムの支配的な社会構造が資本主義的等々であるとしたら、このことは、それの政治制度がとる形態に対してどのような帰結をもたらすのだろうか、いかなる種類の地政学的なパワーがそこから生まれてくるのだろうか」。ウォルツとワイトに対するわれわれのさきの批判を繰り返せば、地政学的なシステムの性格はたんに競合する多数の構成単位（どれほど国内的、国外的な目標や行動の決断の混合についての説明が詳細であっても）によって与えられるものではないのであって、それは、従来の意味での社会の性格が、すでに存在する多数の個人のもたらす帰結として理解されるものでないのと同じである[61]。どちらの場合も、社会システムは、合理的選択の論理からは演繹できない構造的な特性を示している。それは社会システムの歴史的アイデンティティーを構成する特性であり、それを正確に叙述することが説明の不可欠な前提条件となっている。そして、マルクスの説明は実に説得力のあるものだったが、それは生産関係の支配的形態を観察することによってこうした特性が理解できるということを言っていたのである。もしマルクスが正しいとするなら、近代の国際システムを考えるとき、他の社会編成について考える場合と同様、われわれはその政治的次元――この場合は、主権的国家システムそのもの――が近代社会を特徴づける基本的な社会構造といかに調和的であるかを理解する必要がある。

　実際のところ、このような規定を行なったのはマルクスだけではない。一八世紀以来の社会思想家たちは、近代社会を特徴づける新しい社会構造と、それと並行する国際システムの性格や力学の変化とのあいだに構成的な関係が成り立つと考えてきた。だが、この事実は、こうしたテーマを今日振り返る際には覆い隠されてきた。社会学では、侵略戦争を過ぎ行く封建的な社会秩序と結びつけたコントやサン・シモンが、とりわけ軍国主義をめぐる議論のなかで取り上げられてきた(62)。そこでは、彼らの議論は、無政府的な国家システムでは国内の社会的変化は戦争という問題を解決できないとする主張を飾り立てるための警告的な事例として、しばしば利用されている。だが、コントやサン・シモンの本来の目的は、戦争の原因の考察よりもはるかに広いものであった。それは、彼らの時代に出現した社会の構造的特質を明らかにして、このことが地政学的なシステムの性格にいかなる差異をもたらすかを理解することであった(63)。そしてまた、古典的な社会学の整理統合が一九世紀ヨーロッパの「平和の一〇〇年」に行なわれたため、社会発展における戦争の重要性が過小評価されたということは事実かもしれないが、この議論もまた逆転させることができる。突き詰めてみれば、「平和の一〇〇年」それ自体が説明を必要とするものであり、たんに初期の社会学者を平和幻想へと導いた偶然的で異常な環境という話ではないのである。ポラニーが書いているように、それは「西ヨーロッパ文明の年代記においては前代未聞の現象」であったが、それは「けっして衝突につながる深刻な原因がなかったからではない(64)」。

　本章がたどりついた理論的結論は、きわめて一般的なものである。われわれは社会構造の概念化を議論し、研究のために史的唯物論のガイドラインを引き出した。実体的な社会理論の妥当性を判断する基準を簡単に検討し、われわれの素材の存在論的な地位を主張した。だが、われわれは、社会構造と地政学的なシステムとの関係が正確にはどのようなものであるかという問いに対して反証可能な解答を与えようとしたわけではなかった。その理由は、結局のところ、これが理論的な問いではないからである。それは経験的な問いであり、歴史の問題である。このレベルで解決を求めれば、問いを非歴史化することになるだろう。けっして、この問いが解けないと言っているのではない。ただ、この種の抽象的な社会理論だけで行けるのはそこまでである。それ以上を求めようとすれば、理論至上主義に容易に陥ってしまう。この罠に陥らないためには、歴史を学ばなくてはならない。

注

（1）「地政学」という言葉は、フリードリヒ・ラッツェル（Friedrich Ratzel）、ハルフォード・マッキンダー（Halford Mackinder）、N・J・スパイクマン（N. J. Spykman）などの著作に見られる地理的決定論としばしば結びつけられる。ここではそうした意味では使われない。たんに、ある社会秩序がより大きな社会編成の一部を構成する際の、外的な諸関係を意味するものとして使われる。その場合、それらの諸関係がとる形態あるいは動態については考慮しない。「国際的なもの」という、なじみのある言葉を排除しているのは、そのためである。この言葉は、地政学のとくに現代的な形態を指すものだからである。

（2）D. J. Hill, *A History of Diplomacy in the International Development of Europe*, Vol. 3, London 1914, p. 339. Morgenthau, *Politics among Nations*, p. 199〔邦訳、一九二頁〕および Wight, *Power Politics*, p. 174を参照。ユトレヒト条約をもう少し違った観点から振り返る論者もいる。「ユトレヒトの講和で、イングランドは、奴隷貿易を営む特権を……スペイン人から奪い取った。……リヴァプールは奴隷貿易の基礎の上で大きく成長した」（K. Marx, *Capital*, Vol. I, introduced by E. Mandel, Harmondsworth 1976, p. 924〔邦訳、九九〇頁〕）。

（3）M. Wight, *Systems of States*, Leicester 1977, p. 111. 当時の状況については、G. Mattingly, *Renaissance Diplomacy*, Harmondsworth 1965, chapter 8を参照。

（4）ウェストファリア条約の詳細については、K. Holsti, *Peace and War: Armed Conflicts and International Order 1648–1989*, Cambridge 1991, chapter 2を参照。

（5）Wight, *Systems of States*, p. 129.

（6）Hill, Vol. 3, pp. 332–334を参照。

（7）以下については、E. Wolf, *Europe and the People without History*, Berkeley 1982, pp. 151–153を参照。

（8）J. Viner, 'Power versus Plenty as Objectives of Foreign Policy in the Seventeenth and Eighteenth Centuries', *World Politics*, 1(1), 1948, p. 10. ヴァイナーの説明は、「社会的生産有機体の前ブルジョア的諸形態は、キリスト教以前の諸宗教が教父たちによって取り扱われるのと同じやり方で、経済学によって取り扱われる」（Marx, *Capital*, Vol. I, p. 175〔邦訳、一〇七頁〕）ことを示す見事な例であるといえよう。

（9）これらの点については、第四章でより詳細に考察される。

（10）W. E. Minchinton, *The Growth of English Overseas Trade in the 17th and 18th Centuries*, London 1969, pp. 10–11を参照。

（11）Wolf, pp. 138–139.

（12）オランダ人のやり方は、島を占領すると、単一の香辛料に生産を集中させ、彼らの支配下にある地域での同じ香辛料の栽培を組織的に破壊するというものであった。「このようにして、アンボイナはもっぱら丁子の島となった。バンダはナツメグおよびメースの島となり、セイロンは桂皮の島となった」（F. Braudel, *The Perspective of the World*, London 1984, p. 218〔邦訳、第一巻、二八〇頁〕）。

（13）以下の記述については、ibid., pp. 216–219〔邦訳、二七七―二八一頁〕を参照。

（14）Wolf, p. 153.

（15）H. G. Koenigsberger, *Early Modern Europe, 1500–1789*, Harlow 1987, p. 172.

（16）E. Hobsbawm, *The Age of Revolution*, p. 149〔邦訳、二三六頁〕。

（17）フランスの反革命的な侵略がバランス・オブ・パワーを崩したからという理由で一八二三年にスペインへの直接的な軍事介入を求める声が上がったとき、イギリスの外務大臣は以下のように言明した。「もしフランスがスペインを占領したら、われわれはカディスを封鎖すべきだろうか。否、そうではない。私は別の方法を考える。埋め合わせの素材は別の半球に求めなければならない。われわれの祖先が知っていたスペインのことを考えるなら、フランスがスペインを占領したとしても、それは『西インド諸島をともなう』スペインではない。私は旧世界のバランスを回復させるために新世界を作り出すのである」（Cited in K. Bourne, ed., *The Foreign Policy of Victorian England*, Oxford 1970, p. 210）。

(18) Wolf, pp. 172–173.

(19) I. Kant, *Perpetual Peace and Other Essays*, ed. T. Humphrey, Indianapolis 1983, p. 108〔邦訳、一四一—一五頁〕。

(20) ユトレヒト講和の前近代性をこのように主張することは、十分な配慮を欠いた場合、それが排除しようとした現実主義の見解と同様の誤りを招くことになるかもしれない。なぜなら、ユトレヒト講和の最大の受益者であるイギリスはすでに農業資本主義社会となっており、後に革命をもたらす非資本主義社会の中にあって発展をとげつつあったからである。このように見てくると、ここで示されたような論争のための理解ではなく、より複雑な歴史的理解へと最終的には議論を進めていくことが必要であることがわかる。つまり、地政学的システムの画一的で構造的な対比から、それらのシステムの複合的で不均等な発展の、より経験的に開かれている、ダイナミックな説明へと議論を進めていくことが必要なのである。言い換えれば、このことは、歴史的理解の必要性という、この節全体の主張をさらに補強する意味をもつ。これらの論点を私はエレン・ウッドに負っている。

(21) このような時代区分の必要性は最近、リンクレイターによってあらためて指摘されている（A. Linklater, *Beyond Realism and Marxism: Critical Theory and International Relations*, London 1990, p. 142）。だが、リンクレイターは、目下のところ、ハーバーマス的な批判理論を国際関係論の分野で進めることにたずさわっていて、この課題の追究には着手していないようである。前者の課題についての彼の考えは、ibid., p. 143を参照。

(22) 'The Origins of Our States-System: Geographical Limits', in *Systems of States*, p. 114.

(23) ヒンズリーは「新たなヨーロッパの国家システムは一八世紀に登場したのであって、それ以前ではない」と主張している（F. H. Hinsley, *Power and the Pursuit of Peace*, Cambridge 1963, p. 153）。ヒルは、幅広く共有されている合意を代表して、ヨーロッパの国際的発展において「ウェストファリア条約は近代史の……最も重要な公法である。独立した主権国家の集団という、現行のヨーロッパの政治システムはここから始まるからである」と断言している（David Jayne Hill, Vol. 2, London 1906, p. 599）。だが、フランスによるイタリア侵略もまた、よく言及されるもう一つの転換点である。例えば、デヒオによれば、「イタリアをめぐる列強の闘争が始まった一四九四年という明確な時点で、新たな構造が出現した」（Ludwig Dehio, *The Precarious Balance*, London 1963, p. 23）。事態をさらに複雑にしたのは、ここに主要なイタリア都市国家の早熟な活動が加わったことである。当時、イタリアの都市国家は、他に先駆けて恒常的な外交活動を行なっただけでなく、一四五四年には最初の集団安全保障条約であるローディの平和協定を締結した（後者については、Mattingly, chapter 8を参照）。

（24）Wight, *System of States*, p. 129.

（25）Ibid., p. 151.

（26）Ibid., p. 131.

（27）Ibid., p. 151–152.

（28）ワイトはこれらを「われわれが関心を寄せている種類の国家システム」（ibid., p. 22）の例としてあげている。ただし、インドのケースについては、彼は疑念を持っている。近代国際システムの生成史において、独立した主権の外見上の成立を中心的指標と考えるのは、けっして彼一人ではない。デヒオは一九六三年の著作（*The Precarious Balance*）の冒頭で同じような考えを述べている。「西欧の歴史では、すべての出来事が統一性と多様性という二つの原理に結びつくと考えることができる」（p. 19）（彼はイブン・ハルドゥーンが、マグレブ諸国のアラブ文明の中に、これとほとんど同じ動き（興亡の力学）を見ていることを知らないのだろうか）。同じ年に出版されたF・H・ヒンズレーの著作は、「ヨーロッパの統一から、各国の自律性の確立への力点の（ゆっくりとした）移動」をもっぱら論じている（F. H. Hinsley, *Power and the Pursuit of Peace*, p. 162）。最近では、ワトソンが古代シュメールから現在までの地政学システムを、独立から帝国へという一本の流れにそって整理しようとしている（Adam Watson, *The Evolution of International Society*, London 1992）。

（29）アンダーソンの適切な表現（Perry Anderson, *Lineages of the Absolutist State*, London 1974, p. 44n）。別の作品に向けられたもの。

（30）「トランスナショナリズム」の理論的立場は、この付加を行なおうとするもので、現実主義にとって代わろうとするものではなかった。むしろ、コヘインとナイの「複合的相互依存」モデルは付加的な理念型として提案されたものであるが、このほうが、いまだ根本的な規範の地位を占めている現実主義の理念型からの逸脱を記録したり解説したりすることを可能にした（Robert O. Keohane and Joseph S. Nye, *Power and Interdependence*, Boston 1977）。同書の二四ページを参照。「われわれは、……複合的相互依存が世界の政治的現実を忠実に反映していると主張しているのではない。その正反対である。これも現実主義による描写も、どちらも理念型である。ほとんどのケースはこれら両極端のあいだのどこかに落ち着くだろう」。この主張の延長上で、東西の関係悪化が国際関係論の中心を軍事的なバランス・オブ・パワーに移すにつれて、コヘイン自身は「新現実主義」の立場に立つようになった。

(31) A. Giddens, *The Constitution of Society*, Cambridge 1984, pp. 30–31.

(32) ここで列挙した疑問点は、一九六六年にブルとカプランが激しい論争の中で対抗して出したリストを融合し、簡約したものである。H. Bull, 'International Theory: The Case for a Classical Approach', *World Politics*, 18(3), 1966, p. 367, および、M. Kaplan, 'The New Great Debate: Traditionalism vs Science in International Relations', *World Politics*, 19(1), 1966, pp. 10–11 を参照。

(33) 一九世紀に「社会科学への歴史の注入」の試みが行なわれたことについては、Hobsbawm, *The Age of Revolution*, pp. 284–287〔邦訳、四七三―四七七頁〕を参照。それに続く一九世紀最後の四半世紀に同じ社会科学で歴史離れが生じたことについては、Hobsbawm, *The Age of Empire*, pp. 269–275〔邦訳、第二巻、一三八―一四八頁〕を参照。

(34) 歴史社会学の分野で国家への関心が復活しているが、その奇妙な特徴は、広く現実主義の観点を取り入れて国家権力の基本的な特徴や力学を特定しようとしていることである。マン（Mann）とランシマン（Runciman）の著作についてのペリー・アンダーソンの書評（Perry Anderson, *A Zone of Engagement*, London 1992 に所収）は、国際関係論の用語こそ使われていないが、彼らの歴史分析に暗黙のうちに含まれる「パワー・ポリティクス」の観点に対する刺激的な理論的批判を含んでいる。ポール・カマックは国家の国内活動に注目して、「国家の自律性」を主張する議論の信頼性と首尾一貫性に対し説得力ある論争を挑んだ（Paul Cammack, 'Bringing the State Back In?', *British Journal of Science*, April 1989）。国際関係論の内部からも、マイケル・マンのような歴史社会学者の中に現実主義の議論の無批判な受け入れが見られることに対して、不安の声が聞かれた（A. Jarvis, 'Societies, State and Geopolitics: Challenges from Historical Sociology', *Review of International Studies*, 15(3), 1989）。「国家の復活」論の系譜と自説との起源の違いを主張しようとしたギデンズのいささか無分別な議論については、J. Rosenberg, 'Giddens' *Nation-State and Violence*: A Non-Realist Theory of Sovereignty?',

*Millennium*, Summer 1990を参照。

(35)　この問題を軸に、戦後の社会理論の発展史を明快に概説したものとしては、I. Craib, *Modern Social Theory*, Brighton 1984.

(36)　この問題に関係するギデンズの主要な著作は、*The Constitution of Society*, *The Nation-State and Violence*〔邦訳、一九九九年〕、*A Contemporary Critique of Historical Materialism*（Basingstoke 1981）である。ギデンズはこれらの著書の「埋め込まれた限界」を認識しているのだろうか。「構造化理論の諸概念は、競合するどの理論的立場も同様であるが、多くの研究目的にとって、感度を高める装置と見なされるべきであり、それ以上ではない」（*The Constitution of Society*, p. 326）。ギデンズの議論の独自性と理論的有効性の両方に対する強力な異議申し立てとしては、D. Sayer, 'Reinventing the Wheel: Anthony Giddens, Karl Marx and Social Change', in J. Clark *et al.*, eds., *Anthony Giddens: Consensus and Controversy*, London 1990を参照。

(37)　E. Hobsbawm, 'The Crisis of the Seventeenth Century', in T. Aston, ed., *Crisis in Europe, 1560–1660*, London 1965, pp. 18–19. 初期の近代市場の構造的な位置づけをめぐる論争については、R. Hilton, ed., *The Transition from Feudalism to Capitalism*, London 1976; Aston, ed., *Crisis in Europe*, より一般的にはロバート・ブレナーの著作、とくに R. Brenner, 'The Origins of Capitalist Development: A Critique of Neo-Smithian Marxism', *New Left Review*, 104, July/August 1977を参照。

(38)　J. Merrington, 'Town and Country in the Transition to Capitalism', in R. Hilton, ed., *The Transition from Feudalism to Capitalism*, London 1976, p. 179〔邦訳、一九三頁〕。

(39)　「人間であることは行為主体であり——すべての行為主体が人であるとは限らないが——、行為主体であることは権力を保有することである。このように極めて一般化されたかたちの『権力』は、『変容能力』、つまり、所与の一連の出来事を何らかのかたちで変えるために、その出来事に介入できる潜在能力を意味している」（Giddens, *The Nation-State and Violence*, p. 7〔邦訳、一五頁〕）。

(40)　再生産の条件は、それが直接かつ公式にもたらす社会的現実のさまざまな側面をはるかに超えた広がりをもつのかもしれない。

（41） 例えば、Giddens, *The Constitution of Society*, pp. 12–13を参照。「社会状態Aの存在がある程度同じような形で存続するために社会的実践Bを必要としているということは、答えなければならない問題を提起しているということである。それ自体が答えを出すわけではない。AとBとの関係は、個々の行為者における、欲求ないし要求と意図との関係と類比できるものではない。個人の場合は、行為者の動機づけとなる衝動を構成する欲求は、動機と意図とのダイナミックな関係を生み出す。社会システムの場合は、社会的な要求とはなんであるのかを認識したうえで行為者が行動する場合を除き、そうはいかない」。言い換えれば、「システム再生産が行なわれるための条件として『なにが起こらなければならないか』という問題は反事実的な疑問として提起されているのであって、隠れた形の機能主義ではない」（ibid., p. 191）。D. Sayer, *The Violence of Abstraction*, Oxford 1987, chapter 5も参照。

（42） *Lineages of the Absolutist State*, p. 216.

（43） 「国家の滅亡率は驚くほど低い」というケネス・ウォルツの主張に関連して、最近フレッド・ハリディがこの点をあらためて取り上げた。Cf. Halliday, 'Theorizing the International', *Economy and Society*, 18（3）, August 1989, p. 355.

（44） *The Constitution of Society*, p. 242.

（45） このような定式化は、私の理解では、ロイ・バスカー（Roy Bhaskar）の立場を踏襲していると思われる。クレイブの要約を参照されたい（Craib, pp. 20–23）。

（46） Wolf, p. 76.

（47） *The Constitution of Society*, p. 164を参照。ちなみに、こうした定式化により、少なくとも、「社会」という言葉に込められた閉鎖的な意味に対して一部の社会学者が表明する不必要な困惑を回避することができる。例えば、マンは「社会学者としては奇妙な立場だと思われるかもしれないが、私としては、もしできることなら『社会』という概念そのものを廃棄してしまいたい」（M. Mann, *The Sources of Social Power*, Vol. 1, Cambridge 1986, p. 2〔邦訳、五頁〕）と述べる。奇妙な立場である。ギデンズが言うように（*The Constitution of Society*, p. 163）、この言葉の曖昧さ（全体性／関連性）は、実は豊かさなのである。ジョン・ホールは「古典的な社会学の社会概念」を否定することをイギリス歴史社会学の斬新な結論だとしている（J. Hall, 'They Do Things Differently There, or, The Contribution of British Historical Sociology', *British Journal of*

*Sociology*, 40(4), December 1989）。実のところ、社会学的な探求の対象として「社会」概念をラディカルに否認することは、いまに始まったことではない。この伝統は少なくともジンメルにまで遡ることができるし、ヴェーバーも含まれるといえるかもしれない（D. Frisby and D. Sayer, *Society*, London 1986, pp. 54ff.〔邦訳、六六頁以下〕）。社会の全体性を理論化しようという試みを放棄しなくても、必要な限定を加えるさまざまな方法が存在することは、ペリー・アンダーソンが「社会」と「社会構成体」とを比較検討していることからもわかるだろう（Perry Anderson, *Passages from Antiquity to Feudalism*, London 1974〔邦訳、一九八四年〕）。マルクス自身も「社会」概念を一つの抽象として用いることを痛烈に批判した（*Readings from Karl Marx*, ed. D. Sayer, London 1989, p. 19）。

(48) 以下については、Wolf, pp. 73-77を参照。

(49) エスノメソドロジーの立場からは、構造という概念を使用していることに対し、異議が唱えられるかもしれない。だが、あらゆる社会的行動は、関係する当事者の知識に基づく実践によって、特定の場所で活動的に生み出されると主張することと、社会的因果関係の範囲をより広くとるよう要求することとは、必ずしも矛盾しない。ギデンズが「実際の意識」を構造の再帰的規定に同化させようとするのは、矛盾を回避する一つの方法である。

(50) Marx, *Capital*, Vol. I, p. 290〔邦訳、二四二頁〕。

(51) Idem, *Capital*, Vol. III, p. 791〔邦訳、一〇二四—一〇二五頁〕。

(52) セイヤーは彼の著書の第六章でこの点を論じている（Sayer, *The Violence of Abstraction*, p. 148）。

(53) そのような議論を行なったものとして、W. Mommsen, *The Age of Bureaucracy*, Oxford 1974〔邦訳、一九八四年〕がある。ニュアンスは異なるが、ビーサムもこの議論に信憑性を与えている（D. Beetham, *Max Weber and the Theory of Modern Politics*, 2nd edn., Cambridge 1985〔邦訳、一九八八年〕）。

(54) Craib, p. 26.

(55) ギデンズの著作の奇妙な特徴は、当初はマルクスを建設的な仕方で論じていたにもかかわらず、このような非常に広く行き渡った戯画的なマルクス像をしつこく描いていることである。実際、権力についての彼の包括的理論は *A Contemporary Critique of Historical Materialism* 全二巻の中で示されているが、それは、史的唯物論が社会構造の再生産における

「権威的な資源」の独自の意義を把握することができず、無意識のうちに、おそらく「配分的な資源」の階級分析に還元してしまい、おそらくそれが視野を限定しているという主張を前提にしている。だが、この問題についてギデンズは煮え切らない。彼は、史的唯物論の可能性についての自分の理解がどのような内容であるかを述べようとしない。述べるときは必ず「かりに史的唯物論という言葉が『経済学批判』の「序文」で述べられたマルクスの歴史解釈を指すと考えれば」というような但し書きが付いてくる（*The Nation-State and Violence*, p. 8〔邦訳、一六頁〕）。再三にわたり、カギ括弧に逃げ込む（例えば、*The Constitution of Society*, pp. xxix, 34, 227を比較されたい）。セイヤーはギデンズによるマルクス解釈のいくつかの側面を「まったくばかげている」と斬り捨てている（Sayer, 'Reinventing the Wheel', p. 242）。

(56) Marx, *Grundrisse*, foreword by M. Nicolaus, Harmondsworth 1973, p. 472〔邦訳、二巻、一二〇頁〕。

(57) 一八五九年の『経済学批判』序文で述べられている土台—上部構造のモデルがなぜマルクスの歴史的方法論を代表するものと理解されてはならないかについては、E. Wood, 'Marxism and the Course of History', *New Left Review*, 147, September/October 1984を参照。

(58) A. Gramsci, *Selections from Prison Notebooks*, ed. Q. Hoare and G. N. Smith, London 1971, p. 176〔邦訳、一一一頁〕。

(59) Hedley Bull, *The Anarchical Society*, London 1977, pp. 13–14〔邦訳、一三—一五頁〕。ブルは国際社会（前述したような特徴を示す）と国際システム（諸国家のたんなる共存と相互作用からなり、諸国家は共通の利害と行動規則を公式には承認していない）とを区別しようとした。ここでの社会という言葉の用法から、社会システムではないようなシステムが認識できると思われるかもしれないが、それは明らかにナンセンスである。私はブルの用法をそれとは違うものと考える。ただ、その場合には、それは歴史的理由から問題にされなければならない。そのような地政学的システムはかつて存在したのだろうか。「社会」という言葉を、公的で、官僚的な秩序をもった制度の意味で使うのは、誤用である。それは、「自然状態」という理論的装置を現実の歴史的条件の記述と容易に取り違えるような、過去の政治理論の遺物である。

(60) 「国民国家は、他の国民国家と形づくる複合体のなかに存在し、確定された境界（国境）をともなう領土にたいして独占的管理権を保有する一連の統治制度形態である。その支配は、法と、国内および対外的暴力手段にたいする直接の統制によって是認される」（Giddens, *The Nation-State and Violence*, p. 121〔邦訳、一四四頁〕）。

(61)　国際政治をいかに説明するかについて、原初的な現実主義の諸前提を確証することなしに、「なぜ国家は互いに競争するのか」というような問いに答えることが困難であるのは、このためである。だが、困難ではあるが、不可能ではない。もし「人はなぜ競争するのか」と問うとすれば、二種類の答えが返ってくるだろう。人間性に関する自然主義的解答と、歴史的に特定された制度や慣行に関係する社会学的解答である。だが、後者の答えは、より満足できるものではあるが、問題の形式を覆していることに注目すべきである。『ドイツ・イデオロギー』(*The German Ideology*, pp. 34–35〔邦訳『全集』第三巻、三八—三九頁〕)で似たような問題に取り組んだマルクスとエンゲルスは、フォイエルバッハが「現実的な歴史的人間」の代わりに「人間なるもの」を語る、と述べている。「人間なるもの」とは実際には「ドイツ人」である。この文章を書き換えてみれば、こうなる。現実主義は「政治支配の現実的な歴史的制度」の代わりに「国家なるもの」を語る。「国家なるもの」は実際には「資本主義的国家」である。これらの点については、本書第五章で詳しく展開する。

(62)　V. Berghahn, *Militarism: History of an International Debate*, Cambridge 1984〔邦訳、一九九一年〕、M. Mann, 'Capitalism and Militarism', in *War, State and Society*, London 1984; and idem, 'War and Social Theory: Into Battle with Classes, Nations and States', in M. Shaw and C. Creighton, eds., *The Sociology of War and Peace*, London 1987.

(63)　この点については、Therborn, pp. 168 and 177ff. を参照。

(64)　Polanyi, p. 5〔邦訳、六頁〕。

# 第三章　国家の隠された起源

## 現実主義の歴史的正当化

イタリア・ルネッサンス期の都市国家は、正統派の国際関係論の規準において特別の地位を占めている。その理由はマーティン・ワイトが言うように、次の点にある。

封建的な関係が最初に姿を消し、効率的な自立した世俗的国家が登場したのは、イタリアの都市国家においてであったし、外交システムを生み出したのもイタリアの都市国家であった(1)。

もちろん、彼らが生み出したのは外交システムだけではない。現実政治《リアルポリティク》についての最も早い近代的な議論（カーが言うように、「マキャベリは最初の重要な政治的現実主義者である」(2)）に加えて、イタリアの都市国家では、複式簿記、国家債務の公開、海上保険、高機能の信用証券（たとえば為替手形）、ヨーロッパ大陸中に支店を持つ商社や銀行の発達などが見られた。ここでは、市民部隊が後のヨーロッパ絶対主義を特徴づけることになる傭兵にいち早く席を譲り、市壁の内部では商工業に従事する人々のあいだで新しい都市的な階級対立が発展した。

リストにすると、まるで近代的制度の目録のようなので、こうした政治組織の文化的な自己規定が後ろ向きであったことを思い起こすと意外な感じがする。彼らは古典古代の都市に共鳴し、その革新は「過去の純粋な輝きへの回帰」を熱望する中で立案されたのである。[3]イタリアとギリシャの都市国家との近似性は著しく、それはイタリアの人文科学が古典時代の遺産を復興させたことにとどまるものではない。というのは、古代の都市もまた、独自の都市的な政治文化を構築しており、イタリアの都市の発展の中に見られる一連の統治形態——君主制、寡頭制、僭主制、民主制——を模索していたからである。イタリアとギリシャのシステムは、ともに市民参加（どちらの場合でも元来、市民部隊と結びついていた）の割合が高く、国家における私的利害と公的利害との分離を堅持するための方法として、くじ引きと短期の公職就任制を試みた。[4]政治的なコミュニティーを公徳心の最高の目的へと高めることで、両者は世俗的なイデオロギーを築き上げたが、これは、彼らを取り巻く階層的な政治編成の宇宙論的自己理解とは対照的なものであった。両国は、海上貿易による交易ネットワークを採用し、またそれに依存したため、海洋法のかなりの発展が見られた。われわれにとってなによりも注目すべきなのは、両者が国家システムのミニチュア版を形成していたことである。[5]古典的な世界には恒常的な外交についての先例はない。だが、国家活動の理非、多極的システムの中で地政学的な競争が生み出すバランス、システムの外部からの脅威に直面したとき国家間の対立を調整するための外交的機関の立案など、豊富な事例と反省とを——とくにトゥキディデスの著作の中に——見ることができる。国家理性を前近代について語るとき、古典的世界は最もよく知られた歴史的な場であったし、いまでもそうである。

一見したところ、この逆説的な対比は、歴史的変化のきわめて一般的な特徴かもしれない。マルクスは、これを指して「世界史の降霊術」だと語っている。

> 人間は、自分自身と物質的環境とを変革する仕事、それまで存在しなかったものを創り出す仕事に熱中しているように見えるちょうどそのとき、まさにそういう革命的危機の時期に、臆病にも過去の亡霊を呼びだしてその助

けを求める。彼らの名前や戦いの合言葉や衣装を借りうけ、由緒ある姿に扮装し、借りもののせりふを使って、世界史の新しい場面を演じるのである。(6)

だが、国際関係の研究者にとって、イタリア都市国家の二重の性質、つまり、近代の曙であり古代世界の名残であるという性質は、必然的にもう一つの意義を持っている。それは、大きく異なる社会構造を背景に成立したさまざまな国家システムのあいだに、歴史を超えた連続性が存在するかのような外観をわれわれに突きつけることである。現実主義は、こうした見かけの連続性を地政学という独自の領域の必要性を主張するために利用する。

現実主義のこうした歴史による信用証明は、その専門分野では絶対的なものであった。異議申し立てを受けることはめったにない。おそらく、ルネッサンスや古典古代の文化が「時代を超えた存在」であることは人類全体にとって当然と考えられているからであろう。シェークスピアについて彼の友人であるベン・ジョンソンが述べたように、「一時代のものにあらず、万代のものなり」なのである。トゥキディデスについても、今日、同じことを否定できる者がいるだろうか。彼の文章に見られる驚くほどの「近代性」こそ、まさに国際関係論の自然で独自の出発点である、国家間の行動という時代を超えた論理の証拠なのではないだろうか。それ以外にどう説明がつくというのか、というわけである。

安易にこれらの点を認めてきたことが、一見すると不可解な状況、つまり、国際関係論の分野で、前近代的な地政学的システムについての実際の歴史研究が不足しているという事態を説明する（また、逆に説明される）。イタリアやギリシャの都市国家についての通り一遍の言及は無数にあるが、歴史的な分析や論争は国際関係論には存在しない（もちろん、他の学問分野にはたくさんあるが、「国際問題」に的を絞った理論的な研究はほとんど存在しない）。ワイトが行なった二つの無味乾燥な法制面からの概説、散見されるギリシャやイタリアの政治理論に関する断片的な章や論文、図書館の「国際法の歴史」という表題のついた棚でひっそりと埃をかぶって眠る二、三の書物、本当にこれしかないのだろうかと思えるくらいである。これ以外に研究が行なわれていたとしても、目だった存在でないことは確かである。この問題は、国際関係論における活発な議論の対象ではない。だが、本来はそうあるべきなのである。

もし北イタリアで近代の国際システムが誕生したのではないとしたら、どうだろうか。もしトゥキディデスがペロポネソス戦争をバランス・オブ・パワーで説明していなかったとしたら、どうだろうか。もし、古典古代、ルネッサンス、近代の三つのケースすべてを特徴づけている「政治という独自の領域」の存在が、国家システムとしての「外観的な」一致に基づいているのではなく、社会関係の「内在的」な（各時代で異なる）構造的配置に基づいているということが明らかになったら、どうだろうか。これは、無視しうる歴史的な事例についての小さな問題などではないのかもしれない。これは、現在支配的な現実主義の近代システム論の理論的妥当性に直接影響する問題かもしれないのである。なぜなら、現実主義の理論は、あたかも持っているかのように装っている歴史的な説明力を実は欠いていることが、これで明らかになってしまうからである。歴史に対して無関心な社会科学的理論は、二つの根強い弱みをもつ傾向がある。第一に、普遍的だと想定された特性が実際にはある特定の時代（通常は現代）に固有のものではないのかということを、検証する術を持たない。そのため、理論が描く過去のイメージは時代錯誤となってしまう。第二に、歴史的省察を欠いた理論には、つねにそれ自身が説明されるべき結果であるはずの近代世界のさまざまな側面を、それ以上遡ることのできない本質的な出発点としてしまう危険性がある。既知という覆いの陰で、現在を説明なしで受け入れることにもなる。現実主義の場合、歴史的な事例は、その出発点（政治の自律性）がそれ以上遡ることができないものであることを強調するために使われている。その基本的で超歴史的な性格を誇示することで、それ以上の分析を阻止するようになっている。ハリディが言うように、「この学問領域全体にとってこれほど中心的な概念が説明なしに使われているのは、奇妙なことである」[7]。政治の自律性がそれ自体、偶発的な歴史的発展であるとしたら、どうなるのか。それは、近代システムの決定的な特質が現実主義には理解できないということを意味するのではないだろうか。そして、われわれは、古典古代、ルネッサンス、近代の明らかな類似性について、現実主義に代わる説明を緊急に必要としているのではないだろうか。

本章の目的は、近代以前の地政学的システムの詳細な検討をとおして、部分的ではあるが、現実主義を問い直すことである。歴史上の記述を信用してよいのだろうか。それともそれらはなにかを隠しているのだろうか。これとの関連で、しばしば現実主義の最大の拠り所と見なされてきた歴史の領域が、実は現実主義のとんでもない失敗の場であることを明らかにするつもりである。

議論は以下のような手順で進められる。まずはじめに、イタリアの都市国家システムの初期の発展を手短に概説する。その際、独自の公的な政治領域の出現にとくに注目する。このことが国家理性論と重要な結びつきを持っていたことを指摘する。次の節では、こうした「純粋に政治的な国家」の成立の構造的な条件に関するマルクスの議論を振り返る。そして、イタリアの事例に立ちもどり、都市国家を取り巻く封建世界の奥深くへと拡大するプロセスを通じて、これらの条件がどのようにして成立したのかを考察する。これにより、近代国家システムのイタリア起源説を大まかに評価することが可能となるだろう。次に、古代アテナイの「純粋に政治的な」領域の構造的基礎を探る。ここでも再び、聞き覚えのある国家理性論の出現が地政学的秩序の多極性に由来するのではなく、社会の物質的再生産を組織する社会関係の構造的配置、とくに民主主義と奴隷制との際立った相互依存関係に由来するものであることが明らかにされる。そして、この独自の分析を使って、トゥキディデスをバランス・オブ・パワーという現実主義の理論と結びつける一般の考え方に異議申し立てを行なう。

だが、主要な目的は建設的なものである。ここで再び強調しておくべきかもしれないが、議論の最終的な着地点はイタリアでもギリシャでもなく、われわれ自身の近代的な国際システムである。歴史を超えた類似性を復唱しているだけでは、近代的な国際システムの実際の歴史的独自性は消し去られてしまう。国家システムの一般的な特性がイタリアとギリシャの類似性を説明するのに十分でないとしたら、すでに述べたように、それは近代世界を理解する出発点としても信頼性をもたない。この理由から、主権国家システムの体系的な議論は第五章で行なうとしても、前近代の事例を検討するために以下で用いられる見方は、本章の結論の部分で、国際関係論一般にとっての予備的な含意を引き出すために、近代世界に対しても手短に向けられる。つまり、紋切り型の議論をして、それで終わりというのでは不十分なのである。自らの立場を守るためにも、われわれは方法論的な批判を推し進め、従来とは異なる歴史的説明を描いてみせる必要がある。歴史的な現象の謎に対してわれわれ自身の答えを出さなければならないのである。そして、それは、より優れた答えでなければならない。

## ルネッサンス期のイタリア

### コムーネの政治的発展

国際関係論が賞賛する都市国家システムをやがて生み出すことになる北イタリアの中世都市の自立的発展は、封建領主の支配下にあったイタリア半島を統一しようとした神聖ローマ皇帝の二度にわたる試みを撃退したところから始まるとされてきた。一一六〇年にロンバルディア同盟の市民部隊がフリードリヒ一世（赤ヒゲ王）の皇帝軍を打ち破った。続く一三世紀、フリードリヒ一世の孫が再びイタリア統一を試みたが、紆余曲折の後、結局ホーエンシュタウフェン家のイタリア支配は崩壊へと導かれた。どちらの戦いも神聖ローマ帝国と教皇権との闘争という形をとっていた。(8)しかし、ペリー・アンダーソンが言うように、その結果を決定的に左右したのは横断的な力、つまり、いち早く始まった北イタリアの経済的発展であった。(9)フィレンツェは教皇の側のために軍隊を派遣しただけではない。フィレンツェの商人たちは、フリードリヒ〔ホーエンシュタウフェン家〕を滅ぼしたアンジュー家の傭兵部隊に資金を供給するため、膨大な額の融資を行なった。その後数十年で、南部イタリアに対するフランス支配は破綻し（一二八二年の「シチリアの晩禱」）、その一方、教皇庁はアヴィニョンに移され（一三〇九年）、一三七七年にローマにもどされるが、翌年からの「教会大分裂」によって教皇権はさらに無力化した。北イタリアに対する外からの介入や影響はこの時点で終わることはなかった。東からのオスマン帝国の脅威は一五世紀にかけてますます強まった。イタリア半島では、教皇と皇帝の権力がともに大きく衰退し、フランスも百年戦争にかまけていたから、地政学的な鎖国状態を続けることができた。これはフランスが一四九四年に侵攻してくるまで続いた。それ以降、都市国家の実質的な独立は、最初はフランスの、次はハプスブルク家の支配下でふたたび失われる。他の多くの革新と並んで、「ヨーロッパが後に採用することになる国家間の関係を組織化するシステム」という新機軸が成立したのは、この間に挟まれた「黄金時代（一三七八―一四九四年）」のことであった。(10)

これを実現した複雑な政治的世界は、もちろん「教会大分裂」の時代にはすでに広範に発展していた。一三世紀の初めには、二百ないし三百の多少とも独立したコムーネが存在した。都市共同体であるコムーネは、司教の支配権（主に一一五〇年までの七〇年間）を脱し、商人や土地所有者の寡頭政治であるコンスル制を採用した。(11)内部の政治的不安定、周辺の農村地帯や商業ルートの争奪戦などの影響で、コムーネの数はすでに大幅な減少傾向にあったが、生き残りのために最低限必要な軍事力の条件が引き上げられるのに対応できない状況の中で、膨張と吸収の機会も増加した。とくに一二世紀は、外部的にはコムーネの整理統合（農村地帯であるコンタード〔領地〕にまでコムーネの支配権を拡張）が、内部的には政治機構の発展が見られた。

こうした条件のもとで、都市国家のシステムは、たんに地政学的な再編だけではなく、寡頭的なコンスル制の衰退をも経験した。コンスル制が不安定だった理由の一つは、商業的、政治的エリートを輩出した指導的な商人家族が、すでに小規模な商店主や職人といった下からの階級による圧力を受けていた市政に、派閥抗争を持ち込んだことにある。この制度に潜む慢性的なリスクを回避するために市民評議会がとった方策は、コムーネの政治的発展における、おそらく最も注目すべき、そして、間違いなく最も意味深い特徴を示している。短期間（フィレンツェの執政府を構成したプリオーレ団の場合は二ヵ月、より一般的には六ヵ月ないし一年）での役職交替と、連続再選の禁止(12)（一族全員に適用）である。重要な選挙で選ばれた代表という性格は、くじ引き抽選を加えることで、つねに薄められた。(13)立法上の主導権も、さまざまな委員会に分散していた。司法と軍事のどちらの最高ポスト――ポデステリア（執政官・都市長官の職）とカピタネリア（市民軍の指揮官）――にも地元住民が就任することは禁止され、任期も六ヵ月に制限され、利害においても血筋においても最も縁の薄い外部の候補者の中から選ばれ、中立性を守るために在任中は外部から隔離された(14)。

つまり、都市によって細かい点や範囲にかなりの違いはあるが、コムーネは統治を個人の私的権力から隔離し、政治活動を自律的な公的領域として再構成し、国家を一個の制度として切り離そうと企図したのである。執政官は「支配者ではなく、法の支配を代表する者(15)」であった。

こうした発展によって切り開かれた公的領域はもちろん限定的であった。市民権はコンタードには拡大されなかった。その支配下にある農民は、コムーネに金銭や食料を供給すること、軍務に就くことを強制された。コンタードで農奴制が廃止されても、それはしばしば、コムーネの支配の完成を意味するだけのことであった。実際、ある意味で都市は反封建的というよりも、「この時代特有の剰余労働収奪、その一般的メカニズムの都市的な表現にすぎず、攻撃は競争者たる農村の同類〔領主〕に向けられたものであった(16)」。だが、それでもなお、コムーネに独自な制度的あり方は、重要な対外的な特徴を持っていた。その一つは、セレーニが言うように、「イタリアの戦争は、一般に公的な戦争、つまり国家間の現実的紛争を特徴としていた。これに対し、それ以外のヨーロッパでは私的な戦争がきわめて頻繁に見られた(17)」ということである。公的な戦争とはなんだろうか。おそらく無難な定義としては、コミュニティーにより、コミュニティーのために行なわれる戦争ということになるだろう。その場合、追求される目標あるいは対応すべき脅威は、共同の利害に関係したものとなる。公的な戦争の場合、コミュニティーの集団的利害（どのようにして確認されたものであれ）が原則として最高の道徳的目標とされる。したがって、私的な戦争ではありえないということは、国家理性により正当化される。私的な戦争は、貴族の反逆の遂行だけを指すとはかぎらない。個人の物質的、政治的な栄達を求めて公式に行なわれてきた紛争はどれも私的な戦争である。この意味では、中世の領主のあいだでの戦争もまた、私的なものであった。彼らは世襲的権利を盾に戦争を正当化する（しばしば、宗教的な是認を求めることもある）。封建的な戦争の原理は明確に個人的行動に関連したものであり、国家のような集合体に関連したものでない[18]。ここからある種の逆説が生み出される。『ルネッサンス外交』の魅力的な文章の中で、ガレット・マティンリーは次のように述べている。

> イタリアでは、パワーは言葉の厳密な意味で暫定的なものであった。それは剝き出しで、自由であり、永遠とは程遠いものだった。……［コムーネは］絶対的権限を備え、道徳性を超越した最初の主権国家であった[19]。

「剝き出しのパワー」という言葉で彼が意味するのは、主としてコムーネ内部の政治編成が世俗的であり、周囲の封建世界のヒエラルキー構造を飾り立てていたような宗教的な正統性に拘束されなかったという事実である。マティンリーがコムーネの恒常的な内的不安定性を強調していることはもちろん正しい。ただ、粗野な暴力がイタリアで支配的だったのは、非合法性を支えるのにどうしてもそれが必要だったからだという、彼の追加的な発言は少しばかり誤解を招く恐れがある。田園地帯での貴族のパワーは粗野ではなかったのだろうか。少なくともある意味では、封建支配の宗教的な正当化は、まさにその私的な性格ゆえに必要とされていたのではないだろうか。この正当化がなければ、（恣意性や排他性という意味で）、コムーネ内部の政治構造よりも、もっと「剝き出し」になっていたのではないか。コムーネに住む自由市民のほぼ三分の一が毎年、市の政治行政に積極的に参加していたと推計されるが、この比率はアテナイに匹敵する[20]。もしかしたら、宗教的な是認を必要としない「剝き出し」のパワーとは、専制的ないし専横的なものかもしれない。あるいは、現実的か空想的かは別にして、共同利害の領域に訴えかけていることから、道徳的に自立した公的なパワーなのかもしれない[21]。イタリアでは、この可能性を示す指標は、法の支配に対する激しい愛着であるが、それはまた外的な側面を持つ。各都市は、神聖ローマ帝国の権威が衰退した後でも、帝国の国内法（国際法）を引き続き遵守することに合意した。「皇帝が最高権力者であるともはや認められなくなったとき、その地位は法によってとって代わられた[22]」。この点については、いずれ立ちもどることにする。

一五世紀の後半になるまで常設の大使館にあたるものは大規模な形では登場しなかった。ただ、コムーネどうしの組織的な外交交渉は最初から継続的かつ積極的に繰り広げられていた。実際、ウェイリーが「一二〇〇年のコムーネは本質的にはこうした［対外的な］関係の産物と考えることができるかもしれない」と言うのももっともである[23]。少なくとも一つの意味では、これはまさに真実であった。コンタードの封建勢力を抑えるためにも、他のコムーネの攻撃から新しい境界を守るためにも、軍事力の強化が必要だったので、各コムーネは「支出を、したがって収入を何倍にも増やした」のであり、それが「都市の財政機構の発達を促した原動力」となった[24]。ただ、それ以上に、コムーネは平時の通商活動や共同の政治的調整を通じて、かなりの部分、物質的、組織的な再生産を行なっていた。都市間の交通の発達は、通信の安全、外国商人への市民権の付与、犯罪者の引渡しを相互に保障する協定をもたらし、また、それらが交通の発達をさらに促進した。各都市は相互に関税譲許を取り決め、物的な施設（倉庫のような）を相手側に提供したり、私的な紛争を解決するための手続きを定めたりした。このことはまた、統治機構全般の拡大を促した。とりわけ「国家間でのきちんとした境界線の確定」が必要となり、これが「境界を維持する役目の行政官」の任命につながった[25]。こうして、後のヨーロッパ絶対主義を学ぶ者にはおなじみの共生過程によって、コムーネの領域内での公共組織の拡大は都市国家の領土的形態を明確にし、ますますコムーネ間の交流の目的および条件となっていった[26]。

一三世紀の初めには、公的領域の発展はかなり進み、「ポデスタ制は例外ではなく原則となった[27]」。だが、それは初めから不安定な制度であった。都市の貴族は、彼らの要塞から、あるいは、しばしば集団で追放された亡命の地から、暴力的な争いを仕掛けてきた。貴族と市民《ポポロ》のあいだの緊張はいつ公然たる戦争状態になってもおかしくなかった。コムーネ内部の種々の対立に加えて、（一三世紀前半の）イタリアは依然として、全土にわたり神聖ローマ帝国皇帝とローマ教皇の介入に悩まされていた。多くのコムーネが各地の封建領主の軍事的庇護のもとに入ることを余儀なくされていった。一五世紀にいたるまで共和制的な組織を残していたフィレンツェでさえ、一三一三年から一三四三年のあいだに三回以上にわたって外部権力の庇護下を出たり入ったりした。[28]各地でシニョーレ（僭主）が権力をにぎった。これらの新たな支配者はしばしば封建的な有力者であり、地域の軍事的、農業的資源に対して権利を持っていたので、危機に際して、ポデステリアやカピタネリアにおける自分たちの在任資格を永久の執政官職に変えてしまうほどの影響力を発揮した。

偉大な共和国ミラノは一四世紀への変わり目を前にヴィスコンティ家の手に落ちた。[29]そして、一三二〇年代には、シニョーレがほぼ全権をにぎった。[30]このことは、都市国家の領土的な集中をさらに促進したが、同時にその政治的発展を阻害した。だが、それは、地方の封建勢力の直接的な復活を意味したわけではない。都市はいまや、商人と貴族との奇妙な結合体となったのである。ザルツァーが言うように、

イタリアにおいて長く対立してきた二つの政治的原理、地方自治主義と封建主義とがシニョーレ制のもとで手を結んだ。[31]

程度の差はあるとしても、シニョーレたちは自分たちが共和主義の制度をとおして支配しなければならないことに気がついた。[32]驚くほどの政治的自律を保って行なわれていた、フィレンツェに対するコジモ・デ・メディチの三〇年にわたる効果的支配は、共和政治にほとんど影響を与えなかった。委員会の中での彼の影響力を支えた私的な経済力は、彼が巧みに操った公的領域とみごとな対照をなしていた。[33]

## 政治的自律性の起源

「自律性」という言葉は、ここではコムーネの政治制度の出現を指して使われている。この言葉は、国際関係論の

文献ではいろいろな意味で使われてきた。この分野では、他の社会構造とは多少とも切り離して、国家それ自体の形態や行動を研究する可能性を意味するものとして使われるのが一般的である。では、ここでは、なにを意味しているのか。コムーネの制度と、封建的ヨーロッパで支配的だったシニョーレ的な政治権力の形態とを比較してみるのは、この問いに答えるために役立つかもしれない。というのも、両者のあいだで著しい対照をなしているのは、後者では経済活動と政治権力の行使とが切り離されていないという点だからである。典型的には世襲の領地が、土地と生産的労働に対する個人的な領有権を、広範な政治的支配権と結びつけている。一方で、領土が君主に「封ぜられる」のは公職としてではなく、個人的に請け負った所有物としてである。他方で、それに付随する経済的搾取の権利は、政治的な支配と従属のメカニズムである農奴制を通じてのみ機能する。ここには、「政治的」領域と「経済的」領域との区別は存在しない。公的な政治領域の出現は、「分立した主権」の個別主義的で私的な性格によって阻止されているし、近代的な意味での「経済」の骨組みを構成する「純粋に経済的な」関係は、農業労働者の政治的な不自由によって成立不可能にされている。

したがって、近代的な意味での国家は存在しない。王室の宗主権による貴族の規制は、ある程度は存在した。また、裁判制度や教会の特権をめぐる争い通じて、王権の拡張をはかるさまざまな試みもあった。中央集権化された政治支配を強化するための法典や計画もあった。だが、「現実の実質的な国家あるいは国民の生活と区別されるどのような政治的国家制度もまだ存在しない」(34)。この時代の地政学において、蓄積と拡張のメカニズムとして行なわれた王室外交の役割ほど、この〔政治と経済との〕融合を象徴的にあらわすものはなかった。王室の外交活動は、明らかに個人的な財産と政治的な支配との不可分離に基づいて行なわれている。つまり、自律的な国家の不在に基づいて行なわれているのである。これにともなう、封建的な政治的パワーの特殊性のいくつかはしばしば指摘されている。戦争に関する私的権利の承認(35)、公的な国際法に基づく独自の機関の不在、等々である(36)。付け加えるなら、この時代、「国家（state）」という言葉の意味はいまと異なり、後に「自然状態」と対比される「文明状態（civil state）」の意味に近かった。近代的な、「市民社会」と対比される公的な政治組織という意味はずっと後になってついたものである。

マルクスは明らかに、その初期から、こうした対極的関係――つまり、一方には「自律的国家」の出現と再生産、他方には「非政治的な」市民社会――の中で起きた社会的変化を構造的に相互依存したものと見なしていた。

　政治的国家の成立と、独立した諸個人――身分人や同職組合人の相互関係が特権に基づいていたように、諸個人の相互関係は法に基づく――への市民社会の解消とは同一の行為によって完成される[37]。

デリク・セイヤーが言うように、マルクスは初期の著作の中で、新たな「市民社会」に特徴的な、剰余取得の支配的なメカニズムと、公的な権威としての政治的パワーの再編成との結びつきに、再三にわたって注目している[38]。マルクスは、社会秩序の物質的再生産が制度化された政治的支配により組織化されるかぎり、「政治」は特権から解放されるはずはないことをとりわけ強調する。そうした条件のもとでは、

　国家統一が、また国家統一の意識、意志、活動である普遍的な国家権力が、同様に、支配者の特殊な職務としてあらわれることになる[39]。

「市民社会の政治的性格」が廃棄されたとき（それが剰余取得の非政治的メカニズムへと置き換わったとき）、はじめて政治は国家における普遍的で自律的な形態を身につけ、身分という特殊的で私的な形態を脱ぎ捨てる。封建制の解体は、

　いわば封建社会のさまざまな袋小路のなかへ分割され、分解され、分散していた政治的精神を釈放した。それは

分散していた政治的精神を寄せ集め、市民生活との混合から解き放ち、それを共同体の領域として、つまり市民社会の特殊な諸要素から観念的に独立した普遍的な国民的事項の領域として、確立したのである。(40)

マルクス主義とは市民社会の理論であって、国家については道具的あるいは還元的にしか理解できないという思い込みが、国際関係論の内部で（そして他の分野でも）広まっていることを考えると、この文章はまさに注目に値する。ここで議論されているものこそ、政治的組織の普遍的特徴へと一般化されて現実主義の理論的な要をなしている、国家の自律性そのものにほかならないのではないか。「政治的精神」とは国家理性（封建社会についての政治的議論にとってはまったく耳慣れない言葉）以外のなにものでもない。「普遍的な国家権力、……政治的国家、……現実的国家、……国家それ自体、……市民社会のそとに、市民社会とならんで立つ独自な存在としての国家」(41)という言葉はE・H・カー、ハンス・モーゲンソー、その他の「政治の自律性」を唱える人々の口から出てもおかしくないものである。もちろん、マルクスの場合、この自律性を支配制度そのものの属性とは考えなかった、という点で違いがある。統治権の行使にも普遍的な社会的機能が含まれており、集合的なパワーが動員されている。だが、「純政治的な」領域の出現は一つの歴史的な過程であり、社会関係のある決定的な構造的配置と結びついている。さらに言えば、これを、組織体としての国家の因果的な自律性と単純に理解してはならない。公的な政治領域がひとたび出現してしまえば、国家の普遍的属性によって、歴史的な結果の実質的な説明の根拠が与えられる、ということにもならない。むしろそれとは逆に、これは「政治の自律性」の一つの理論であって、社会的全体性という考え方にわれわれの国家分析の基礎を置くことから、その第一歩が始まるのである。

## イタリアとヨーロッパ

では、このようなことがイタリアの都市国家の内部で起きていたのだろうか。もしそうだとすると、それは、北イタリアは近代国家システムの嚆矢であるという従来のイメージを裏づけるだけのことではないか。この疑問に答えるには、これまで行なってきたイタリアの都市国家システムの内的な特徴の説明を、さらに幅広い社会編成の中に位置づける作業によって補完する必要がある。

一四世紀末から一五世紀にかけて北イタリアがヨーロッパの封建社会から地政学的に一時孤立していたことは、もちろん、都市国家システムの発展が真空の中で行なわれたことを意味するわけではない。むしろ、真実はその反対である。「単独の狭い世界」、つまり独立した自給自足のシステムが発展したなどと考えるのは、大きな間違いである[42]。というのも、都市国家は中世の中距離・遠距離交易のまさに中心地であったからである。都市国家は東地中海交易（ヴェネチア）や黒海交易（ジェノヴァ）の集荷拠点となることによって、東西交易を事実上独占した。こうした集荷拠点は、敵対的な未知の環境に置かれた不安定な足場というわけではなかった。小アジアにかなりの植民地をもっていた都市もあり、それらは繁栄する東地中海沿岸の都市国家システムの中で、外交的承認によって継続的に認められてきた[43]。

ヴェネチアは九世紀にはすでにビザンチウム（コンスタンティノープル）やレヴァント地方との主要な交易ルートとなっていた[44]（ヴェネチアは公式にはまだビザンチン帝国の支配下にあったため、東方に交易路を開くには他のライバル都市よりもはるかに有利であった[45]）。だが、輸送や戦利品獲得という点で、都市国家にまたとないチャンスを与えたのは十字軍だった。第一次十字軍（一〇九六年）の後、ジェノヴァは率先して艦船による兵員輸送を行ない、見返りとしてカイザリアの街の三分の一を獲得するとともに、十字軍王国の内部での交易について関税や課税を免除された[46]。一二世紀になると、コンスタンティノープルに居住するヴェネチア商人は約一万人に膨れ上がった[47]。だが、このきわめて有利な交易も一二世紀の後半には危機に見舞われる[48]。ビザンチウムやアレキサンドリアではヨーロッパの運輸業者どうしの競争が激化したこと（供給価格の上昇を生む）と、ヨーロッパの君主による絶え間のない悪貨改鋳（売上げの価値を下落させる）とによって、利益は徐々に圧縮された。その一方、サラディンはパレスチナとシリアでイスラム教の支配を復活させた。十字軍勢力は（イタリアによる海からの支援のおかげで）かろうじて狭い海岸地帯の支配を維持したが、教皇によるキリスト教世界とイスラム教世界との交易禁止の命を受けて貿易はますます縮小していった。最終的に、（ビザンチン）帝国による保護が弱体化すると、コンスタンティノープルのヴェネチア商人は、ビザンチウムの競争相手からの暴力的な敵意にさらされるようになった。

この状況から商人たちを救ったのは、第四次十字軍による一二〇四年のコンスタンティノープル陥落であった。主要なイタリアの都市国家にとって、この作戦に参加することで得られた見返りは、まさに目を見張るものだった。ジェノヴァは黒海沿岸の港湾都市カッファ〔現フェオドシヤ〕に集荷拠点を築き、加えて「真正の植民地となる、その周囲の広大な土地」を手に入れた。(49) ヴェネチアはビザンチン帝国の領土の八分の三を奪い取り（ただし、所有権を主張しなかったことは特徴的である）、独占的な権利を得ただけでなく、その後の五〇年間にわたるコンスタンティノープルの間接的支配をも手に入れた。(50) ヴェネチアとジェノヴァは東方交易での覇権をめぐり一三世紀のあいだ中、熾烈な海戦を繰り広げた。だが、彼らの戦利品はそれ自体、一時的で変わりやすい地政学的な状況に依存したものであった。一四世紀になると、モンゴル帝国の解体とともに、極東との直接的な交易ルートは閉ざされてしまう。交易がイスラム商人の海上ルートに頼るようになると、商品の価格はさらに高騰した。そして、オスマン帝国が小アジアに勢力を伸ばし、最終的には一四五三年にコンスタンティノープルを陥落させると、その財政的要求は、すでに黒死病（おそらくジェノヴァの船員によってカッファからもたらされた）の影響と、教皇の新たな交易禁止令とで縮小していた東西交易にさらなる重圧を与えた。ポルトガルが喜望峰経由の東方ルートを開いたことは、一時的なものではあったが、新たな打撃となった。「一五〇四年、ヴェネチアのガレー船がアレキサンドリアに着いたとき、……彼らはたった一袋の胡椒さえ手に入れることができなかった(51)」。

だが、東西交易は、都市国家がヨーロッパの幅広い社会編成の中に統合されるための、四本の主要な軸の一つにすぎない。第二の軸は、北ヨーロッパや東方で売る製品——最も目立ったのは織物——の生産であった。「大陸全体に薄く広がった需要」を特定の商品に集中させることで、諸都市は自らが抱える何万という職人や労働者の生活手段を確保した。[52] 一方で、「イタリア人は、自国産の製品と少なくとも同じくらい、他国の製品を売り買いした」[53]。そして、彼らの工業的生産自体は、どこまでも商業に奉仕するものであった。[54] したがって、第三の軸として、イタリア商人の居留地はヨーロッパやレヴァント地方全体に広がっていた。ラルフ・デイヴィスは次のように記している。「バルト海沿岸南の重要な交易都市のすべてにイタリア人の居住地が建設された。一方、イタリアにはこれに対応する北からの居住地はまったく存在しなかった」[55]。これらの商人は多くの場合、イタリアに本拠を置き、大陸内のさまざまな地域間の商取引を調整する国際貿易商社の社員、あるいは海外駐在員であった（一三〇〇年頃には、常駐型の商人のほうが、それ以前の航海型の商人よりも優勢になっていた）[56]。彼らはネットワークをとおして巨額の資金を集め、信用制度によって、正金を物理的に動かすことなく遠く離れた場所へ資金を移転できるようにした。手形（その発行と引受けを異なる通貨で行なうことも可能だった）はこの制度の要であって、彼らはそれによって「ヨーロッパにおける交易を大きく支配することになった」[57]。第四の軸は、これらの手段によって可能となった流動性への追加的な需要である。イタリア商人（とくにフィレンツェ商人）は教会組織の大陸全体にわたる活動にともなう資金移動を取り扱い、利子付の資金を大規模な形で君主たちに――通常はその軍事目的に関連して――貸し付けた。

この最後の活動は少なからぬリスクをともなった。イングランドのエドワード三世が対フランス百年戦争の過程でバルディとペルッツィの両商会から借り受けた債務を履行しなかったことによる両商会の破綻（負債は資本金の一四倍にものぼっていた）はフィレンツェの繁栄にとって大打撃であり、軍事費の維持が困難になるほどであった。[58] ホームズは明白な矛盾を正しく指摘している。

フィレンツェの二つの民間会社の財力がイングランド王の政策に決定的な影響力を発揮する一方、同じ時期に、フィレンツェはあやしげなフランス人の冒険家ブリエンヌのウォルターに支配されていた。[59]

これは実際、驚くべき結びつきであり、さらに、関係する政治集団の規模を考慮するなら、もっと注目されていいだろう。「一二九三年にジェノヴァの港一つからあがった税収入がフランスの王室予算全体の三・五倍にあたる」[60]というのが事実だとすれば、都市国家など「王権とシニョーレとが相争う世界の中ではちっぽけなものだ」[61]と言っても、都市国家の地政学的な脆弱性を説明したことにはならない。

適切な歴史的説明を行なうためには、イタリアの都市国家の実際の政治的、地政学的な独立が、ヨーロッパ封建制[62]のもとでの生産過程（農村）と交換（都市）との制度的な分離とどのようにつながっていたかを考えることから出発しなければならない。

北の「領土国家」にとっては土地が（ほぼ）すべてだった。彼らの富の源泉である生産的労働は、（法的には）土地に根ざしており、この労働に対する政治的、軍事的支配権がシニョーレの権力基盤であった。都市国家にとって、その領土的な基礎は（ほとんど）名目的なものであった。ヴェネチアについては、「耕さず、種播かず、取り入れず」という言葉がある[63]。その一方、フィレンツェは、ほぼ同時代の人物の言葉を借りれば、「その支配地の広さよりも、その地理的位置や市民の知性、富の豊かさのために力が強かった」[64]。もちろん、このことは、都市国家がその生き残りのための軍事的、戦略的条件を確保する必要はなかったということを意味しているわけではない。むしろ、国内および国外への領土拡張をつねに必要としていたし、それと関連して、シニョーレの登場に見られるように、構造的な政略結婚も行なわれた。ただ、都市国家の本来の場、都市国家が自らを再生産する場は、ヨーロッパ封建制に奉仕し、大陸各地の大都市や宮廷にその市民を送り込んだ交換過程の流れの中に存在した。

シニョーレの権力の隙間に巧みに入り込んだイタリア商人は、貨幣流通における独自の役割に基づいて[65]、北部に供給する商品の重要性とは別に[66]、かなりの影響力を行使することができた。そして、この役割は、重商主義的蓄積の中心地における司法と政治の自律性によって間違いなく強化された（イタリアでは、アンジュー家支配の重圧のもとで都市の急速な衰退が見られ、シャンパーニュの大市もブルゴーニュ公による締めつけによって不自然な終焉を迎えた[67]。

だが、イタリア商人がシニョーレの権力の間隙に浸透していくことを促し、北方への領土拡大をともなうことなく、大陸における交易の半分をその支配下に置くことを可能にした、生産と交換との封建的な分離は、その一方で都市どうしの地政学的な統合を妨げた。ヨーロッパ中を巡る商人資本の回転と同じく、イタリアの諸都市は「流通部面に閉じ込められて」[68]おり、その物質的な再生産は対外的な交易に大きく依存し、ある場合には、その人口のかなりの部分を大陸各地に送り出していた[69]。都市国家はしばしば戦争を行なったが、その戦争は一般に都市国家の商業的再生産の付属物であって、交易の拡大や条件確保のために戦われたものであった。封建国家の場合と異なり、戦争は蓄積の主要なメカニズムではなかった。

国家と比較できるほどの軍事的規定は存在しなかった。なぜなら、商業や工業における競争――この時代の「保護費用」である経済外的な強制力によって守られると同時に強要された――はそれ自体、コミュニティーの目標となったからである。市場と貸付が捕虜の獲得よりも重要であり、略奪は独占と比べて二次的なものであった[70]。

さらに、この理由から、つまり、都市国家のきわめて都市的な本質規定はまさに、農村的な封建制からの必然的な制度的断絶であることから、領土拡張は自然の成長経路ではなく、共和制的な自律を犠牲にしてのみ地政学的な安定が確保できるという危険をともなっていた。実際に、主として都市に見られたこの種の社会秩序は、生産的、軍事的な人的資源に対するシニョーレの広範な政治的支配権から切り離されたとき、歴史的に独立国家として不安定となった。そこで、地方の封建家臣たちを傭兵として雇用したのだが、それはコムーネの制度を土地貴族の一族に譲り渡す第一歩となった。

さまざまな意味で不思議なほどよく似たドラマが後の一六世紀のオランダ連邦でも見られた。オランダでコムーネ、ポデスタ、シニョーレにあたるのは、議会、総督、オレンジ家である。さらに研究を進めれば、これが重要な追加的事例であることがわかる。その理由は、とりわけ（グローチウスにおいて）国際法の理論と、（少し遅れてオレンジ公ウィリアムにおいて）イギリス国家の制度的自律を強化するうえでの決定的な出来事を準備するのにふさわしい候補者（すでにオランダの政治制度の中で訓練を受けていた）とを提供したことにある。

本章の冒頭で出された疑問に立ちもどろう。イタリアのバランス・オブ・パワーは現代の国際システムの起源であるのだろうか。マティンリーが言うように、「イタリアは、ヨーロッパが後に採用した、利害関係を組織化するシステムを最初に発見した。なぜなら、イタリアは中世の終わり頃には、ヨーロッパ全体が後にそうなったことを、すでに先取りしていたからである」[71]というのは本当だろうか。こういった主張は厳しい限定をつける必要がある。とくに、後のヨーロッパとの外見上の連続性は多くの点で錯覚にすぎない。近代の国家システムの発祥をイタリアに見て、そして、国内のバランス・オブ・パワーの崩壊を通じて他国を引き込み、ヨーロッパ全体に一般化し、そこから後に世界全体に広がっていくと考えるのは間違いである。そうしたイメージは単純な経験的根拠からしても成り立たない。イタリアに対する外国の干渉が再開された時期（デヒオが全ヨーロッパ的なシステムの開始と考える一四九四年）とウェストファリア条約で多国間の恒常的な外交が最終的に確立した一六四八年とのあいだには、一五〇年という大きなギャップが存在する。この介在する期間を詳細に検討すると、イタリア的方法の気まぐれで限定的な採用がみられるだけでなく、ウェストファリア条約へいたる九〇年間における外交システムの発達には重要な退行があったことも明らかになる。[72]「国際」分野においては、その独自の国内的な体制の発展におけると同様、「都市国家は、国民国家の直接的な先行例というよりも、一つの行き詰まりであることが判明した」[73]のである。

イタリアの事例の構造的、歴史的条件に注目すれば、この結論は避けられないものとなる。都市国家は実際、多くの「純経済的な」ネットワーク（信用と商業の分野で）と同様、「純政治的な」地政学的ネットワーク（恒常的な外交へと発展）を生み出した。どちらも条件は同じであった。政治と経済の制度的な分離である。これは交換関係に支配された物質的再生産という形態を前提としており、この形態自体、封建的なヨーロッパでの構造的な位置に付随するものである。この構造的な位置が、都市国家を支えるのに十分な貨幣流通の独占を可能にしたのである。この役割の特殊性を考えるなら、それをヨーロッパ全体に一般化することができないことは明らかである。マティンリーの命題を書き直すなら次のようになる。都市国家が後のヨーロッパの先駆的モデルであるためには、シニョーレや教会の権力から解き放たれていなければならない。だが、キリスト教世界の中に数多くのヴェネチアやフィレンツェを生み出そうとしても、そのための余地には限りがある。ヨーロッパがそのように変化するためには、キリスト教世界を破壊しなければならなかった。この過程はその後の一五〇〇年間にクライマックスを迎え、既存の外交制度の構造的な基本的条件にも解体的な危機をもたらした(74)。これこそが、外交の発展の連続性を考える際に、さきに述べた一五〇〇年のギャップが意味する、注目されることのなかった歴史的内容である。そして、それは商人資本の業績ではなかったのである。

## 古典期ギリシャ

### ギリシャ人の特性

国際関係論による古典期ギリシャの都市国家システムの理解はいささか混乱したり、矛盾したりしている。一方で、ペロポネソス戦争の原因および過程は、バランス・オブ・パワーのはたらきを示す標準的典拠とされている。トゥキディデスは、「国際関係についての最初の科学的研究者(75)」とか、「意思決定研究の先駆者(76)」とか、現実主義の父とかの評価を受けている。最後の評価は、「戦争を不可避にしたのはアテナイの力の増大であり、それがスパルタに与えた恐怖であった(77)」という彼の有名な判断を理由にいわれている。さらにまた、トゥキディデスが描く公的な場での議論や外交交渉――非常に有名な「メロス対談(78)」(第五巻第一七章)――は、現代の国家システムについての現実主義理論から見て、驚くほどの忠実さで現実政治の論理を追究している。したがって、メロス対談そのもの――よく現実主義と理想主義の対立の原型として引き合いに出される――では、どちらの側も最初から道徳的な主張が問題なのではなく、関係当事者の公的利害が問題なのだということを認めているのである。

他方で、典型としてのギリシャ人の地位は、歴史的な内容に踏み込んでその「近代的」な性格を引き出そうとする人々の手にかかると、大いに損なわれることになる。ワイトは次のような乱暴な結論をくだしている。

彼らは外交システムも公的な国際法も持たなかったので、勢力均衡が基礎であるとか、あるいはそれが国際社会の規約のようなものだとかいう感覚を持っていなかった(79)。

イギリス学派にとっては確かに失望だろうが、「ギリシャにはグローチウスがいなかった(80)」。他の学派の人々も、「国家間関係についての積極的な理論化が事実上欠けていた」ことに当惑し、後世には伝わらなかった失われた著作があったのではと憶測したり、他の分野で力を発揮したために共同的なギリシャ精神といったものは枯渇したのではないかと考えたりした(81)。だが、混乱は結局のところ純粋なパラドックスに根ざしている。パーネルは、国家間関係の理論的発展が見られなかったのは、「実際の都市国家を、独自の名称をもつ政治単位とはとらえないで、一つの人間集団としてとらえるという習慣」に一部由来すると述べている。彼によれば、このことは、ギリシャ人が「国家そのものの関係を理論化できる度合いを限定する(82)」。だが、こうした用語上の障壁は、理論的な能力の欠如を反映したものではなく、むしろもっと広く認知された制度的な現実の反映であった。それは、古代ギリシャには「国家そのもの」が存在しなかった、ということである。ペリー・アンダーソンはアテナイについて次のように語っている。

アテナイには分離した、専門家による国家機構というものがほとんどなかった。政治構造の特徴は、一般市民とは別の専門的な役人――文民あるいは軍人――の集団を認めないというところにあった。アテナイの民主主義は、まさに「国家」と「社会」とのいかなる分離をも拒否することを意味していた。(83)

国家なき現実政治ということなのだろうか。では、『戦史』の中ではっきり語られている、国家理性についての一般的な議論はなにに由来するのであろうか。その基本的な特徴では中世イタリアの都市国家と大きく異なるギリシャのポリスが、にもかかわらず、驚くほどの類似性を示しているというのはどういうことなのだろうか。これらの疑問に答えられたとき、現実主義の超歴史的な主張の基礎をなしているものの謎を解くことが可能となるだろう。

イタリアと古代ギリシャとの比較は、もちろん、これまで何度も行なわれてきた。(84)なによりも際立った違いは、ギリシャには、中世イタリアで交易が演じた役割が見られないことである。交易が重要でなかったというわけではない。アテナイの帝国主義的パワーの鍵となるメカニズムには、従属都市にアテナイの通貨の使用を強制することや、集荷拠点を維持することが含まれていた。(85)だが、製造業の大部分は「純粋に国内的な意義しかもたず、国家間の問題には結びついていなかった(86)」し、商業活動の大きな部分を占めると見られた穀物交易を含めても、「アテナイのようなきわめて都市化した地域でさえ、……取引の規模や分量はささやかなものでしかなかった(87)」。さらにまた、商人や船乗りのほとんどは市民ではなく外国人であり、通行と定住の権利はかなり認められていたが、投票と土地所有からは一般に排除されていた。(88)商業や手工業は一段低く見られており、それは「商業に従事した多くが奴隷あるいは元奴隷という身分だったことと無関係ではない(89)」。プラトンの『法律』で語られる理想の国家では、市民が交易に従事することは禁じられており、スパルタは実際、手工業や商業活動をポリスに住む半自由民であるペリオイコイに行なわせた。(90)

イタリアの都市共和国とは異なり、古代の都市国家は「本来また原理的に、土地所有者の都市的な集合体(91)」にすぎず、皮肉な言い方をすれば、都市経済なき都市文明であった。こうした発展の物資的、制度的条件は、イタリアのように地域どうしの交換を開拓することではなく、捕獲した労働力、奴隷を過度に搾取することから得られた。ギリシャにおける奴隷労働の質的、量的比重をめぐっては、かなりの意見の不一致が見られる。ペリー・アンダーソンはペリクレス時代のアテナイでの奴隷の数は自由民の数を三対二で上回っていたとしている[92]。さらに、奴隷の利用は鉱山や家事サービスに集中しており、農業では自由民が多かった[93]。したがって、「アテナイを、その奴隷の数が自由民を大きく上回るような有閑市民のコミュニティーとみる見方は、事実に反する[94]」。だが、このことは、問題のポイントではない。ポイントは奴隷制が「国家に政治的指揮権を、そしてかなりの程度に知的指導権をも提供する人々を経済的配慮から、あるいは経済活動からも解放したこと[95]」である。だが、決定的に重要なのは、その際に、労働する市民（どれほど富の格差が彼らのあいだで広がろうとも）を政治的に従属させる必要がなかったことである。したがって、奴隷制は物質的剰余の源泉であるだけでない。安価な労働を供給し続けることにより、政治的民主主義の前提条件であった小土地所有の農民階級の経済的独立への圧力を減ずる安全弁のはたらきをした。奴隷制と民主主義とは、紀元前六世紀の僭主政治の改革により債務奴隷が禁止されてからは、手をたずさえて発展した。政治的民主主義が誕生したヒオス島が大掛かりな奴隷輸入の発祥地であったことは、このことと符合している[96]。そして、「ギリシャの領土で奴隷が最も活用された時期は民主主義の最盛期と一致する[97]」のである。

二つの文明のあいだに横たわる途方もない文化的な溝と、そこに反映されている対照的な構造的土台を感じ取るためには、ペリクレスの「葬送演説」を、ヴェネチア総督が一四二一年に（それ以外にもさまざまな機会に）彼の都市の資源について行なった演説と比較してみればよい。ペリクレスの演説は、公的な政治的慣例としての追悼であるのに対し、「最も美しい庭園であるヴェネチア[98]」はロンバルディアとのあいだで年間二八〇万ダカットの交易を行なう都市であった[99]。こうした根本的な違いを詳しく追究していけば、古代ギリシャの都市と中世イタリアの都市との際立った非連続性を明らかにすることができる。ポリスは都市と農村の構造的な対立を知らなかったし、イタリアの都市とは無縁の、軍事的な蓄積の論理を追求していた、等々[100]。

それでもなお制度的な類似性があるとすれば、それは政治組織の形態についてである。ペリクレスは法による支配を大いに強調し、アテナイの達成した成果の指標として、すべての市民に裁判上の平等性が与えられていることをあげた[101]。彼は、自分の影響力が民会によって媒介され、その公式の職務上の権限に基づいて行使されるものではないという事実を誇りにしていた[102]。ただ、市民すべてに公職への道が開かれていたことは、政治権力が主に富裕で有閑の少数者に担われることを妨げるものではなかった。これらの少数者は「国家の公僕、法律の手段にますますなっていき、勝手気ままに権力を振りまわす人ではなくなった[103]」。彼らが民会で発する言葉はまさに以下のようなものであった。

> 国家の利害はつねに、戦争であれ、外交や交渉であれ、（必要とあれば、ペルシャ軍に対してすらの）無条件降伏であれ、そういったものを正当化するに十分な理由となった。いかなる情況においても、手段の選択は戦術の問題をめぐってのみ、道徳的にではなく実務的に論議されたのである[104]。

トゥキディデスは再三にわたってこのことを証言している。例えば、ミティレネ論争でも、クレオンによるミティレネ市民の大量処刑の要求に対する反論は道徳的な根拠からではなく、ディオドトスの巧みな便宜主義によってなされている[105]。だが、国家の利害は最高のものとされる、その「国家」とはなんなのか。すでに指摘したように、その存在は市民の政治的な自治組織にほかならない[106]。それは、民衆の意思決定権が委譲され、「独立」した利害や権能の基礎となるような官僚機構を持たない。この限定された経験的な意味において、それは自律的なものではまったくない。それでも、国家だというのである。このことが示唆しているのは、国家理性の基礎をなす要素は他の場所に、つまり独立した国家組織の中にではなく、人々の特定の社会関係の中に存在するということである。

　アテナイでは、このことはきわめて明白だった。あらゆる意味において、民主主義は、社会関係の中で法的不平等のもとに置かれた人々（すなわち奴隷と交易にかかわる外国人居住者）を政治の領域から制度的に排除することの上に成り立っていた。それにより、小土地所有者が、大地主や富裕商人層に対して、自らの地位を維持することができたのである。こうして、住民全体という視点から見ると、「市民社会は政治的社会の奴隷であった[107]」。だが、市民の中では、「政治的精神の解放」がもたらされた。

> ギリシャでは、公事が、市民の実質的な私事、彼らの活動の現実的な内容であり、……政治的国家が政治的なものとして市民の生活や意思の真の、そして唯一の内容である[108]。

市民にとって、政治的領域は、それがどれほど財産による分断を含んでいたとしても、客観的には彼らの、より深い共通の利害を実現する場であった。それは、構造的な条件によって少数の人々を超えて拡大することはできないようになっていたとはいえ、真に公共的な領域であった。この領域の中で、国家理性論は栄えることができたのである。なぜなら、構成員のあいだに公的な平等が保たれていたため、問題はその「純政治的」な技術的側面においてあらわれることが可能だったからである（このことはもちろん、ギリシャの民会が現実に一致団結していたということを意味しているわけではない。反対に、そこではきわめて激しい派閥抗争が繰り広げられていたのであり、その点では今日の「開かれた」社会での公共領域と同じである。問題のポイントは、ともかく公共領域が存在していたということにある）。ここでの議論が問題にしている対象もその根拠も官僚的な国家組織のことではない。「純政治的」エリートという役割のもつ優位性を生み出し、さらに再生産したのは、内的・外的な社会関係の結びつきであった。現実主義理論の基本的カテゴリーを求めて歴史をはるばる遡った末にわれわれが辿り着いた先は、国家なき「政治の自律性」（「政治」という独自の領域の分離）であった。

## 補説――ペロポネソス戦争の原因

このことがわれわれの近代国家理解にとってどのような意味をもつかを考察する前に、この機会を利用して、トゥキディデスがバランス・オブ・パワーという観点からペロポネソス戦争の現実主義的説明を行なっているという主張を手短に検討しておくことにしたい。

ドイルが言うように、対立していたデロス同盟とペロポネソス同盟は、それに加わるポリスの政治状況の点でも、各国を結びつけている国家間統制のメカニズムの点でも、大きく異なっていた。アテナイは紀元前四八七年にデロス同盟の盟主の地位に即き、サラミスの海戦やイオニアの解放に続いてペルシャの勢力排除を推し進めた。この中で、アテナイは、戦闘のたびごとに略奪、奴隷獲得、植民地化の機会を獲得しただけでなく、ますます依存度を高めるようになった黒海沿岸地方からの穀物輸入の海上ルートの確保にも努めた（スパルタからアテナイへと主導権は移っていった。スパルタは、アテナイとは対照的に、穀物を自給できていたし、以下に述べる理由で、大規模かつ長期の海外遠征には不向きであった）[109]。デロス同盟は、自発的な結びつきとして始まった。各ポリスは合意のうえで船舶、水夫、現金を供出した。アテナイが脱退を力ずくで阻止するようになり（紀元前四六九年のナクソス島から始まる）、デロス島からアテナイに金庫が移され（紀元前四五四年）、独自の海軍活動が禁止され、分担金の支払いが厳しく監視されるようになると、同盟は帝国へと変貌した。最終的には、加盟都市の死刑判決をすべてアテナイの裁判所で行なわせたり、ラウレリオン銀鉱山からの銀で鋳造されたアテナイの通貨を同盟全体に流通させたり、ピレウス港を南ロシア地域からの穀物輸入すべての集積地にしたりした。これらの措置を通じて行使されたアテナイのパワーは、三つの主要な形態をとった。第一は、（主に海岸沿いの文明地帯に位置する）反抗的なポリスに対する直接の軍事的な制裁を可能にするのに効果的な、海軍力の独占である。第二は、アテナイの支援を頼りに寡頭政治の報復主義に対抗する、民主主義的な派閥の連合に対する政治的なヘゲモニーである。第三は、管理権を集中する一方、海賊行為を抑え、通貨を保証することによる利益を配分するという商業的優位の確保である（ホッパーは、アテナイは「他国を支配するための手段として、穀物と造船用の木材の管理を利用することを学んだ」と述べている。同時に、それは「事実上、地中海東部の重要なギリシャの港の多くを個別的には閉鎖に追い込んだ[110]」。

ペロポネソス同盟のほうは、これとは違っていた。その理由は、スパルタのポリス内的な特殊性と密接に結びついたものだった。アルカイック期の早熟な政治的発展の後、スパルタは厳格な寡頭政治のために発展を妨げられ、約三〇〇年にわたって停滞を続けた。その主な原因は、次の事実にある。隷属させられた共同体は、アテナイなど諸ポリスで見られたように、完全に商品化された奴隷制が広まるに従い通常は分散させられていくのであるが、スパルタはラコニアやメッセニアの従属民をそのままの形で支配し搾取する道を選んだ。これらの地域をその後も占領し続けるということは、軍隊への恒常的な動員が必要となり、市民層に過重な軍事的負担を強いることになった。この状態は、紀元前七世紀の第三・四半期の第二次メッセニア戦争で決着するまで続いた。したがって、不思議なことに、スパルタの「大国のパワー」としての役割はその内的な不安定性から発生し、その後も不安定性と結びついたまま維持されたのである。

スパルタの第一の、そして唯一のゆるぎない関心は、自国の平和、ペロポネソス半島の平和であった。スパルタはこれを完全に達成することはできなかったが、ペロポネソス同盟によって、その達成にかなり近づいた[111]。スパルタの政策が内向きであったことはその同盟相手から激しく非難されたが[112]、それは同盟が帝国ではなかったこと、つまり、本国における剰余蓄積のための国家間の「国境を越えた」メカニズムではなかったという事実からもわかる[113]。トゥキディデスは、次のように述べている。

ラケダイモーン人（スパルタ人の総称）は、同盟国に貢物を納めさせはしなかった。かれらは同盟国の国内政治が、ラケダイモーンの利害にかなうように、各国の寡頭政治を支持していた[114]。スパルタの利害は、特恵貿易措置を講じることによって追求されたわけではない。その反対に、スパルタのような寡頭政治は「民主主義に同調しそうな国内の中間・下層階級に力を与えないためにも、商業的な接触を避けようとした[115]」。スパルタの軍事的能力は、政治的に先進的なポリスがギリシャ東部に影響力を広げることによって国内的に弱体化させるのではないかという脅威を感じたこととあいまって、寡頭政治勢力の団結を促し、アテナイに対抗するポリスにとってうってつけの結集軸となった。アテナイと張り合うポリスは、社会システムに内在する対立を利用することに長けていた。コリントスの使者はスパルタの民会で、戦争へと煽動するために、次のように述べた。「彼らアテナイ人と比べて、諸君の生活様式は全体として時代遅れである。……アテナイ人は数多くの経験のおかげで、諸君よりはるかに多くの革新を遂げてきた[116]」。これは思いがけない話ではなかった。スパルタにとって、アテナイと共存することは、たとえアテナイが友好的な軍事的支援を提供していたときにあっても、困難なことだった。紀元前四六四年に起こった国有奴隷の反乱を鎮圧するために、アテナイはスパルタに求められて援軍を送ったが、それをスパルタは「革命的政策を幇助するのではないかとの怖れ」から早々に送り返したのである[117]。

では、「戦争の真の動因」はなんだったのだろうか。言われているように、ケルキュラとポテイダイアをアテナイが奪ったことが、二つの同盟のあいだの軍事的、地政学的なバランスの転回点だったのだろうか[118]。あるいは、これらの出来事は、その後の紛争拡大のメカニズムにとって重大であったとしても、「真の動因」を「うまく覆い隠す」要因の一部なのではないか。「真の動因」は、対応しきれない外的なニーズを生み出した社会システムの幅広い対立にあるのではないか。

> アテナイは、多くの従属都市のこれまでの支配階級に対して……民主主義者を支持することで、これらの都市と

のあいだで自らの地位を確保していた。……逆にいえば、本土のいくつかの都市国家には、アテナイに強い期待をかけていた非特権階級がいたということである。[119] 相異なる社会システムを代表する二つのパワー・ブロックが平和共存できなかったのは、このためであった。

あるいは、戦争の真の動因は、歴史的説明に関するトゥキディデスの最も包括的なカテゴリーである「不均等発展」によってのみ把握可能なのだろうか。この不均等発展の結果、「現在にいたるまで、ギリシャの多くの地域で、古くからの生活様式が続いている」[120]のであり、ここからすべてのひずみと都市国家間の緊張関係が生まれてくるというのだろうか。

答えはどうであれ、少なくとも一つのことが言える。トゥキディデスが「真の動因」は「アテナイのパワー拡大」であると叙述する場合、彼は、現代の現実主義的な意味での地政学的パワー、つまり代替可能で、国家間に限定された、超歴史的な包括的媒体としてのバランス・オブ・パワーのことを言っていたのではないし、言えたはずもない。彼自身の説明でも、アテネの脅威とは質的に独自な形態の影響力や支配力のことであり、これはスパルタにはどんなに真似しようとしても真似できないものであった[121]。さらに、外部に対する地政学的な前進は、スパルタがポリス内部に抱えた社会的政治的な脆弱性と不可分のものであった。別の言葉で言えば、われわれはここで二つの同盟が行使する地政学的パワーの形態に共通する構造的な定義を見出すことはできない。そしてまた、国家間政治が展開する独自の領域、その動態を独自に分析できるような明確な領域を見出すこともできない。そうだとすると、説明概念（叙述の便宜的表現としてではなく）としてのバランス・オブ・パワーには、純粋に軍事的な拡大の論理以外に、どのような説明も期待することは困難である。トゥキディデスはもちろんのこと、だれもペロポネソス戦争の動因をこうしたものに還元することはしないだろう。

もとの文脈にもどして言えば、トゥキディデスの有名な寸言は、実質的な現実主義的説明の事例では絶対にない。

それは、この言葉が、『戦史』第一巻の中で、実際の歴史的説明への序文として書かれていて、内容の要約として最後に書かれたものではないという事実からも明らかである。また、いずれにしても、「パワー」の意味を具体化しようとすると、現実主義の方法論の基本的な前提のいくつかに抵触する。バランス・オブ・パワーによる説明は、ここでは実質的な誤りか、たんなる陳腐な考えかのどちらかであり、第一章で述べたような二重の失敗は、社会理論としての現実主義に繰り返される宿命である。賛成の声に包まれてはいても、「トゥキディデスは現実主義者である」と結論をくだす根拠は、実のところなにもないのである(122)。

## 国家理性の構造的基礎

ギリシャとイタリアの都市国家は、それぞれ異なった形で、ヨーロッパ史の中で起きた「一回限りの」例外であった。きわめて大きな政治的・文化的な独創性をもってはいたが、より広範なシステムへと一般化することはできない。ウェイリーが言うように、コムーネが「行き詰まり」であるとするなら、ポリスは、

物質的環境と制度的環境の非常に稀有な結合を必要としたものであり、したがって、……ほんの短い期間しか存在することができなかった……、それには過去と、つかの間の現在とはあったが、未来はなかった(123)。

近代の国際システムは、地球的広がりをもつという点で都市国家とは対照的なのにもかかわらず、なぜ都市国家は近代的国際システムにとって身近に感じられるのだろうか。この疑問に答えるための最良の方法は、おそらく前に論じたように、「純政治的な」資本主義国家の構造的諸条件についてのマルクスの分析に見られるものであろう。

マルクスが（『資本論』第三巻で）歴史社会学の方法としての史的唯物論の刃先をどこに向けたかを思い出してみ

よう。

不払剰余労働が直接生産者から汲み出される独自の経済的形態は、支配・隷属関係を規定する……生産条件の所有者の直接生産者にたいする直接的関係……は、つねに、社会構造全体の、したがってまた主権・従属関係の政治的形態の、要するにこれに対応した特殊な国家形態の、最奥の秘密、隠れた基礎を露わにする。[124]

資本主義が生産様式としてユニークなのは、この関係が「純経済的な」形態をとることである。つまり、「独自の経済的形態」とは利潤が一連の交換関係をとおして領有されることであり、貢納（金納であれ物納であれ）が直接的な政治的支配関係をとおして搾り取られるのとは異なっている。この交換関係（「市場」）の突然で前例のない普遍化の根幹に位置している労働力の商品化は、直接生産者の実際の従属状態を解消するものではない。むしろ、それは、自由な（財産をもたず、拘束されていない）労働者の直接的で物質的な依存を媒介にして維持される生産の私的領域を舞台に、労働契約の構造化された不平等を通じて、従属を再編成する。したがって、われわれは、資本主義のもとでの政治と経済との（あるいは国家と市民社会との）形式的分離を、生産の領域からの支配関係の実質的撤退と勘違いしないようにしなければならない。[125]この「戦略的関係」[126]は法的制裁の行使（封建制度のもとでのように、強制力を支えにした搾取の法的権利）によってではなく、私的な「経済的」制裁（失業）によって保たれているから、資本主義に先行するあらゆる生産様式での例とは違って、政治的な不平等は生産関係に刻み込まれたものとしてはあらわれない。[127]これこそ、「政治的な」領域が制度的に分離した形で、また同時に潜在的には普遍的な利害の場としてあらわれる理由である。『ドイツ・イデオロギー』でマルクスはこのことを警句風な定式として要約している。「近代国家は……労働の自由にもとづいている」[128]。繰り返すが、形式的な分離に惑わされてはならない。この場合に即していえば、この「純政治的な」「自律的」国家は自己充足的で、歴史を超越して存在可能な支配形態であるという考えに陥っては

ならない。そうではなく、

> 国家そのものの抽象化は、もっぱら現代の特徴をなしている。[129] なぜなら、私的生活の抽象化がもっぱら現代の特徴だからである。政治的国家の抽象化は、現代の産物である。

だが、もし近代国家の自律性が構造的に資本主義に特有のものだとしたら、ルネッサンス期のイタリアや古典時代のギリシャとなにを共有しているのだろうか。共有しているものは多くもあり、少なくもある。すでに見たように、三つのケースとも、公的な領域の確立は、市民のあいだでの形式的な政治的平等に依存している。いずれのケースでも、この形式的な平等が成立するには、市民の相互関係から剰余取得の政治的メカニズムを排除することが条件だった。これにより政治的な統治機構が出現するのであり、この政治機構は、党派的な利害からの潜在的な自律性（「純政治性」）を備えているだけでなく、さらに社会の構造的、歴史的なアイデンティティーの独自な表現となっていた。その再生産の決定的条件を確保し、拡大することが彼らの最高の目的であった。アテナイ人はこの点を正確に「法は王なり」[130]という言葉で表現した。ここには、法が支配するという意味と同時に、法（政体）こそが公共生活の最高の道徳的目的であるという意味も含まれる。イタリア人の場合も、ホーエンシュタウフェン家の権力がイタリア半島から駆逐された後でさえ、神聖ローマ帝国の国内法を守っていたという点を見れば、同じことが言える。だが、これら三つのケースのそれぞれは、疑いなく人類史の支配的形式である、剰余取得の政治的メカニズムの排除という点ではどうだっただろうか。ここに決定的な違いを見ることができる。というのも、「政治」という分離した領域を出現させるためのこの条件が、実際に生産様式の内部に組み込まれているのは資本主義だけだからである。

資本主義では、形式的な政治的平等の場は、幅広い社会のどこか別の場所での剰余搾取に依存した特権的領域である必要はない。あるいは、どのみち、この「どこか」とは、同じ個人の生活の別の次元のことにすぎない。直接生産者に関するかぎり、資本主義的労働契約は外面的には自由かつ平等、内部的には不自由かつ不平等である（これについてのマルクスの有名な定式化は、資本主義的な社会経済関係という地上と、政治的なシティズンシップという天国とを対比したものである）[131]。外部を「公的・政治的」と呼び、内部を「私的、経済的、市民的」と呼ぶことは、当該の社会関係の性格および相互関係を明らかにすると同時に、覆い隠す。エレン・ウッドが指摘するように、

資本主義における経済と政治の差異化は、より正確にいえば、政治的機能そのものの差異化であり、それら諸機能を私的な経済領域と国家という公的領域へと振り分けることである。この分割は、剰余労働の搾取と取得に直接関係する政治的機能の、より一般的な共同体的目的と関係する政治的機能からの分離を反映している。……経済の差異化とは事実上、政治領域の内部における差異化のことである。[132]

これは、さきに見たように剰余取得の資本主義的メカニズムに「純経済的」という呼称を与えることと比べ、より正確な表現である。なぜなら、「純経済的」という呼称を与えることは、資本主義を交換関係の複合体という観点からのみ規定するという、世間で思われているような誤解に信憑性を与えるおそれがあるからである。[133] しかし、「純政治的」領域をめぐる議論の限界がひとたび理解されるなら、ルネッサンス期のイタリアや古代ギリシャでの「純政治的」領域の出現の条件が近代資本主義社会における条件とどれだけ違うかに注目することは、有効かつ有益であり続けるだろう。

すでに示唆したように、先行する二つのケースの場合、こうした条件は当該の政治的コミュニティーの外部から与えられた。イタリアのコムーネの場合、この点はきわめてはっきりしている。地域間の仲介貿易が、地方の農業的剰余に対するきわめて重要な補完物を提供していたのである。コムーネの自由はヨーロッパおよび東洋における農業労働のより大きな不自由に依存していた。というのも、マルクスが述べているように、資本主義に先行する時代の地域

間を仲介する商業活動が標的としたのは、貿易業者の活動が媒介する外国社会で上位の集団がすでに取得し、保持していた剰余だったからである[134]（都市国家に特殊だったのは、生産と交換の構造的な分離に付加された追加的、地政学的な次元である）。ポリスと異なり、イタリアの都市国家は、真に都会的な経済を発展させたが、それは幅広い農業編成の中での特殊な地位に支えられたその場限りのものだった。封建的な農村地域に対する都市国家の政治的敵対は、したがって、後の資本主義的対立関係に見られるような、全般的な変革能力を反映したものではまったくなかった。ギリシャにおいても、「剰余労働の搾取と取得に直接関係する政治的機能の、より一般的な共同体的目的と関係する政治的機能からの分離[135]」の基礎を提供したのは、支配的な生産様式と、それと並んで（ただし制度的にはそれの外に）存在する奴隷制との混合物であった。ギリシャもこの点では「奇妙」であった。イタリアとギリシャのケースの両方において、独自の政治的領域を出現させた外的な条件そのものが、その拡張、したがって普遍化への可能性に対する構造的な限界になっていたということがここから明らかになる[136]。イタリアでは、公的領域は、それを取り囲む封建的な農村の制度によって水平的に境界をつけられて（同時にそれに依存して）いたが、ギリシャでは、境界は市民と奴隷のあいだを垂直に走っていた。両者のケースとも、都市は政治的領域の中心であり、メカニズムでもあったから、両者の違い（さらに、これらが近代世界と区別される特徴）は、都市と農村との全体的な関係の変化をたどることを通じて表現される。それはマルクスが『経済学批判要綱』で述べたとおりである。

古典古代の歴史は都市の歴史であるが、しかし、それは、土地所有と農業とを基礎とする諸都市の歴史である。……中世は、……歴史の拠点としての農村から出発し、それに続く発展は都市と農村との対立というかたちで展開する。近代（の歴史）は農村の都市化であり、古代人の場合とは違って都市の農村化ではない[137]。

## 現代の国際関係論にとっての意味

ここでの議論を終える前に、どのような方向性で研究を進めることが国際システムの理論にとって意味をもつのかを手短に論じておく必要があるだろう。互いに関係する二つの道が考えられる。一つは、現実主義的な国家論への批判を国家システムの概念をカバーするまで拡張すること、もう一つは現代の国際的なパワーの制度的な形態を脱神秘化することである。一つの例を出すことが、これら二つの方向性の両方に関係しているものを明らかにするのに役立つかもしれない。

二〇世紀は、なによりも、植民地主義の終焉の時代であり、同時に、世界経済の中の先進的で特権をもった中核部分の大幅な縮小の時代でもあった（ホブズボームは、後者の世界の総人口に占める割合を計算し、一九〇〇年から一九九〇年のあいだに三三％から一五％へと低下したと推定している）[138]。少なくとも、国家間の公的な主権の平等の達成は、人々のあいだの物質的平等のいかなる見とおしよりも――人間の基本的なニーズの提供に関してさえ――はるかに先行していることは認めざるをえない。組織としての国連は、この矛盾の象徴である。では、国連が宣言する主権の平等は、公的な政治的権利の空虚さに対する告発なのであろうか、それとも希望のしるし、未来の普遍的な進歩のための潜在的な手段なのだろうか[139]。最終的には、この疑問に答えられるのは歴史だけである。だが、われわれの議論は、この種の話題が通常引き起こす絶望的なシニシズムや根拠のない理想主義を超えた地平へと進むことを可能にする。というのも、国家主権の平等と民族自決の権利には、リベラルな民主主義国家の中での個人の法的平等と政治的自由のための闘いにつきまとうのと同じもの、つまり、苦労して獲得した真の成果と悲痛な剥奪の運命という二重性がつきものであることが見て取れるからである。

これは、二つの領域（国内と国際）が、両者に共通する資本主義的本質に基づいて、共通の構造的特質を示しているためである。国際的な領域でも、（労働の自由や個人の自由のような）自己決定の政治的権利の絶対性はまさに、それ以外の剰余取得の「非政治的」メカニズムが実質的に浸透可能かどうかにかかっている。資本主義は、生産的労働の搾取を、それとは異質な法的制度のもとで行なうことを認める唯一の歴史的システムである。ただ、すでに見たように、これを可能にする剰余取得の「私有化」は、同時に、国家の「純政治的」な公的制度への「抽象化」である。したがって、国際経済が成立する可能性は、主権国家システムが成立する可能性と構造的に相互依存の関係にある。制度的なレベルでは、同じ相互依存の関係がまさに国際政治と国際経済との「分離」としてあらわれる[140]。

したがって、諸国民のコミュニティーもまた、その公的な「天国」（主権国家システム）と私的な「地上」（国境を越えたグローバル経済）とをもつ。こうした言い方をしたからといって、歴史的な出来事を自動的に説明できるような出来合いの因果モデルを持ち込もうというわけではない。問題のポイントは俗流マルクス主義が唱える「地上が天国を決定する」というような、長いこと安易なマルクス主義批判の標的となってきた定式にあるのではない。ポイントは、こうした制度的な領域は、相互に切り離してしまっては理解することができないということなのである。それは、これまで本章で議論してきたように、国家の「内部」におけるこれの対応物がそうであるのと同じである。したがって、もし国際政治の理論を構築しようとして、一方で総括的な国家システム（国際関係論が研究対象にしている）、他方で市場関係のグローバル経済（経済学が研究対象にしている）という現実主義的な理念から議論を始めるのは無意味である。経済と政治という二つの領域は、国際政治経済というさらに進んだ分野を構成する一連の因果関係によって相互に結びついている。むしろ、このレベルでもまた、資本主義の本質を、その外見が示す政治と経済の分離としてではなく、「政治領域の内部における差異化」として考えることで、なにが見えてくるのかを解明しなければならないのである。

さらに付け加えるべき点は、資本主義的国家システムを論じたからといって、近代初期のヨーロッパであれどこであれ、そこでの社会的政治的な発展や変革の原動力や主体の問題についての歴史的議論を排除することにはならない、ということである。実際、イギリスにおいてさえ、われわれが議論してきた社会関係が突然に成熟した姿であらわれたわけではなく、むしろ何世紀もかけて徐々に、しばしば血にまみれて発達してきたのである。近代の国際システムを資本主義的なものとして説明するのが理に適っているとすれば、それは、そのメンバーがすべて同じ道を歩んできたと考えられるからではなく、資本主義的な社会的パワーの国際的な行使を促進する形で、自由主義の国々によって支配的な制度が形成されてきたからである。このシステムの資本主義的性格を理論的に解明することは、実のところ、国際パワーの支配的な近代的形態の特殊性を跡づけることである。この主権国家システムが誕生し、発展を続け、生きた個人によって再生産されてきたのは偶然的な歴史的過程によるのであるが、この歴史的過程は詳しく語られ、説明される必要がある。歴史（したがって歴史的説明の必要性）に終わりはない。その意味で、ここでの結論は、国際関係論の、現実主義に代わる、もう一つの見方の概略を探ることしかできない。

その一方で、こうした限界内でも、物質的不平等のグローバルな深化という現実の中での普遍的な主権平等という矛盾——国連機関の内部で総括された矛盾——について、ある程度の光を投げかけることができるかもしれない。われわれの議論は、次の点を明らかにする。つまり、国連は実質的な国際的権利（社会的、経済的権利として知られるもの）の実現に失敗したと見るにしても、あるいは、普遍的な利害の担い手として、潜在的には加盟各国の集団的な意思以外には原理的に限定を受けないと見るにしても、どちらの見方も暗黙のうちに、資本主義のもとでの政治制度の特殊性を誤解することにつながっている、ということである。なぜなら、主権平等の可能性自体、すでに見たように、純政治的な国家システムの抽象化に依存しており、この国家システムが私的な、国境を越えるパワーの領域（世界市場）を創造し、さらにまた、この領域の中で物質的な不平等が再生産されるからである。

したがって、議論上の仮定として、世界中のすべての政府が政治的に民主主義であり、国連が多数決に基づいて執行権を行使するような世界会議であったとしても、もし「経済的権利」というものが世界市場の複雑なはたらきを抑制する計画経済を導入することを意味するのだとしたら、国連が「経済的権利」の断固たる主唱者になる理由はまったくない。この種の考え方は、かつて資本主義は普通選挙権によって打ち負かされるという妄想（右翼も左翼も）を助長したのと同じものである。

　このことは、国際的な政治的あるいは再分配的な進歩は国連を通じては達成されないということを意味するわけではない。西欧における社会民主主義の政治的、物質的な利益を無効にしたいと言うのでもない。だが、もしわれわれの歴史の再検討がなにかを教えてくれるとすれば、それは、現代のスローガンである民主主義というものは、その構造的条件が特定されないかぎりはいかなる明確な内容をももたないということである。その歴史的定義を行なうためにつねに必要なのは、われわれの視線を政治領域の自己規定を超えて伸ばしていくことである。いくつかの歴史的事例において、こうした見方は、社会構成体の別の場所に存在する政治的な不自由の形態に対する克服しがたい依存を明らかにした。近代の国際システムの場合、主権の平等は資本主義が構造的に超えることができないような内的限界を課す条件（「経済的な」不自由）に基礎を置くものと考えられるかもしれない[141]。矛盾するように見えるかもしれないが、説明できないことではない。

　代表制はまさに近代ブルジョア社会に特有の産物であって、近代的な個人が近代ブルジョア社会と切り離されないのと同様に、代表制も近代ブルジョア社会と切り離すことができない[142]。

この点ははっきりさせておきたいが、これは陰謀説ではないし、「経済的還元論」でもない。社会構造の決定性と有効性についての率直な議論である。

# 結論

一見したところ、古典古代とルネッサンスと現代の国家システムのあいだの著しい制度的類似性は国家システムそれ自体の歴史を超えた理論の基礎を提供するかのように見えるし、その理論はこれら三つの事例に共通する国家理性という独特の議論に関しては、国家間レベルで全面的に展開することが可能であるようにも見える。したがって、多くの現実主義者がイタリアを近代システムの幕開けと考えたのも、古代ギリシャを、彼らが独特のものと考えた特性が時代を超えていることの証拠ととらえ、したがって近代国家システム理論の出発点と考えたのも、不思議ではない。だが、詳しく検討してみると、この歴史を超えた連続性は壮大な幻影であることが判明する。なぜなら、第一に、現実には三つの事例はその性格がまったく異なっており、第二に、どの場合も（とりわけペロポネソス戦争の原因については）国家間レベルだけから実際の歴史的帰結を十分に説明することはできないのであり、第三に、自己充足的な純政治的領域という外見がそれ自体、社会関係の内的な（それぞれの事例で異なる）構造的なあり方に依存しているからである。ひとたびこうした種差が分離されれば、それらは、当該の地政学的システムの歴史的性格を明らかにするためのもう一つの、より確かな出発点となることができる。

幻影を振り払うのは、必ずしも容易なことではない。というのは、現実がどのように歪められてきたかを示すことが必要であるだけでなく、なぜ幻影が繰り返し生じるのかを説明する必要もあるからである。しかも、それによって社会の運動や結果がより明らかになるような、これまでのものに代わる説明が全面的に展開されないかぎり、課題が果たされたとはいえない。だが、ここで得られた予備的な結論といえども、現実主義に対する一歩前進であることは疑いない。なぜなら、現実主義は、幻影を説明することはおろか、それを幻影だと確認することもできないだけでなく、幻影を積極的に受け入れ、それを時代の常識を体現する一般理論のレベルにまで高めてしまっているからである。

この自信が現実主義に知的な実力をはるかに超えた回復力を与えている。だが、国際関係論は、常識をものともせず基本的な理論的前進を追究してきた最初の学問分野ではありえない。

## 注

（1）Wight, *Power Politics*, p. 30. これはほんのわずかな言及である。ワイトにしても、ブルにしても、ヒンズレーにしても、この（彼ら自身の考えでは）世界史的な発展の条件はなんだったのかという疑問に、体系的な考察を加えていない。

（2）*The Twenty Years' Crisis*, 2nd edn., p. 63〔邦訳、一二九頁〕。

（3）ペトラルカの発言（Anderson, *Lineages of the Absolutist State*, p. 149）。

（4）ここでは、公職のポストを埋めるための手段としてのくじ引きをさす。

（5）一般にはあまり注目されないが、ルネッサンス期のイタリアに強力な形で古典古代の復活が見られたのが奴隷制である。デニス・ヘイが示すように、一四世紀のジェノヴァでは、奴隷は全人口の一〇％を占めていたようである（Denys Hay, *Europe in the Fourteenth and Fifteenth Centuries*, London 1966, pp. 374-375）。だが、アンダーソンが強調するように、これは家事労働者であり、生産部面での奴隷労働は、海外の砂糖プランテーションや植民地の鉱山などに限られていた（Anderson, *Lineages of the Absolutist State*, p. 151）。

（6）'The Eighteenth Brumaire of Louis Bonaparte', in *Surveys from Exile. Political Writings*, Vol. II, ed. D. Fernbach, Harmondsworth 1973, p. 149〔邦訳『全集』第八巻、一〇七頁〕。

（7）Halliday, 'State and Society in International Relations: A Second Agenda', p. 217.

（8）コムーネは神聖ローマ帝国に対抗して一致団結していたわけではなかった。コムーネの多くは結局、自治権について皇帝の承認を得ることによって、司教の支配からの独立を確認した。D. Waley, *The Italian City-Republics*, 3rd edn., Harlow 1988, pp. 32-34〔邦訳、八一―八五頁〕を参照。皇帝と教皇の対立は、その後も長く、地政学的対立や国内的な分派対立というイデオロギー的な形で続いた。ゲルフ党〔皇帝派〕とギベリン党〔教皇派〕については、Waley, pp. 145-156〔邦訳、二四三―二五九頁〕を参照。ウェイリーは、フィレンツェのゲルフ党のように、この外交的な党派対立が非常に現実的な物質的基礎を持ち続けた事例を示している（p. 148〔邦訳、二四八頁〕）。

（9） *Lineages of the Absolutist State*, p. 143.

（10） Mattingly, p. 65.

（11） 初期コムーネの支配集団は大土地所有者であった。後に交易が盛んになっても、土地を持たない商業ブルジョアジーは生まれなかった（シニョーレの権力がきわめて弱かったことをおそらく示すものである）。北ヨーロッパの諸都市とは対照的に、「典型的な市民の存在は、イタリアでは確認されえない」（Waley, p. 118〔邦訳、二〇六頁〕）。

（12） G. Holmes, *Europe: Hierarchy and Revolt*, 1320–1450, Glasgow 1975, p. 81.

（13） ヴェネチアの総督の選挙では連続五回もの投票が行なわれた。各回（最後を除く）の投票の結果は、すぐさまくじによるさらなる選抜で阻害された。Hay, p. 120を参照。それ以外の例については、Waley, p. 37〔邦訳、八九―九〇頁〕。

（14） Waley, p. 42–43〔邦訳、九五頁〕。

（15） Ibid., p. 43〔邦訳、九五頁〕。

（16） Anderson, *Passages from Antiquity to Feudalism*, p. 192〔邦訳、二〇〇頁〕。

（17） A. Sereni, *The Italian Conception of International Law*, New York 1943, p. 42.

（18） 「中世の条約法は契約法の注釈や解説の中に含まれているのがつねである。……主権国家よりも個人が国際法の主要対象であった」（J. L. Holzgrefe, 'The Origins of Modern International Relations Theory, *Review of International Studies*, 15（1）, 1989, pp. 13–14）。

（19） Mattingly, p. 53.

（20） Waley, p. 68〔邦訳、一三八頁〕。

（21） 階層的支配形態における宗教的正当化のはたらきについての、短いが内容のある議論として、Wolf, p. 83を参照。

（22） Sereni, p. 14からの引用。

（23） Waley, p. 88〔邦訳、一四二頁〕。

（24）　Ibid., p. 49〔邦訳、一〇四頁〕。

（25）　Sereni, p. 11.

（26）　ギデンズは、国民国家の興隆との関連で、国内政治構造と国際政治構造の同時的で相互連関的な出現を見ている。Giddens, *The Nation-States and Violence*, chapter 4〔邦訳、第四章〕を参照。

（27）　Waley, p. 42〔邦訳、九四頁〕。

（28）　Holmes, pp. 81–82.

（29）　マッテオ・ヴィスコンティは一二九四年に皇帝代理の地位を手に入れた（Hay, p. 167）。

（30）　例外として、ヴェネチアとフィレンツェがある。両者は、自己の防衛を確保するのに十分なまでに拡大した。

（31）　Waley, p. 158〔邦訳、二六八頁〕。共和国の制度が公式には生き残った点については、L. Martines, *Power and Imagination: City-States in Renaissance Italy*, New York 1979, pp. 102ff.

（32）　マルチネスによれば、「もともとは暴力で成り上がったにもかかわらず、シニョーレは手続きを正規化し、また法の支配を支持するふりをすることによってのみ、地位を保つことができることを知っていた。……主要な立法機関は、シニョーレの支配下に置かれたほぼすべての都市で生き残った」（p. 103）。

（33）　コジモは、彼が権力をにぎっていた全期間を通じて、市の最高位については、二ヵ月の任期を三回務めただけだった（H. Hearder and D. P. Waley, *A Short History of Italy*, Cambridge 1963, p. 85）。

（34）　Marx, 'Critique of Hegel's *Rechtsphilosophie*', reprinted in *Readings from Karl Marx*, p. 116〔邦訳『全集』第一巻、二六六頁〕。

（35）　Holzgrefe, p. 12を参照。

（36）　Mattingly, p. 53.

（37）　'On the Jewish Question', reprinted in *Readings from Karl Marx*, p. 125〔邦訳『全集』第一巻、四〇六頁〕。

（38）　例えば、D. Sayer, 'The Critique of Politics and Political Economy: Capitalism, Communism and the State in Marx's Writings of the mid-1840s', *Sociological Review*, 33（2）, 1985.

（39）　*Readings from Karl Marx*, p. 124〔邦訳、四〇五頁〕。

(40) Ibid.〔同上〕。

(41) 同じテキストから引用された、これらのうちの最後の三つについては、Sayer, 'The Critique of Politics and Political Economy', pp. 230–233を参照。

(42) ヒルの表現である（Hill, Vol. I, London 1905, p. 359）。バターフィールドも同じく、多くの評論家にとって、「ルネッサンスの時代の諸国家は……こじんまりとした閉鎖的な領域……限定された規模の舞台……大部分が孤立しているような勢力の交流の場と考えられた」と認めている（'The Balance of Power', in *Diplomatic Investigations*, London 1966, p. 133）。外交使節の登場に注目するマティンリーの歴史理解は、この点で不利である。アルプスの向こう側から眺めてみると、この地政学的な孤立は似たような錯覚を引き起こす。ルネッサンス期のイタリアについて、マンの著作（*Sources of Social Power*）は知らぬ顔の半兵衛を決め込んでいる。

(43) 共通文化の欠如は、当時、東地中海地域で栄えた「国際社会」の成長を妨げることはなかったように見える。「とくに強調しなければならないのは、イタリアの諸国家が多かれ少なかれ、キリスト教諸国と結んだ協定と同じ法的価値をイスラム教諸国と結んだ協定にも与えていたことである」（Sereni, p. 28）。というよりも、教会組織は、その文化的、政治的権威をもってしても、キリスト教徒とイスラム教徒との交流を抑えることができなかったのである。「教会による禁止令が繰り返し出されたということは、それが尊重されなかったことを示している」（Ibid.）。

(44) Waley, p. 8〔邦訳、四二頁〕。

(45) Braudel, p. 109〔邦訳、一三二頁〕。

(46) H. Adelson, *Medieval Commerce*, Princeton 1962, p. 74.

(47) Waley, p. 23〔邦訳、六五―六六頁〕。

(48) 以下については、Adelson, pp. 76–77を参照。

(49) Sereni, p. 22.

(50) Ibid., pp. 19–20.

(51) Braudel, p. 143〔邦訳、一七八頁〕。だが、ポルトガル人は、極東での供給に対する有効な支配権を確立することができなかった。さらに加えて、ヨーロッパの銅製品などに対するレヴァント諸国からの需要増大は、東方からの香辛料交易の流れをかつてのキャラバン・ルートに押しもどすはたらきをした（K. Glamann, 'European Trade 1500–1750', in C. Cipolla, ed., *The Fontana Economic History of Europe: Vol. II: The Sixteenth and Seventeenth Centuries*, Glasgow 1974, pp. 478–479）。したがって、一六世紀半ばには、レヴァント貿易は、総量としては、以前のレベルにもどっていた。J. H. Parry, *The Age of Reconnaissance*, London 1973, p. 69を参照。

(52)　Hobsbawm, 'The Crisis of the Seventeenth Century', p. 16.

(53)　Holmes, p. 71.

(54)　ブローデルの主張によれば、ヴェネチアは「おそらくヨーロッパで有数の産業中心地だった」し、「すくなくとも一八世紀までは商業資本主義が産業資本主義に優先していたのは、ほとんど異論の余地がない」（Braudel, p. 136〔邦訳、一六九頁〕）。

(55)　R. Davis, *The Rise of the Atlantic Economies*, London 1973, pp. 26–27.

(56)　Waley, p. 23〔邦訳、六五頁〕。

(57)　Holmes, p. 72. ブローデルは「シャンパーニュの大市の国際的な部分はすべて、イタリア人の商人がその場で、あるいは遠隔地から、采配を振るっていた」と述べている（Braudel, p. 112〔邦訳、一三七頁〕）。これに対し、デイヴィスは、もっと長期間続いた彼らの金融的支配の例をあげている。一六世紀にいたっても、「西欧最大の金融センターであったリヨンでは、一六九の主要な商会のうち一四三までがイタリア人のものだった」（Davis, p. 27）。

(58)　Holmes, pp. 68–69, Hay, p. 376.

(59)　Holmes, p. 95.

(60)　Anderson, *Passages from Antiquity to Feudalism*, p. 193〔邦訳、二〇一—二〇二頁〕。

(61)　Holmes, p. 96.

(62)　これ自体、アンダーソンが述べるように、封建的生産様式の特徴である「主権の細分化」によって可能となった（Anderson, *Passages from Antiquity to Feudalism*, p. 193〔邦訳、二〇二頁〕）。

(63) Braudel, p. 108〔邦訳、一三一頁〕。

(64) Francesco Gucciardini, 1536, reprinted in J. Ross and M. McLaughlin, eds., *The Portable Renaissance Reader*, Harmondsworth 1968, pp. 280–281〔邦訳、三九頁〕。

(65) その最も劇的な(少し時期は遅れるが)効果が見られたのは、「力ずくで、あるいは自発的に、あるいは用心から絶えず他国に屈してばかりいた」(Braudel, p. 158〔邦訳、二〇〇頁〕)ジェノヴァがスペイン国王を譲歩に追い込んだときである。「一五七五年にスペイン王が彼らと争い、彼らの手を借りずに済ます決定を下したとき、彼らは金の回路を封鎖した。スペイン部隊は給料の支払いがないために反抗し、一五七六年一一月にアントワープ略奪が行われた。結局、国王は屈服せざるをえなくなった。」(ibid., p. 168〔邦訳、二一二頁〕)

(66) この中には、織物や東方の奢侈品だけでなく、ミラノの場合のように、かなりの量の武器も含まれていた。

(67) Waley, p. 92〔邦訳、一五九頁〕、Adelson, pp. 74 and 79–80.

(68) Marx, *Capital*, Vol. III, chapter XX, p. 325〔邦訳、四〇五頁〕。全文を引用しておく価値がある。「商業資本は流通部面に閉じ込められており、その機能はもっぱら商品交換を媒介することだから、その存在のためには――直接的物々交換から生ずる未発展な諸形態は別として――単純な商品・貨幣流通のために必要な条件以外はどんな条件も必要ない。」これは、封建的であれ資本主義的であれ、その存続のために広い範囲の経済的、政治的条件を必要とする生産様式とは、著しい対照をなす。

(69) 「けっして全住民が生まれ故郷の都市に定住したわけではない。遠隔地商業にかかわりの多い比較的大きい都市では、……成人男子市民のうちのかなりの部分が商売のために外に出かけていたに違いない」(Waley, p. 23〔邦訳、六五頁〕)。

(70) Anderson, *Lineages of the Absolutist State*, p. 153.

(71) Mattingly, p. 65.

(72) Ibid., pp. 186–187.

(73) Waley, p. xvi〔邦訳、三四頁〕。

(74) マキャベリは宗教戦争の前夜に国家理性を唱えた点で、時代の精神を読み違えている、というセイバインの非難はまったく当たっていない（Sabine, *A History of Political Theory*, London 1941, p. 352）。こうした対立が宗教を前面に押し出して闘われたとすれば、それはこの対立がキリスト教世界の最終的崩壊と、世俗的国家システムの登場との媒介であったからなのである。どんな宗教的な紛争も、世俗的な決着を受け入れることにより、それ自体「政治的国家」誕生の過程の一部となった。マティンリーは、一六世紀に登場した治外法権という新しい原則について、次のように述べている。「こうした並外れた虚構を人々に受け入れさせた最大の要因は、在外公館における宗教的治外法権であった」（Mattingly, p. 266）。同じようなことは、もう一つの世俗的原則「君主の領土内で人は君主の宗教に従うべし」についても言える。これも明らかに宗教的権威の再編の中から生み出されたものである。

（75）　R. Gilpin, 'The Richness of the Tradition of Political Realism', in R. Keohane, ed., *Neorealism and Its Critics*, New York 1986, p. 306.

（76）　Dougherty and Pfaltzgraff, p. 469.

（77）　Thucydides, *History of the Peloponnesian War*, ed. M. Finley, Harmondsworth 1972, p. 49〔邦訳、上巻、七七頁〕。

（78）　Ibid., pp. 400ff.〔邦訳、中巻、三五二―三六三頁〕。

（79）　*System of States*, p. 66.

（80）　M. Wight, 'Western Values in International Relations', in Butterfield and M. Wight, eds., *Diplomatic Investigations*, London 1966, p. 127.

（81）　例えば、R. Purnell, 'Theoretical Approaches to International Relations: The Contribution of Graeco-Roman World', in T. Taylor, ed., *Approaches and Theory in International Relations*, Harlow 1978, pp. 19–20. ギリシャ人の間にバランス・オブ・パワーの議論が存在しなかったからといって、もちろん、デヴィット・ヒューム以来の著述家たちは、この機構を古典古代の世界に求めることをやめなかった。ギリシャ人がこれについて沈黙を守ったことを理解しようとして、ヒュームは明らかに無理な推論を行なっている。「バランス・オブ・パワーを保つという政治原理は、常識と明察とに基づくところが非常に大です。ですから、この原理に古代人が気づかなかったというようなことは、ちょっとあり得ないことです」David Hume, 'Of the Balance of Power', reproduced in M. Wright, ed., *Theory and Practice of the Balance of Power, 1486–1914*, London 1975, p.

189〔邦訳、上巻、二七頁〕。

(82) Purnell, 'Theoretical Approaches to International Relations', pp. 27–28. セイバインも同じように考えている。「国家と社会との間の近代的な区別は、いかなるギリシャの思想家によっても明確かつ適切には行われなかった」(Sabine, p. 109〔邦訳、一五八頁〕)。

(83) *Passages from Antiquity to Feudalism*, p. 43〔邦訳、三八頁〕。

(84) 例えば、ヴェーバー『経済と社会』第一六章や、より簡潔なものとしては、Anderson, *Lineages of the Absolutist State*, pp. 150–156.

(85) 後者については、R. J. Hopper, *Trade and Industry in Classical Greece*, London 1979, p. 74.

(86) Ibid., p. 11.

(87) M. I. Finley, *The Ancient Greeks*, London 1963, p. 28〔邦訳、四一頁〕。多極的なギリシャ世界を生み出した紀元前八世紀、七世紀の植民地化の波は貿易の拡大をめざして行なわれたものではなく、むしろ古代の共同体における人口増大と農業危機の圧力によるものであったようである。Ibid., pp. 26–27〔邦訳、四〇頁〕を参照。

(88) Hopper, p. 57. フィリップ・カーティンは、紀元前五世紀のアテナイにはおよそ二万一〇〇〇人の市民に対して一万人の外国人がいたと推計している。Philip Curtin, *Cross-Cultural Trade in World History*, Cambridge 1984, p. 77〔邦訳、一一三頁〕を参照。

(89) Ibid., p. 65.

(90) Finley, p. 78〔邦訳、一〇二頁〕。

(91) Anderson, *Passages from Antiquity to Feudalism*, p. 19〔邦訳、一一頁〕。

(92) Ibid., p. 22〔邦訳、一四頁〕。

(93) Finley, pp. 65–66〔邦訳、八七頁〕。

(94) A. R. Burn, *The Pelican History of Greece*, Harmondsworth 1982, p. 245.

(95) Finley, p. 66〔邦訳、八七頁〕。

(96) Ibid., p. 36〔邦訳、五一頁〕、Anderson, *Passages from Antiquity to Feudalism*, p. 36〔邦訳、三二頁〕。

(97) Weber, *The City*, p. 214.

(98) 総督の演説は Andelson, pp. 188–190 から。

(99) このような比較は当初の印象ほど恣意的なものではない。総督のバランス・シートに対応するようなものがギリシャに体系的に残されていたという証拠はないからである。「アテナイ人が、そしてギリシャ人一般が経済統計に関心をもっていなかったのは残念なことである」(Hopper, p. 53)。ささげ物のリストはまた別の話である。

(100) Anderson, *Lineages of the Absolutist State*, pp. 150ff. を参照。そこでは、こうした点やその他のことが具体的に列挙されている。

(101) Thucydides, p. 145〔邦訳、岩波文庫、上、一八四頁〕。アテナイ市民はスキタイ人奴隷の警察官を使ってまで、「市民が他の市民に対し、暴力に訴えないですむようにした」(Burn, p. 239)。

(102) Burn, p. 213.

(103) Finley, p. 33〔邦訳、四八頁〕。

(104) Ibid., p. 56〔邦訳、七五頁〕。

(105) Thucydides, pp. 212–223〔邦訳、中巻、六〇頁〕。ディオドトスは、アテナイに対する叛乱が失敗した後、その命運が決せられようとしていたミュティレネの住民について次のように語っている。「かりにもし私の論議からミュティレネ人が有罪であることが立証されても、私はただそれだけの理由によってかれらの処刑を提言したくない。処刑がわれわれの利益になることが明白にならない限り、死罪を科すべきではない。しかしまた逆に、たとえかれらが赦されるべきだとしても、それがわがポリスにとって最善だと思われない限り、赦免を提言しはしない。……ここはミュティレネ人の非を糺す法廷ではなく、政治的な民会である。問題は、どうすればアテナイ人にとって最も有益にかれらを使うことができるかということである」(ibid., pp. 219–220〔邦訳、中巻、六三頁〕)。これをアンダーソンの以下の観察と比較されたい。封建制のもとで「裁判は、……権力の代名詞であった」(*Passages from Antiquity to Feudalism*, p. 153〔邦訳、一五九頁〕)。つまり、政治的支配は法的な権利(前述の議論においてマルクスが使った意味での「特権」)によって正当化されたり、行使されたりしたのであり、共通利害や政治的平等に基づく投票によってではないということである。

(106)「官僚制度も公務員制度もなかったし、多くの委員が存在していたにもかかわらず、職務に階級はなく、誰もがデモス自体に対してのみ責任を負った」（Finley, pp. 68–69〔邦訳、九〇—九一頁〕）。

(107) Marx, 'Critique of Hegel's Doctrine of the State', in *Early Writings*, ed. L. Colletti, Harmondsworth 1975, p. 138〔邦訳『全集』第一巻、三一二頁〕。

(108) 訳は異なるがマルクスの同じテキスト（*Pre-capitalist Socio-economic Formations*, Moscow 1979, p. 29）。別の英訳として*Early Writings*, p. 91〔邦訳『全集』第一巻、二六六頁〕。

(109) Hopper, p. 74.

(110) Ibid., pp. 54 and 58.

(111) Finley, p. 80〔邦訳、一〇五頁〕。

(112) とくにコリントス人。Thucydides, pp. 73–77〔邦訳、上巻、一一六—一二一頁〕を参照。

(113) M・W・ドイルは、アテナイとスパルタの対外的なパワーを、一方を帝国主義的、他方を覇権的と呼んで区別している（M. W. Doyle, *Empire*, Ithaca, New York 1986, chapter 2）。

(114) Thucydides, p. 46〔邦訳、上巻、七一—七二頁〕。

(115) Doyle, *Empires*, p. 68.

(116) Thucydides, p. 77〔邦訳、上巻、一二〇頁〕。

(117) Ibid., p. 95〔邦訳、上巻、一四八頁〕。これに対するバーンの議論については、Burn, pp. 210–211を参照。

(118) コリントス人は抗議して、つぎのように語った。「ポテイダイアはトラキアの諸地を統治するかなめの地点、ケルキュラはペロポネソス同盟に最大の海軍力を供給し得たはずの国だ。」（Thucydides, p. 74〔邦訳、上巻、一一七頁〕）

(119) Burn, p. 261. アテナイ帝国の中の一五〇余りのポリスのうち、三つを除くすべてのポリスが民主制を選択していた、あるいは選択を余儀なくされた。Doyle, *Empires*, p. 56を参照。

(120) Thucydides, pp. 36 and 38〔邦訳、上巻、五九頁〕。

(121) ドイルが言うように、「アテナイはデロス同盟傘下のどのポリスと比べても大きかっただけでなく、スパルタや、その他の同盟ポリスとも、規模だけでなく質的に異なっていた。」Doyle, *Empires*, p. 56.

(122) M. W. Doyle, 'Thucydidean Realism', *Review of International Studies*, 16(3), 1990, p. 237.

(123) Finley, p. 88〔邦訳、一一四―一一五頁〕。

(124) *Capital*, Vol. III, p. 791〔邦訳、一〇一四―一〇一五頁〕。

(125) こうした落とし穴を暴いた鮮やかな議論として、E. Wood, 'The Separation of the Economic and the Political in Capitalism', *New Left Review*, 127, May/June 1981 を参照。ちなみに、この文脈の中で考えると、グラムシは、「権力」の幻影を求めて国家と市民社会とのあいだの近代的制度の境界を行ったり来たりしてさまよい、その結果、彼の知的遺産は社会革命なのか社会民主主義なのか不明瞭となってしまったと言うことができるかもしれない。P. Anderson, 'The Antinomies of Antonio Gramsci', *New Left Review*, 100, November/January 1976/77. とくに Illusions of Left Social-Democracy と題された節（pp. 27–29）を参照。

(126) Wolf, chapter 2.

(127) Anderson, *Lineages of the Absolutist State* の Conclusion を参照。

(128) *Readings from Karl Marx*, p. 122〔邦訳『全集』第三巻、一九九頁〕。自由という言葉には二つの意味が込められている。一般的な意味としては、政治的な解放。専門的な意味としては、土地から引き離されていること、そのため労働を売らなくては生きていけないこと。*Capital*, Vol. I, p. 874〔邦訳、九三四頁〕。

(129) *Readings from Karl Marx*, p. 116〔邦訳『全集』第一巻、二六五頁〕。

(130) Finley, p. 49〔邦訳、六七頁〕。

(131) 「キリスト教信者が天国においては平等だが地上においては不平等であるように、個々の国民も、その政治的世界という天国においては平等であり、社会という地上の存在においては不平等である」（Marx, 'Critique of Hegel's Philosophy of Right', *Readings from Karl Marx*, p. 120〔邦訳『全集』第一巻、三二〇頁〕。イタリアや古代ギリシャにも「天国」と「地上」は存在するが、その成員は同じではない。資本主義社会にもそれらが持ち込まれたことで、近代のシティズンシップは二つの歴史的な文明には見られなかった新たな問題を抱え込むことになった。

(132) E. Wood, 'The Separation of the Economic and the Political in Capitalism', p. 82.

(133) 公的という言葉には、契約の可視性と、「公的な政治」国家によって承認された法的な地位という、二重の意味が含まれている。

(134) Capital, Vol. III, p. 331〔邦訳、四一二頁〕。マルクスは以下のようにも述べている。「商業資本が未発展な共同体のあいだの生産物交換を媒介するかぎりでは、商業利潤は詐欺瞞着のように見えるだけではなく、大部分は詐欺瞞着から生まれるのである。」(ibid., p. 330〔邦訳、四一二頁〕) ギリシャ人もまた、この複雑な関係を、これとは別の、同様に洞察力に富んだ言い方で表現していた。つまり、商業の神であるヘルメスは(なによりも)伝令、道標の守護神であり、さらに泥棒の守護神でもあった。

(135) E. Wood, 'The Separation of the Economic and the Political in Capitalism', p. 82.

(136) こうした構造的な限界に加えて、古代ギリシャやルネッサンス期イタリアのシステムを普遍化することを妨げる付随的な、しかし少なからず現実的ないくつかの点を付け加えることができる。例えば、工業化以前の、直接的な接触の必要性と、それに関連して、両文明におけるコミュニケーションの媒介者としての地中海の積極的な役割のゆえに、地理的、および人口学的な規模に制限があるということである。しかし、だからといって、技術進歩の物神化を許していいということではない。いずれにせよ、イギリスの農業革命は産業革命に先立って起こった。

(137) *Pre-capitalist Economic Formations*, London 1964, pp. 77–78〔邦訳『資本論草稿集』第二分冊、一二九頁〕。

(138) 'Goodbye to All That', *Marxism Today*, October 1990, p. 21.

(139) 「国際理論の批判的旋回」を唱える論者たちが、今日の政治的現実についての彼らの期待を根拠づけようとして、こうした可能性を決定的に重要だとしているのではないかと疑う人もいる。だが、彼らは国際的なレベルで変化の具体的な歴史的担い手を特定することを頑強に避けているから、これは推論の域を出ない。例えば、ハーバーマスについてのリンクレイターの議論を参照(Linklater, pp. 26–27)。

(140) 逆に、このことは、土地に縛りつけられた労働を前提にした領土拡張が領内最大の蓄積メカニズムだった封建世界では、なぜ主権が対外関係の原則として認められなかったのか、なぜソビエトの体制では主権が非現実的なものにとどまり、実現されることはなかったのかを示している。

（141）　この難題を解こうとする試み（つまり、資本家の代理人である政府を、より幅広い民主主義実現のための梃子にしようとする試み）を体系的に批判したものとして、P. Anderson, 'The Affinities of Noberto Bobbio', *New Left Review*, 170, July/August 1988を参照。

（142）　*The German Ideology*, in *Readings from Marx*, p. 130〔邦訳『全集』第三巻、六〇六頁〕。

# 第四章　初期近代ヨーロッパの貿易と領土拡張

「初期近代」の大陸を超えた帝国の建設は、ヨーロッパ勢力の地政学的な拡張の大きな第一歩であり、この動きが最終的には近代の国民国家の出現につながっていった。これらの帝国が推し進めた貿易の急速な拡大は（その後の一九世紀と比べたら小規模だったにせよ）、歴史上初めて地球全体をめぐる交易回路を築き上げたが、それは近代の国際経済の射程を予見させるものだった。したがって、近代的な国際システムのイメージを正当化するために歴史的な視点に訴えようとする国際関係論の三つの学派がすべて、これら初期の帝国は現代世界の出現における決定的な転換点と結びついていると考えているのは驚くにあたらない。

現実主義にとっては、帝国の出現はヨーロッパにおけるバランス・オブ・パワーの不可避的な地理的拡張であり、新世界や極東といった周辺地域が舞台に登場するやいなや、ヨーロッパにおける国家間競争がこれらの地域へと拡大していったことを意味する。この意味での「驚異の年」は一七一三年であった。この年にユトレヒト条約が結ばれ、（とりわけ）植民地とその他の領土が再分配されることでスペイン王位継承戦争に終止符が打たれたのだが、それは初めて公式にヨーロッパ諸国間でのバランス・オブ・パワーを確立し、保証しようとしたものであった。イギリス学派の目からは、キリスト教徒の征服者に対抗して異教徒であるアメリカ原住民の法的権利を擁護したフランシスコ・デ・ヴィトリアは、出現しつつある国際社会のおそらく最初の理論家（狭義の法的な意味でも、より広い哲学的な意味でも）であった。最後に、イマニュエル・ウォーラーステインの世界システム論にとって、広くとらえた一

六世紀におけるヨーロッパの領土拡張は、世界資本主義という拡大を続ける宇宙を創造した、いわばビッグ・バンであった。(1)

他の点でどれほど意見を異にしていても、現実主義、イギリス学派、世界システム論は明らかに二つの点、つまり方法論的な点と歴史的な点では意見を一致させている。三者ともに賛成しているのは、第一に、近代の国際システムは、一つの全体性として概念化されるのが適切であるという点である。三者の相違は、このシステムに本質的な統一性を与えている包括的な力学が政治的・軍事的(国家システム)なのか、文化的/法制的(国際社会)なのか、それとも経済的(世界資本主義)なのか、にすぎない。第二に、三者が賛成しているのは、システム全体を規制しているコアとなる制度的メカニズム(それぞれ、バランス・オブ・パワーであったり、国家主権の世俗的原理であったり、世界市場であったりする)はこの時期に強化されたということである。

要するに、力点に違いがあるとはいえ、国際システムの制度的な近代性とその地理的な拡張とが同時に起こったとする点では基本的に一致しているのである。これは正しいだろうか。近代の世界経済の場合、こうした主張は経験的に異論があるだけでなく、(2)理論的にも多くの問題を含んでいる。さしあたり、歴史的な検討だけから、確証あるいは反駁できることについて見てみよう。絶対主義的な帝国における「国際経済」は、近代の世界経済と構造的に同等のものではない、という批判がある。ここから今日のグローバルな政治経済を考えるのに役立つ、どのような結論が引き出せるのだろうか。否定的な言い方をすれば、その基本的な構造的性格を、一六世紀の末に見られた経済関係に重ね合わせるという試み――例えば両者を資本主義と呼んでしまうこと――は、近代の世界経済についてなにか重要なことを見落としているか、近代的な条件をそれよりも早い時期の社会システムに読み込んでいるかのどちらかである。これら両方の嫌疑が世界システム論に向けられてきた。

世界システム論についてのこの批判が正しいとするなら、それが指摘する欠陥のあり方そのものが、問題解決の方向を示すことになるだろう。なぜなら、もしヨーロッパの初期近代の拡張が資本主義的なものではないと言えるなら、絶対主義の時代は、それがどれだけ短期間かつ過渡的な時代であるとしても、資本主義の急激な工業化の前に訪れた、歴史の比較研究のための最後の束の間の機会を提供しているからである。つまり、それ以前の、異なる種類の「国際経済」を背景にして現代の世界経済を浮き彫りにすることができるからである。このことはまさに種差を明確にすることであるから、ここから、近代の世界経済を歴史的、構造的に規定するための理論的なカテゴリーも得られるだろう。

さらにまた、これは証例や反証例に富んだ歴史的時期である。絶対主義的帝国を詳しく検討して最初にわかることの一つは、複合的な大陸間経済というイメージがただちに、より変化に富んだパターンに分かれるということである。事実、この時期のヨーロッパの拡張について（少なくとも）四つの波を指摘しなければならない。それぞれが商業的な搾取と大都市での蓄積に関する異なった制度的メカニズムと結びついていた。例えば、ポルトガルは大規模な植民や領土的な併合を（この時点では）行なわずに、極東アジアにおける海上交易帝国を打ち立てた。これに対して、スペインの征服者《コンキスタドール》たちは中南米で現地住民の労働を直接搾取する半封建的な支配エリートとなった。北アメリカにはイギリス人（およびフランス人）が定住したが、彼らは原住民の労働力を取り入れなかった（あるいは、取り入れることができなかった）。最後に、オランダ帝国はこの種の植民地を生み出さなかったが、生産と供給に対する支配を強化しようとして、その領域支配はますます領土的な姿をはっきり見せるようになった。もちろん、これら四つには重なり合う点もあった。ポルトガル帝国はブラジルに広大な海外領土を持ち、オランダ帝国は北アメリカに入植地を持とうとした。最終的に、イギリス帝国はこれらの形態のすべてを網羅した。このような歴史の複雑さを見ると、さきに述べたような構造的な比較は実行不可能と思われるかもしれない。だが、そこに制度的な違いが認められること、そして、その違いが異なった「本国」と広く結びついていることは、実は、全体的な解明をめざすわれわれの計画の助けとなるのである。なぜなら、われわれは、現代の「国際貿易」と比較するために、一つではなく、四つの前近代的なバリエーションをもつことになるからである。各バリエーションは、「国際的」な蓄積過程を体現する社会関係の明確な歴史的構造を形成している。

この比較や理論的検討を全面的に展開することは、本書の範囲を超えている。ただ、これは、国際関係論と国際政治経済学とを正しく歴史的に理解するためには、どうしても避けて通れない課題である。さらにまた、資本主義の歴史的登場にどのような国際的プロセスが関与したかを語る場合にも、このことは大いに貢献するだろう。マルクスが後者について行なった短い記述の中でも、これらの帝国の累積的な発展は、いわゆる「国際的な本源的蓄積」の過程の中核をなしている。(3)

本源的蓄積のいろいろな契機は、多かれ少なかれ時間的な順序で、スペイン、ポルトガル、オランダ、フランス、イギリスのあいだに分配される。イギリスではこれらの契機は一七世紀末に体系的に結びつけられる。(4)

ここでのわれわれの課題は、きわめて控えめなものである。本章でポルトガル帝国とスペイン帝国を取り上げるのは、本書の中心的な主張、つまり、地政学的なシステムやプロセスは、それを構成するより広い社会構造の分析に組み込まれないかぎり、十分に理解することはできないという主張をさらに展開するためである。とくに、東洋におけるポルトガル帝国の財政的なメカニズムと領域支配のあり方は、どちらも、資本主義以前の社会構造と結びついた交易の異なった性格に由来する特徴を示していた。他方、スペインについては、西の新世界を巻き込んだ地政学的な領土拡張の気運、形態、方向性などを明らかにするために、同様の議論を行なうつもりである。

# ポルトガル領インド

## ポルトガルの領土拡張

一五世紀から一六世紀にかけてのポルトガルの海外進出は、ヨーロッパが初期近代に行なった領土拡張の第一波であった。ヴァスコ・ダ・ガマの武勇を称えた叙事詩の作者〔カモンイス〕によれば、

それは、信仰と帝国の境界をつねに前進させ、アフリカやアジアの異教徒に破滅をもたらし、その輝かしき偉業を通して不朽の名声を確立した歴代の王たちの物語でもある。(5)

きらびやかに輝く近代の神話――エンリケ「航海王子」がその呼称を一九世紀イギリスの伝記作家から与えられた(6)――の裏に回れば、大音声で響き渡るのは封建的で猛々しい、十字軍の口上であった。

ヨーロッパの最初の海外進出はムーア人から一四一五年にセウタを奪ったことであった。「一四一五年のセウタ占領は、いつの日か世界を一巡し、イスラム教徒を背後から襲うことになるはずの十字軍活動の一環と考えられていた」(7)。セウタはモロッコの海岸沿いにある重要な港であり、隊商交易の終着地でもあった。当時、西半球で流通していた金の約三分の二を供給していた西アフリカからの金の集積地であった(8)。セウタの陥落はサハラ砂漠を縦断する金の取引を落ち込ませ、ギニアの金鉱に直接向かおうとする圧力をさらに増加させた。エンリケが一四二一年から毎年のように西アフリカの沿岸を南下する探検のための航海を行なった主な目的の一つは、実はこれであった。だが、エンリケ自身は、一四三七年にタンジールでムーア人に敗れてから、財政的負担の規模を縮小させた。そして、一四六〇年に彼が死ぬと、北アフリカ遠征の資金は、再び発見のプロジェクトから他の目的に向けられるようになった(9)。マヌエル

一世（一四九五—一五二一）のもとでは、よりいっそう遠隔地へ向かう——より大きな利益を生む——帝国主義的活動に熱心に取り組んだ。そして、アルフォンソ・デ・アルブケルケがインド総督の時代（一五〇九—一五）に帝国の建設は大きく進められたが、彼はペルシャと結んでオスマン帝国に対抗しようという夢や、アビシニア人と諮ってナイル川の流れを変え、エジプトを兵糧攻めにしようという計画を最後まで持ち続けた[10]。したがって、パリーが言うように、ルネッサンスの展開と、ヨーロッパの突然の劇的な地理的拡張との全体的な関連を考察すると、

ルネッサンスをどのように定義するとしても、ルネッサンスは独自に、そしてまた一方では中世的な動機と前提をもって始まったのである[11]。

「中世」のポルトガル人たちは、しかし、少なくとも一つの点で異色であった。さまざまな理由（黒死病の後の国内労働力の不足や、一三八五年のカスティリアとの戦争を受けた「旧貴族」の減少など）が重なり[12]、ヨーロッパ封建社会全体に蔓延していた商業活動へのイデオロギー的軽視は、ポルトガルの貴族層の行動を制止しなかった。エンリケ王子自身、封建領土、十字軍騎士団の一つであるキリスト騎士団の幹事の地位、交易の利益——それには、奴隷、漁獲、染料や砂糖の輸入、日用雑貨の生産統制が含まれていた——から資金を得ていた。その後、「出資者と支配者の社会的起源が混じり合った状況は、実際に航海し交易拠点を支配下においた人々の間で再生産された[13]」。この状況が都市の貿易業者や海運業者の政治的力量を意味するのか、それとも国内の商業ブルジョアジーの弱さ（リスボンやオポルトで活躍するイタリア人金融業者に押されていた）のあらわれであるのか、学問的には意見の分かれるところである[14]。実際、このことは、もっと激しい言葉で同時代人によっても論じられていた。ドン・マヌエル王は自らを「エチオピア、アラビア、ペルシャ、インドにおける征服、航海、通商の王」と称したが、同時代のフランス王であるフランソワ一世は彼のことをただ一言、「雑貨屋の王」と呼んだ[15]。この議論に深入りしなくても、ポルトガルの

ど を貴族が支配していた（国王の独占したものを貴族が下請けしていた）が、貴族以外の商人は軽視されたままだった。リスボンの織物商人は一六八九年になっても、こんな不満を口にしていた。「ポルトガル人にとっては、商人なんぞ魚の運搬人と大して変わらない[16]」。同じことは、同様に驚くべきことだが、「船乗りという職業が長いあいだ持たれてきた軽蔑と反感」にも言える[17]。実際、一八世紀になってようやく、プロの船乗り（貴族でない）がゴアとリスボンを結ぶ定期航路を航行する定期船の船長として貴族にとって代わった[18]。したがって、ポルトガルの貴族が交易のために公海へと乗り出したとするなら、それは新興商業ブルジョアジーとの賢明な連合ではなく、封建身分の無計画な突進を意味した。だが、第二に、ポルトガル人の探検活動が近代の幕開けを告げるものであるとするなら、その後の彼らの政治的、文化的発展の軌跡をどう説明したらよいのだろうか。まさに「近代的」な制度や感性を育むのに失敗したことが、彼らに「ヨーロッパの野蛮人」という蔑称を与えることを許したのである。

一四九九年九月、ヴァスコ・ダ・ガマが、喜望峰を経由してヨーロッパに運ばれた最初の香辛料を積んでリスボンに帰着した。六ヵ月以内に第二の船団が航海に旅立った。このときの体験はヴァスコ・ダ・ガマの航海の印象を確証するものとなった。つまり、インド洋の香辛料貿易を平和裏に引き継ぐことは二つの主たる理由から無理だということである。一つは、すでに地域に定着していたイスラム商人の利害に敵対しようという意思が地元の支配者になかったという事情、もう一つは、ポルトガル人が、東洋で流通していた商品に匹敵するだけの高品質のヨーロッパ産の商品（物々交換から交易を開始するための品）を提供することができなかったという事情である。（ヴァスコ・ダ・ガマがカリカットの領主ザモリンに献じた贈り物は、お披露目されたとたんに失笑を買った[19]）。こうした理由から、第三の航海（一五〇二年）は一四隻の帆船からなる武装船団という形をとり、西アフリカ（キルワ）を訪れて貢納を取り立て、カリカットを海から砲撃して、抵抗したアラブ船団を撃沈した。

次のステップは、すでに獲得していた居留地を利用して、ポルトガルの船舶輸送を護るための艦隊を常駐させる港湾施設を確保することだったはずである。だが、ポルトガル人はもっと大きな計画を考えた。東西交易の流れをたどり、彼らは、インド洋からの北の出口にあたる三つの地点が物資の全体的な流れを押さえる自然の集積拠点となっていることに気づいた。西は、ペルシャ湾の入口に位置するオルムズと、紅海の南端にあるアデンの港がヨーロッパへの海路を支配していた。東は、マラッカ海峡が中国への玄関口となっていた。そこで、東方交易の帝国を低い経費でまかなおうというアルフォンソ・デ・アルブケルケの期待が生まれる。「立派な要塞を四ヵ所に築き、ヨーロッパ生まれのポルトガル兵三〇〇〇人を完全武装の艦隊で送り込めば十分」と彼は考えた。(20)

アルブケルケの精力的なリーダーシップのもと、たったの六年で、この計画の大半が達成された。一五一〇年にゴアを奪い、一五一一年にはマラッカを、一五一五年にはオルムズを占領した。インド洋の西の入口ではポルトガルがエジプト＝グジャラート艦隊（一五〇九年、ディウ沖海戦）やジャワ艦隊〔一五一三年、ポルトガル領マラッカとジャワ島のジャパラ王の艦隊との海戦〕をヨーロッパ製の大砲で破り、制海権を手中に収めた。この時期、ポルトガルが喫した敗北はただ一回、一五一三年のアデン攻略の失敗であり、さまざまな理由でこれはとうとう成功しなかった。しかし、それ以外については、中国の沿岸艦隊に対する二つの大敗北（一五二一年と一五二二年）が彼らの制海権の東側の境界を定めるまで、ポルトガルは海上で無敵を誇った。

この急速な拡張には、若干の説明が必要である。ボクサーは、広く知られたヨーロッパの軍艦の技術的優位のほかに、三つの要因をあげている。(21) 第一は、ポルトガルの軍隊の断固とした決意である。ゴアにしてもマラッカにしてもオルムズにしても、最初は撃退されるが、その後に占領している。第二に、当時のアジアの最強の政治権力は大陸国家であり、その支配者たちはポルトガルの進出に対して脅威も関心も抱かなかったことである。第三に、ポルトガルは同盟工作や外交交渉を通じて、通商相手である沿岸の政治権力の内部あるいは相互間の不和を、自らの軍事行動を支えるために利用することができた。さらに付け加えるなら、アジアの軍艦の技術的劣等性はそれ自体、イスラム勢力の交易システムの制度的な特徴から説明されるだろう。それは、カーティンが言うように、「比較的低い保護コストのもとで交易を行なっていた」[22]からである。重装備の武装商船は、開かれた交易にとっては不必要だったので、これを持たなかった彼らは、外国の侵略から交易を護ることができなかった。最後に、ポルトガルのパワーは、その地理的な広がりこそ目を見張るものであったが、ほとんど海軍力だけであり、支配する小さな要塞を一歩出れば、その力を発揮することはめったにできなかった、ということも忘れてはならない[23]。

こうした成功の余波の中で成立したポルトガル帝国は、王室による独占とカルタス制度という二つの制度を基礎に置いていた。前者は、リスボンに本拠をおく王立のインド商務院によって運営され、アジアからの重要な輸入品、とくに胡椒の交易を独占していた。一五〇〇年から一六三四年のあいだに東洋に向けて出航した八九六隻の船は王室が建造し、所有し、運用したものである[24]。リスボンにもどったのは、このうちの半分を少し超える四七〇隻であった[25]。残りの船のうち、二八％が沈没し、それ以外はインド洋にとどまった[26]。一五六〇年代、東洋からヨーロッパへ輸入された香辛料の約半分はこの交易によるものだった[27]。以下で述べるいくつかの理由から、全体に占めるポルトガルの割合はほどなく、ポルトガルがオランダに駆逐される以前にすでに縮小していった。だが、同じ時期（一六世紀後半）に、アジアの香辛料生産と、ヨーロッパの香辛料に対する需要は倍増し、価格は三倍に高騰した[28]。したがって、リスボンのインド商務院を通じた海上インド交易はポルトガル王室にとっての莫大な富の源泉となった。ウォーラーステインは、はやくも一五〇六年にポルトガル王室はその収入の半分以上を西アフリカの金交易と東洋の香辛料交易の独占を通じて獲得していたと述べている[29]。

ポルトガル帝国のパワーを支える第二の組織は、インディア州であり、リスボンに本部が置かれていた。だが、実際は、その経営管理の中心はインド西海岸のゴアの港にあった。これは、（地理的に）広大な海域をカバーする保護機構であって、東インド貿易の航路の安全確保という目的だけでなく、インド洋一帯のすべての港湾間の取引に対する課税の狙いも込められていた。このシステムのもとでは、ポルトガルによる嫌がらせからの自由は、許可証（カルタス）を購入するいう形で手に入った。この発行料は比較的安かったが、ポルトガルが支配する港を使用することが義務づけられ、そこで降ろされた積荷に対して六％の関税がかけられた。インディア州の総予算の規模はインド商務院の総予算規模よりもはるかに大きかった。それは保護料の収入、帝国全体の艦船や駐屯地に対する支出を含んでいた。しかし、こうした強制力をともなうインフラストラクチャーが王室のために利益をもたらすことはほとんどなかった。反対に、長期的に見た場合、それは政府の資産の流出を意味した。アメリカからの銀輸入が最高水準に達した時点で破産を宣言したスペインの王室とは違い、ポルトガルの権力は、おかしなことに、その稀有な幸運から利益を引き出すことができなかった。

王室の財政部門は広範囲にわたっていたにもかかわらず、歴代のポルトガル支配者のだれ一人として、収入が支出を上回ったことがなかった。……一六世紀のほとんどを通じて、ポルトガルの王室は、かなりの部分、将来の胡椒輸入を担保に銀行業者から高利で借りた資金で運営されていた。(30)

## 資本主義以前の交易の構造的特徴

なにがうまくいかなかったのだろうか。この疑問に答えるには、二つの方法で分析を進める必要がある。第一に、交易帝国の全体的な構造の特徴を描き出してみなければならない。交易の利潤として得られた剰余はどこから、どのようにして生み出されたものなのか。どのような商業的、あるいはその他のメカニズムを通じて、この剰余は流通に持ち込まれ、社会的に再分配されるとともに、地理的に中継されたのか。これらのメカニズムが効率的に機能するには、どのような一般的条件が満たされなければならなかったのか、といった点についての考察が必要である。第二に、形式的な構造的特徴を明らかにしたうえで、それが一六世紀の実際の社会生活にどのような形で歴史的に組み込まれていたかを再構成してみなければならない。ポルトガルの限られた資源、インド洋沿岸地域の社会の性格や動向、領域支配の形態に関係する土地や海の状態、軍事的技術や航海術の発達、その他の影響下で、どのようにしてそうしたシステムの強化がはかられたのか。

これらの点を整理してみれば、一般に認められているように、ポルトガル帝国は、それ以前のヨーロッパやアジアの交易ネットワークと比較して、技術的、組織的、その他の制度的な革新の点で、優越していたわけではないことがわかる。パリーは断言する。

> 一六世紀、一七世紀にポルトガル人やその他のヨーロッパ人が東洋で行なった植民はすべて、イタリア人が中世の末期に地中海や黒海で行なった植民の前例を踏襲したものであった[31]。

そして、J・C・ファン・レールによれば、ポルトガル帝国は「南アジアの商業になにひとつ新しい要素をもたらさなかった[32]」。さらにまた、インド洋の「貿易はポルトガル人が生み出したのではないという事実を知ることが肝要である[33]」。むしろ、ポルトガル人はこの貿易（その一部）を乗っ取り、それを剰余取得のための複雑な大陸間メカニズムとして利用しようとしたのである。

では、ポルトガル領インドという広大なキャンバスで再現された、商業活動のこの既存のパターンとはいったいなんなのだろうか。この疑問は、初期近代ヨーロッパにおけるあの偉大な謎、「商業資本」へとわれわれの目を向けさせる。引用符には重要な意味が込められている。なぜなら、ウォーラーステインの著作でもドップ・スウィージー論争でも、さらにマルクスの著述でも、この言葉が意味する歴史的活動は、資本主義以前の市場および交換関係の独自の性格をまさに反映したものだからである。そこで、エリック・ウルフは、大胆にも次のように述べて、無用の混乱を切り捨てる。

> 重商主義的資本主義あるいは商人資本主義などというものは存在しない。……商業的な富があるだけである。資

本主義は、資本主義であるためには、生産における資本主義でなければならない[34]。

もちろん、これは定義上の主張であり、この視点を共有するドッブも認めるように、その正当性は、「結局、それが歴史的発展の現実の過程を照らし出すのにうまく使えるかどうかにかかっている」[35]。さしあたり、これらの点を提起するのはただ、以下の議論をきちんと展開するためである。

以上の注意を念頭において、「商業資本」の性格を検討することにしよう。マルクスは『資本論』第三巻の第二〇章で以下のような考察を行なっている。

一見したところ、純粋な、独立した商業利潤は、生産物が価値どおりに売られるかぎり、不可能に見える[36]。

しかも、海運業の場合ではとくに、商業利潤は、商品の流通を媒介する一連の取引の最後になって、その価値を目立って増加させることなく生まれるのであるから、商業がペテンを連想させるのは十分に自然である。ルターは次のように主張している。

君主は正当な権力をもって不正な商取引を処罰し、彼らの臣民が商人によって理不尽に巻き上げられないよう取り計らうべきである。……商人は日常的に全世界から略奪しており、……他のどんな盗びとよりも大っぴらに盗んでいる[37]。

一四世紀のイスラム教「社会学者」であるイブン・ハルドゥーンが行なった冷静な分析も、同じことを言っている。

商業とは……商品を有利な価格で買って高価で売り、資金を増殖することによって利益を得ようとする行為を意味する。……この増殖した分を利潤という。この利潤は市場が低価格から高価格に変動するまで商品を寝かせておくことによって得られるが、それは莫大な利潤を生む。あるいは、その商品への需要がより高い他の地域へ運ぶことによって得られるが、これもまた莫大な利潤を生み出す。(38)

投機を行なったり、市場の不完全性を巧みに操作したりすることは、近代以前の重商主義の古臭いやり方なのだろうか。たしかにオランダ人は後に、胡椒のなかに以下の点で完全な商品を見出す。遠方からしか手に入らず、重量のわりに高額で、少量かつ容易に分割可能であり、低いコストで長期間の保管が可能なことである。(39)誘惑は抗しがたく、胡椒の積荷が売り出しの好機を待って三〇年以上も倉庫に寝かされていた例のあることが知られている。

だが、同じ時期、オランダ人は、バルト海地方との開かれた交易に従事し、それを支配していた。これは、一部はかさ張り、傷みやすい商品でもある必需食品をめぐる交易であって、人為的な利潤を得る機会はそれほど多くはなかった。一七世紀の中頃には、オランダ人は「どの競争相手と比べても、一〇倍もの商品をバルト海地方から持ち出した」(40)。しかも、これは、軍事力に支えられた独占ではなかった。この場合のオランダ人の商業的優位は、「船賃が安かったことと、輸出用の銀が十分に供給されたこと」に由来する実際の競争力に基づいていた。その結果として、「オランダ商人のほうがイギリス商人よりも安く、イギリスでバルト海の物資を売ることができた」(41)のである。

したがって、資本主義以前の市場にとって重要なことは、それが保護されていたことでも、そこで人為的な独占が行なわれていたことでもない。たしかに、多くの場合、そうだったとしても、である。むしろ、人為的独占を生み出す基本的な構造的理由が問題なのである。つまり、闘争の的となった商業的剰余の蓄積メカニズムは、（商品の生産ではなく）流通を支配することであった。すべての競争――軍事的競争であれ、技術的競争であれ、組織上の競争であれ――は、この部面に集中した。この点を劇的に示したのがルイ一四世の財務総監コルベールが一六六九年に発表した、ヨーロッパの交易におけるフランスの優位を確保するにはオランダの船二万隻のシェアを奪えばよい、というプランである。[42] このプランは挫折した。だが、たとえ奇矯に思えるとしても、当時、これと同じ政策を成功裏に実行している国があったことも忘れてはならない。「イギリスは一六五二年から一六七三年にかけてオランダとの三度にわたる戦争で莫大な数の［オランダ船］を捕獲し、それらでイギリス商船を補充した」[43]。もちろん、流通過程に対する支配、期待どおりのシェアが非軍事的な手段で達成されるなら、したがって、保護コストが安上がりになるなら、結構なことではあった。

商人が引き出そうとする富の源泉は、物質的生産の大部分を支配し続けている土地所有者、この剰余取得者の手ににぎられていた。もし商人自身が生産、例えば都市の手工業生産に関与したとしても、それは流通の歯車を促進するためであって、生産的労働の直接的な搾取を競って行なうことで収入を得ようとしたわけではなかった。この違いが重要なのはなぜだろうか。

この疑問に答えるためには、歴史的に広く、理論的に深い検討が必要である。だが、さしあたり、現代との比較で前近代の交易の特殊性を際立たせるには、若干の指摘で十分だろう。その場合、マルクスの次の指摘から出発するのが最も有益かもしれない。

資本主義社会以前の諸段階では、商業が工業を支配していた。近代社会では、それとは逆である。[44]

前半については、すでに前述した。重商主義的な蓄積の点から見ると、都市の（そして、しだいに農村でも）マニュファクチャーは交易の拡大のために推進された。それらは、富をもたらす交換関係の支配をめぐる闘争で使用された武器の一つにすぎない。だが、今日、工業が商業を支配しているというのはどういう意味だろうか。近代以前の時代、交易とは、生産者が余剰生産物を交換できる過程であり、生産コストに対する販売価格の偶発的な関係（労働が市場の外で搾取され、商品化されていないため、この関係は不明確になっている）はなによりも流通に作用する要因によって左右されていた。そこに商業的利潤のメカニズムが存在していた。今日の場合はそうではない。今日の交易では、商品化された労働の競争的搾取が生産部面で剰余価値を生み出し、それが交換価値として実現される。したがって、

生産過程は流通をたんなる契機として自分のなかに吸収している。……生産過程は全面的に流通にもとづいており、また、流通は生産のたんなる過渡的段階である(45)。

言うべきことは、まだたくさんある。だが、重要なのは、次の点である。われわれがここで見ているのは、既存の商業部門と生産部門とのあいだでの量的比重のシフト以外には変化のない全般的な政治経済の内部における生産と交換の、二つの異なる配置のあり方ではない。むしろ、われわれが見ているのは、著しく異なる二つの種類の市場であって、その違いは蓄積メカニズム、再生産の条件、動的な構造的特徴、幅広い社会編成との結びつき、それが推進する社会的パワーの形態のなかにあらわれる。というのは、「市場」（したがって「世界市場」）は、どのような一般的特徴を正しく示したとしても、「国家」（そして「国家システム」）の場合と同様、歴史的で構造的な定義を通じて明確化されないかぎり、社会的説明にとって、どうしようもなく切れ味の悪い道具でしかないからである。

議論を進める前に、もう一点だけ述べておきたい。資本主義的市場と資本主義以前の市場について、さきに大雑把に描いたような区別は、役に立つものであるかどうかはわからない。歴史の実際の説明に使ってみて確かめるほかない。だが、われわれの以前の議論に立ち返るなら、資本主義を市場で定義しているかぎり、それは理論的な（したがって歴史的な対比や断絶として目に見えるような）道具となることはできない(46)。なぜなら、もし資本主義が、いかなる種類の市場かを問うことなしに、「市場」に関して合理的な計算可能性をもたらす活動である（ヴェーバー）とか、あるいは「市場」向けの生産である（ウォーラーステインの著作に見られるように）とか理解されるとするなら、そ

の歴史的な特殊性（特定の社会の内部での量的な重みではなく）はまったく問題にならないことになる。いつの時代にも市場はつねに存在してきたし、都市での消費のせいで、市場向けの生産もつねに存在した。(47)ヴェーバーはこれを認識していたし、ローマ帝国における資本家の利害についても適切な記述を残している。ただ、ヴェーバーにとって、資本主義の概念は近代を定義するうえで第一義的なものではなかった。

## ポルトガル人の商業活動

商業利潤が流通過程をいかに支配するかにかかっていた以上、ポルトガル人がインド貿易から最大限の利益を得るためには、流通過程を可能なかぎりしっかりと掌握することが必須であった。それには多くの前提条件があったが、おそらくそのうちで最も基本的な条件は喜望峰ルートの秘密を守ることであった。カーティンが言うように、「一五、六世紀のヨーロッパにおける航海革命は、船舶設計上の革命というよりは、世界の風系の発見であった」(48)。帆船の時代、東洋への航海ルートが存在しているという知識はすべての参入者に対して開かれていたわけではなく、ポルトガルのアヴィス朝は、外国の競争相手に海図を漏らした者を死刑に処した。(49)

ポルトガル人にとって幸運だったのは、一四七九年以降、西アフリカ交易をめぐるカスティリアとの軍事的競争（あるいは私掠船による襲撃）から解放されたことだった。同年、カスティリアの王位継承戦争を終結させたアルカソヴァス条約が、「西アフリカ沿岸全域における漁業、交易、航行のポルトガルによる独占」を承認した。(50)条約がスペインを西方への探検に向かわせたことは間違いない。(51)さらに、この条約により、ポルトガルはインド洋を舞台にしたヨーロッパ諸国の深刻な軍事競争からほぼ一世紀にわたって自由でいることができた。(52)

だが、武力対立は、結果的に判明したように、ポルトガルの抱える問題の中では小さなものにすぎなかった。より深刻な問題は、王室が香辛料交易を支配するのに十分な資金を用意できなかったことである。濡れ手で粟の利益が約束されていたにもかかわらず、(53)王室にせよ、国内の商業的利害関係者にせよ、船団の送り出しを引き受ける資力も、持ち帰った船荷を買い取る資金も持たなかった。そこで、外国の投資を排除する試みは一五〇五年を境に放棄された。

ポルトガル王室はその後の航海をすべて請け負ったが、リスボンで船荷をそっくり商人組合に売り払っていた。商人組合はたいていの場合、イタリア人とドイツ人が運営し、彼らは商品をアントワープまで船で輸送し、そこで売りさばいた。しばしば王室は、まだ海上にある船荷を事前売却したり、将来の船荷を担保に借金を行なったりした。結果として、外国人が資本のほとんどを提供し、債権者として、あるいは仲介者として、利潤のほとんどを吸い上げた[54]。

ここで問題になるのは、インド交易の流通過程は、リスボンに船荷が着いただけでは、半分実施されたにすぎないということである。消費者の九割は北ヨーロッパに暮らしていた[55]。胡椒と香辛料はアントワープの中継拠点に運ばれ、最終的にはそこから国内取引の水路へと流れ込んでいくのである。

資金力のある商人は、胡椒のヨーロッパ全域への販売と供給による利潤の最大化をめざして、大量の商品を買いつけ、コンソーシアムを結成しようとした[56]。関係者の利害配置はつねに流動的であって、胡椒は市場操作の対象であることをやめなかった。

ポルトガル王室は、一五〇八年から一五四九年にかけてアントワープに王立商館を構え、流通過程を北方へ拡大しようと試みた。この組織は商業上の競争相手と張り合うことができなかっただけでなく、一六世紀の最後の四半期になると、「香辛料の買い付けや船積みを監視するためにゴアやコーチンに自分たちの代理人を常駐させたのは、外国の胡椒仲買人であった[57]」。ブローデルが書いているように、ポルトガルの交易が与えた影響力の大きさは、大量のドイツ産の銀とハンガリー産の銅が以前の目的地ヴェネチアではなく、アントワープに向かったことからも明らかである。アントワープに運ばれた銅は、一五〇二―一五〇三年からの六年間で、二四%から四九%へと増加したが、ヴェネチア向けは一三%にすぎなかった[58]。リスボンにもどったのはどのくらいになるのだろうか。たしかに「ポルトガルの交易回路の利益のために、西ヨーロッパから銀が流失した[59]」ことは事実であるにしても、だからといって、その結果、西ヨーロッパがそれに比例して貧しくなったわけでも、あるいは、ポルトガルがその分豊かになったわけでもない[60]。

インド交易の流れの中では下流に位置する商業代理人は、さまざまな方法で流れをさかのぼり、流通過程の上流に置かれた商業利潤のメカニズムを利用することができた。これは、「征服、航海、通商の王」にとっては癪の種だったに違いない。だが、もし上流からインド洋をながめてみれば、交易ルートが安全とはいえないことがわかっただろう。三つの鍵となる拠点のうち二つが占拠されていただけであり、アデンから監視されるはずの紅海の香辛料ルートは開放されたままだった。このことは、ポルトガル人が香辛料の買い付けを一度も独占することができず、マラバルの市場でインド商人に混じって商売をしていたという事実と併せ、厳しい制限となった。

一六世紀の中頃、レヴァント交易の総量は過去最大となっていた。少なくともポルトガル人が喜望峰を回って運ぶ量と同じくらいになっていた[61]。

アジアで独占に失敗したことは、こうして、ヨーロッパで独占を達成することをますます不可能にした。

とは言うものの、ポルトガル人が商売上で見せた創意工夫も評価しなければならない。なぜなら、少なくとも断続的には、大陸間の全般的な蓄積過程を推進する手段として、アジアにおける港湾間の交易への参加を利用することに成功したからである。この「地域間交易」なしには、ポルトガル人は、彼らが行なったような規模で東西交易を行なうことは不可能であったろう。その理由は簡単である。ポルトガルは生産拠点ではなかったからである。ヨーロッパ全体が適切な商品を十分な規模で生産していなかったし、ポルトガル王室は十分な量の金地金を所有していなかった。したがって、ヨーロッパからの支払いの赤字を埋め合わせる剰余の交換価値と、香辛料と現物交換できる使用価値とをポルトガル人が手に入れるためには、現地のアジア人による商品流通に輸送業者として参入するしかなかったのである。

このような役割を果たしながら「補助的な交易の全体的なネットワーク」[62]が発展していったが、その主要な交易ルートは、ポルトガル人がインドの綿製品をインドネシアへ運び、そこで香辛料と交換するルートと、同じくインドの綿製品を東アフリカに運び、そこで金や象牙を手に入れるルートであった。一六世紀の最後の四半期には、ゴアから（中国の沿岸をたどり）ポルトガル領マカオに物資を運ぶ航路が中国—日本まで延長されて、当時、〔明の〕勅令で中国の船が行なうことを禁じられていた絹と地金の交易を行なった。中国産の絹は日本の銀と交換されたが、銀の価値は中国ではきわめて高かったので、長崎からの帰りの便で莫大な利益が手に入った。さらにまた、ポルトガル商人によって買い付けられた香辛料の多くはアジアで売られた[63]。こうして、一五四七年以降、ポルトガル人がマラバルでの買い付けに必要とする金のほとんどは、アフリカ南東部、スマトラ、中国で手に入った[64]。

ポルトガルの交易活動は原則的にはすべて王室がにぎっていたから、理想的な状況のもとでは、この地域交易と東西交易の中継ぎはますます少ないコストで莫大な剰余をリスボンにもたらす地理商業学的《ジオ・コマーシャル》な仕組みとして機能するはずだった。だが、見込まれた額と比較してみると、王室が得た利益は、かなりのものだったとはいえ、小さかった。実際、本国のリスボンと植民地とを結ぶルートは「帝国の最も弱い環であった[65]」。

帝国の構造が、公的な支配権と所有権とを依然保持している本国の王室から部分的にせよ切り離されているという、この驚くべき事態は、利潤の源泉がもっぱら流通の支配に置かれている商業ネットワークの、言い換えれば、資本主義以前のネットワークの、密輸、密売、横領に対する脆弱性を示す極端な例と見られるかもしれない。だが、このことはまた、ポルトガル王室に独特の制度的なあり方に関連させて理解する必要がある。すでにわれわれは、ポルトガルについて、王室による交易や工業の独占に対し、請負いという形で貴族が大きく関与していたという事実を指摘した。このこと自体、各国の王室が自己の独占を用心深く守ろうとしていた時代にあっては、特異であった。しかし、事態はそれだけでは終わらなかった。

おそらくどの国にも増してポルトガルでは、なんらかの収入を期待できるなら、どんなちっぽけな公職であっても請負いの対象にするというのが、王室の長い歴史をもつ慣わしとなっていた(66)。

ポルトガルの海外拡張を特徴づけたのもこの方式だった。実入りのよい貨物集散地の管理職であれ、リスボン―ゴアの定期航路やゴア―長崎間の往復航路の船長職であれ、インドの森のチーク材の切り出し権利であれ、あるいは、あまたの低位ポストであれ、報酬制や、入札での最高額の落札をとおして、職務が請負いに出された。落札者は個人であったり、シンジケートであったりしたが、下請け制度は帝国内のより複雑な部門でも日常的に行なわれていた。

だが、行政のギャンブル化が、後世の歴史家に知られるような世界的規模の腐敗の饗宴となったのには、こうした職務の売り買いに加えて、もう一つの理由がある。一六世紀に東洋に毎年送り出していた約二四〇〇人の賃金を支払うことができなかったため、王室は雇用した個人に対して自分の勘定で交易を行なう権利を限定的に与えざるをえなかった。インド航路の乗組員にとってそれは「収納箱」を意味した。船の中に私物を保管するスペースが与えられたのである。インド駐在の役人にとって、それは、副業として私的な交易に従事することから、私腹を肥やすために自分の役所の支配下にある全取引を独占する一時的な権利を買い取ることまで、ありとあらゆることを意味した。システム全体としては、この「猟官制」は、王室を欺くことに強い相互的利害を共有する人々で帝国の上から下までを埋め尽くすことに寄与しただけであった。その結果、植民地内での損失によって、本国にもたらされる剰余は大幅に減少した。(67)

かつてないほどの地理的な広がりを考えてみれば、ポルトガル領インドは、多くの点で著しく脆弱な帝国であった。

もしポルトガル人が一六世紀末にインド帝国を手放したとしても、彼らが残す痕跡はおそらくギリシャ人、スキタイ人、パルティア人が残したよりも少なかっただろう。(68)

だが、まさにこの領土的なあり方――支配地域を囲い込む境界線というよりも、遠隔の交易拠点を結ぶ長く延びた交通通信線――こそ、資本主義以前の交易拠点帝国の特徴であった（そのため、ヴェネチアとジェノヴァは、レヴァント貿易の海上交通路をめぐって軍事力で競争しようと、地中海沿岸に軍事拠点を次々と配した）。どのような領土的戦略についても言えることだが、そのあり方や方向性は戦略が影響を与えようとする特定の社会関係に従うものだった。ポルトガル帝国のパワーは、生産的労働を搾取することで実際の剰余生産を行なうことではなく、商品の流通過程で入手できる剰余取得の重商主義的メカニズムを支配することであった。その影響力の底の浅さと、地理的な規模の大きさとは、したがって、その構造的な独自性を理解することによって解明できるのである。

## ニュー・スペイン

一見してわかるように、西インドにおけるスペイン帝国は当時の東洋におけるポルトガルの帝国とこの上なく対照的であった。後者がすぐれて海洋帝国であったのに対し、前者は領域支配であった。ポルトガル人は、(この時代には)現地の人々への広域的な政治的支配を行なうことなく、既存の通商システムを見出し、このシステムに侵入していったのに対し、スペイン人は、海上交易を行なうのではなく、二つの巨大な帝国を征服し、略奪し、後には、生き残った住民の労働に寄生して生活する支配エリートになっていった。ポルトガル領インドは強欲な貴族層の用心深い統率のもとで築きあげられ、機能したのに対し、スペイン領アメリカは「よりどころのない、たいていは低い出自のスペイン人」[69]の手で攻略された。明らかに、一六世紀ヨーロッパの拡張主義の二つの戦線は、どちらもイベリア半島からの指令を受けていたのではあるが、きわめて異なる力学のもとで、きわめて異なる活動地域で、きわめて異なる支配のメカニズムによって地位を築いていったのである。

さらにまた、重要な相違点の一つである、スペイン人による原住民の労働の搾取に注目することによって、資本主義的な「国際経済」と資本主義以前の「国際経済」という問題を解明する手がかりが得られるだろう。というのも、一六世紀の末、スペイン人は、既存の剰余の搾取と領有の構造を引き継ぐことによって、アステカ族とインカ帝国のエリートにとって代わっただけではなかったからである。人口の激減、鉱山労働の需要増大、絶対王制の確立などの圧力のもとで、スペイン征服者は生き残った住民をニュー・スペインという新しい社会へと再編成した。それは、金の生産と、一連の交換関係の支配を通じた、金のスペイン本国への中継のための貢納的社会編成であった。

## スペインの拡張の社会形態と構造的力学

スペイン人によるアメリカ征服が、その直前に完了したレコンキスタ(国土回復運動)の余勢を駆り、その技術を用いて行なわれたことは言うまでもない。クラウディオ・サンチェス・アルボルノスはそれを指して、「スペインの数世紀にわたるイスラムとの闘争がイベリア半島にもたらした積極行動主義の最大の成果」[70]と述べている。ジェイムズ・ラングが言うように、二つの大陸という広大な地域に王室のパワーを拡大していくことは、歴史的な偉業であった。ただ、それは新たな事業でも大胆な新政策でもなかった。[71]

旧世界とニュー・スペインとを結びつけた構造的な連続性と動的な連関とは、ヨーロッパの領土拡大の中でのスペインの位置づけを歴史的に理解するためには決定的に重要である。この連続性と連関とを明確にするためには、自明のこととして省略してきた以前の理論的、歴史的な問いをもう一度思い出してみなければならない。領土拡張の「勢い」について語るということは、なにを意味するのか。とりわけ七〇〇年におよぶ国土回復戦争と結びついたその勢いが、どのようにして突然、未知の海を二〇〇〇マイルも越えて飛び火したのだろうか。そして、カスティリアのパワーの制度的形態は、以前にイベリア半島の王国の領土的統一の動きの中で行なわれた刷新とは対照的に、いかにして大陸間支配システムという新たなレベルで発現したのだろうか。

ペリー・アンダーソンが指摘するように、八世紀のイスラム教徒によるイベリア半島征服は、ヨーロッパ封建制の成立を他の地域では特徴づけた、ゲルマン的社会形態とローマ的社会形態とのゆっくりした融合のプロセスを妨害した。ムーア人との七世紀にわたる戦いは、「スペイン封建制の諸形態を基本的に決定した」[72]。このレコンキスタは、時代的にも波があり、地域的にもさまざまな形をとった歴史的プロセスであった。さまざまな地域がさまざまなスピードで再征服され、さまざまな仕方でレコンキスタ全体の発展の中に吸収されたし、それがまた全体に影響を与えた。さらに、イスラム・スペイン内部での動き、とくにコルドバのカリフ統治（後ウマイヤ朝）が崩壊（一〇三一年）して、一〇から三〇のタイファ諸王国に分裂したことや、ムラービト朝とアルモハッド朝のベルベル人によるジハード（一〇三六年頃と一一三五年頃）が一時的にキリスト教勢力を守勢に追いやったこともレコンキスタの進展に影響を与えた。[73]

一〇世紀から一一世紀にかけての「緩慢なレコンキスタ」の時期には、イスラムとの境界域が移動するにともなって中間地帯の土地が農民のものとなり、これが北部で領主の支配関係が強化されることを妨げた。同時に、これが君主の組織的軍事力を高め、封建的土地貴族の政治力の強化を抑制した。[74] それに代わって、入植した小土地所有者階級から集められた民衆騎士が最前線の都市へと送り込まれ、軍事的な前進を支えた。この階級からの兵力動員は、免税特権と都市官職の授与を通じて行なわれた。さらにまた、「牧畜を別にすれば、一二、一三世紀のこれらの都市は主に、家畜や奴隷や動産や、食料さえも、略奪することで暮らしを立てていた」。[75] したがって、都市と農村との構造的関係は、中央ヨーロッパ、西ヨーロッパ、あるいは北イタリアの封建制の物質的再生産を特徴づける構造的関係とはきわめて異なっていた。中央スペインのキリスト教徒の都市は、それを取り囲む農村の封建的パワーのヒエラルキーから区別された商人階級が支配する交易や手工業の中心地として勃興したのではなかった。都市は「軍事的、宗教的な中心地」[76] として大量の住民を抱え、[77] その内部組織は、カスティリア王国の内的な権力関係と、ムーア人に対するさらなる軍事行動のための資源整備との両方を調整するものであった。[78]

したがって、カスティリア王国の社会秩序の物質的、政治的再生産は、恒常的な軍事動員、継続的な略奪（略奪目的の襲撃という直接的形態であれ、一一世紀以降に行なわれたカリフ支配地域からの「重い年貢」の取り立てという間接的形態であれ）、[79] そして、非キリスト教徒が住む土地を併合し、新たな入植地にすることを中心に行なわれていた。実際、「カスティリア」という名前そのものがこの政策の特殊な軍事的起源を物語っている。カスティリアの名は、レオン王国が九世紀に建設した緩衝国家が、新たに征服したアストリアの平原をムーア人の襲撃から守るために数多くの城塞（カスティーリョ）を配したことに由来するのである。[80] 一方で、このことは、前線が最終的に閉じてしまうと、あるいはレコンキスタが長期間にわたって停滞した場合にも、社会的混乱が起こる可能性があり、カスティリア王国の社会構造に根本的な変化が必要となることを含意している。[81] 他方で、このことは、アメリカ大陸に上陸したコンキスタドール（征服者）たちが、自分たちの征服や略奪を計画し、組織し、正当化する制度的装置や形式を驚異的なほど備えていた、ということを意味する。カピトゥラシオンは、アメリカで捕獲した人的、物的資源をどう分けるかをめぐって、王とコンキスタドールとのあいだで交わされた事前契約であるが、これも「ムーア人に対する軍事遠征を率いたリーダーたちと王室とが契約を交わしていた慣行」[82]を反映していた。一連の殺戮と略奪の後、スペイン人が先住民の労働に対する支配を制度化するのに用いたエンコミエンダ制は、再征服したムーア人の土地を配分するために王室が開発した制度の応用であった。[83]そして、カスティリア王国の諸都市の特殊な役割――辺鄙な地方に置かれた城塞であると同時に、スペイン国内の権力関係と領有関係とを調整する網の目であるということ――もまた引き継がれた。[84]中世のスペインと同様、

スペイン領アメリカで、都市は「出現」したのではない。都市は厳格な儀式に従って、計画されたのである。……支配の手段として、スペインの都市は地方を支配するために計画された。[85]

一五一九年にコルテスが六〇〇人の兵を引き連れ、アステカの首都を探してユカタン半島に上陸したとき、彼のとった最初の行動は、新都市ベラクルスを建設することであり、自分と部下とを公式の都市官職に任命することであった。明らかにこれは、純粋な都市計画などではない。意図的な政治的行為であり、イスパニョーラ島の植民地権力を否認して、カスティリア王に直接の忠誠を求めるという形で、彼の遠征の法的地位を公式に再定義することを意味した。[86]これは当時の常套手段であって、[87]その真の目的は定住が行なわれなかったという事実のうちに明確に示されている。次の略奪の見通しが立つやいなや、新都市は当たり前のように人口を減少させた。[88]

すでに述べたように、レコンキスタは時代によって波があった。さきに取り上げたような緩慢な時期とは対照的に、一三世紀前半の「大レコンキスタ」では、ポルトガル王によってムーア人がアルガーヴから放逐され、アラゴン王がヴァレンシア地方を押さえ、カスティリア王がエストラマドゥラ、アンダルシア、ムルシアの諸地方を支配下に置き、

グラナダだけがイベリア半島最後のムーア人の王国として残った。ポルトガルでは、この急速な展開は、主導的な軍事機構である王室と教会とが一世紀にわたって強力な貴族階級の出現を封じ込めるという結果をもたらした。[89] だが、カスティリア王国では、新たに編入された膨大な領土を持て余したフェルナンド三世は、支持者である貴族たちにそれを領地として分け与えてしまった。[90] カスティリアは背伸びしすぎたのだろうか。たしかに、一二七〇年以降、レコンキスタは停滞局面に入り、それが二〇〇年間続いた。その後、カスティリア王国は、有力貴族階級による王朝をめぐる闘争や反乱に彩られた一四世紀の全般的危機の時代へと突入した。[91]

この最後から二番目の領土拡張の波がもたらしたもう一つの帰結は、アンダルシアを併合したことによる羊毛工業の急速な発達である。職を失った民衆騎士階級の多くがこの産業に吸収された。

こうして、初めて羊の所有者たちは、夏は北部の山間地から冬はグアダルキビル川の谷間の牧草地まで、スペインを縦走する羊の大通路に沿って安全に羊を移動させることができるようになった。[92]

この発展は、メリノ種の羊の開発[93]と結びついて、将来に対してきわめて大きな意味をもった。カスティリア地方における「牧畜経済の勝利」[94]を別にしても、それは、羊毛原料の生産者としても、奢侈品市場としても、スペインをイタリアと結びつけた。さらにまた、農地から牧草地への切り替えによって、農業労働の追い立てが始まり、アンダルシアから新世界への入植者が他とは比較にならない規模で増加した。[95] それは、メキシコで繰り返されることになる農業変化の一つのパターンであった。[96]

## システムの圧力か？

コンキスタドールは「貪欲な黄金熱[97]」に取り憑かれていたことで有名であるが、これはコルテスと彼の部下が持ち込んだものである。「私がここに来たのは黄金を得るためであって、農民のように土地を耕すためではない[98]」。コロンブスの最初の航海をもう少しで失敗に終わらせそうになり[99]、その後まもなくイスパニョーラ島の不運なカリブ人たちを絶滅に追いやる最大の圧力となった、この金への執着をどう説明したらよいのだろうか[100]。その根源の一部は、独特のイデオロギー的自己規定をもった下級貴族階級の歴史的な編成にある。

征服軍の後を追って南部への移民が行なわれたというレコンキスタの特質そのものが、定住生活や固定的な富に対する軽視を助長し、庶民にも貴族と同様の理想を吹き込んだ[101]。

ただ、もっと特別な理由としては、金自体が、ムーア人の王国の略奪の際に最も人気のあった日常的な獲物だったことである。ムーア人の王国は、モロッコ経由でアフリカに延びる陸路を支配していたので、中世初期のヨーロッパ世界では唯一、金貨を使うことができた[102]。一二五〇年以降、二〇〇年にわたるレコンキスタ中断のあいだも、カスティリア王国は、グラナダ王国から貢納の形で恒常的な供給を確保することができた[103]。この流れは一四一五年以降、最初はポルトガルがセウタを攻略することで、次いでポルトガルが直接ギニアに達することで、途絶した。だが、もしこれがより広い利害に影響を与えなかったなら、カスティリア王国が大西洋を越える原因にはならなかっただろう。一四世紀および一五世紀には、イタリア商人が西地中海方面に部分的ではあるが重要な商業活動の場を移動させていった。それは、一部にはレヴァント地方の地政学的および商業的な情況が悪化したこと（オスマン・トルコの圧力のもとでビザンチン帝国が一四五三年、最終的に崩壊した）、また一部にはカスティリア王国の奢侈品市場が拡大したことによる。これに加えて、イタリア商人が経営する奴隷制プランテーションでのサトウキビ生産が、東方からの軍事的圧力が高まり、奴隷労働の供給源が移動するにつれて、西方に――レヴァントからキプロス、シシリー、アルガーヴ、それ以西に――移っていった（一四五〇年頃には、ポルトガルは毎年一二五〇〇人の奴隷を輸入していた)。だが、これと同じく重要なのは、イタリア商人(とくにジェノヴァ商人)によるカスティリア地方やモロッコ沿岸の港での商業活動が、東方との香辛料貿易を進めるための金を吸い上げる手段として行なわれたことである。この直接的な進出の重要性は、一方でヨーロッパの銀生産がはなはだしく落ち込んだことと、他方でモンゴル帝国の解体の後、香辛料貿易で価格が上昇したことにより、すでに一四世紀から顕著であった[104]。一四七一年以降は、ポルトガルによるギニアとの直接交渉は、モロッコによる地金の供給を脇に追いやった。そして、一五世紀の後半、ヨーロッパの銀生産が回復する頃になると、「地金への渇望」は黒死病の流行後の経済回復にともなう需要増大によってますます掻き立てられた。一四六〇年から一六二〇年のあいだにヨーロッパの人口はほぼ二倍に達し、貨幣流通の規模も一〇倍から二〇倍にふくれあがった[105]。いまから見ると、この爆発的な成長は、アメリカ大陸の銀が発見される以前からすでに一六世紀のインフレ圧力を生み出していたと考えられる。いずれにせよ、アメリカ大陸の銀生産が「稼働」したのは、一六世紀の半ばを過ぎてからであった[106]。メキシコとペルーからの輸入が後にこの「実質的なコストインフレ」に貨幣的インフレを付加したことは確かであるが、これらの輸入がもたらした最初の影響は、交換手段の実際の不足に起因する、成長への制約を緩和したことであった。デイヴィスも述べているように、アメリカ大陸の発見の前夜、「ヨーロッパ経済は銀の大量供給と、それより少量ではあるが金の供給を、緊急に必要としていた」[107]。

以下のような疑問が起こるかもしれない。ヨーロッパの領土拡張を歴史的に説明しようとする場合に、われわれには受け入れがたい機能主義的あるいは目的論的な観点をとらないとしたら、どのようにしてこの切迫した状況を領土拡張の一要素と考えることができるだろうか。すでに第二章で原則の問題として述べたように、システムは「ニーズ」を持たないし、したがって、分散したシステムの「圧力」とそれに続く帰結とのあいだに自動的な因果関係を想定することはできない。この難問は「再征服の推進力」を理解しようというわれわれの当初の課題と違っているわけではないから、同じやり方で答えなければならない。つまり、問題となっている社会構造(この場合は、中世後期の交易と金融を組織化したもの)はどのようにして、一定の知識を備え、具体的に社会に身を置く人間という行動主体によって再生産される社会関係から構成されているのか、この再生産のより幅広い条件（そして動的な趨勢）はどのようなものか、そして、この条件はどのようにして満たされたのか、あるいは満たされなかったのかを説明するというやり方である。この場合では、あるグループ、とくに商人階級は、この欠乏を、ただたんに個人的な致富活動（スペインの下級貴族が行なったような）によって獲得できる富の蓄積の減少として経験しただけではなく、それに加えて、より特殊的に、流通そのものへのブレーキとして経験した。これらのグループにとって、交換手段を手に入れられるかどうかは、彼らの社会的再生産にとって決定的に重要であるから、貨幣の不足は、有限な供給を蓄積し、新しい供給源を発見することへの執着と決意を高めることになったのも、驚くにあたらない。

> 金属貨幣が払底し、交易が伸びを示し、イタリアの信用制度の普及が遅れるなかで、……重金主義は、根拠のない具体性といったようなたんなる謬論ではなかった。[108]

晩年のベルナール・ディアスが人生を振り返って語ったように、「人間はすべて金を欲しがるものであり、持てばますます欲しくなる」[109]のかもしれない。だが、コンキスタドールの死をも恐れぬ金への執着が、歴史に見て、過剰なものだったことも明らかである。ムーア人に対する略奪という集団的記憶によって形成された個人的な貪欲の背後で、局面の客観的限界に抵抗しようとし始めた社会システムの分散した圧力が集中しつつあった。

レコンキスタの南への勢い[110]がイタリア商人の投機の西への推進力とあいまって、ポルトガルを東の香辛料生産地に向かわせたと結論するのは単純化しすぎだろう。この推進力はそれ自体の目的は果たせなかったが、カスティリアの略奪の矛先を無意識のうちに不幸なアメリカ先住民の文明圏へと向かわせた、という解釈である。もっとひどい単純化もある。思い出してみれば、コロンブスはカスティリア出身ではなく、イタリア人であって、ジェノヴァの銀行に雇われていた（新世界の名前アメリカはフィレンツェ出身の商人アメリゴ・ヴェスプッチに由来する）。さらにまた、フェルディナンドとイサベルが彼の航海を支援したのは、王室主計官が個人的な財源で彼の借金を保証した後のことであった。主計官がジェノヴァの出資者グループとつながりを持っていたことはおそらく間違いないだろう[111]。また、航海の目的がモルッカ諸島への西回りの航路を発見することであったことも確かである。この航海目的には、新たな金の供給源の探索が含まれており、「航海中の彼の日記には六五回も金への言及が見られる」[112]。コロンブスは、彼が発見したカリブ海諸島が中国の東海岸の沖にあることを信じて疑わなかった。これが誤りだと判明した後でさえ、太平洋に浮かぶ富にいたる海路を発見することが、アメリカの海上探検の最大の動機であり続けた[113]。マゼランによる一五一九―二二年の英雄的な航海をカルロス一世が支援したのは、「トリデシャス条約で引かれた境界線を地球の反対側まで拡張すれば、モルッカ諸島は境界線の東側、つまりスペイン領になるはずだ」という（あやしげな）理由からだった[114]。そして、一世紀以上が経って、イギリスとフランスのあいだで起こったアメリカの毛皮貿易をめぐる競争は、地政学的な節目となるものだったが、これはそもそもアメリカ北西部の海路を求める探索の副産物として始まったのである[115]。

　これがイタリア人の前衛部隊を支えた動機、つまり、コロンブスにつながる、いわゆる「地中海アプローチ」の根底にあった動機である[116]。最初の航海から帰ったとき、コロンブスは国王に金と「命じられた数の奴隷」を持ち帰ることを約束した[117]。だが、西インド諸島への第二回目の航海（一四九三年）は征服のための作戦として計画されたのではなかった。一五〇〇名の乗船者には兵士もいたが、それは「スペイン男性社会の縮図」としてであった[118]。航海の目的は「レヴァント貿易におけるジェノヴァにならって中継基地を築くこと」であった[119]。だが、これには可能なかぎり早く極東と接触することが必要であった。それに失敗したことは、イタリア人指導部（コロンブスの一行には、彼の弟バルトロメが随行していた）と、イスパニョーラ島のカリブ人から金を強奪することにより強い関心をもつカスティリアの入植者たちとのあいだの緊張を激化させた。この対立を鎮めるために、コロンブスはエンコミエンダという形で土地と先住民とを入植者に分配することを強いられた。そして、一四九九年に、彼がスペイン王により逮捕され、本国に送還されたときには、アメリカにおけるヨーロッパの領土拡張は、その社会組織のあり方からして、「征服と入植というイベリア半島の伝統」へとすっかり後もどりしていた。[120] イスパニョーラ島にもどることを禁じられたコロンブスに、その後援者から中国への海路を発見する最後のチャンスが与えられた。イタリア人による西回りの探検はメキシコ湾の海岸線で途絶えたが、カリブ諸島の先住民（徹底的な奴隷狩り、金採掘のための過酷な強制労働、持ち込まれた病気の破滅的な影響などが重なり絶滅の危機にあった）の運命は、アメリカ本土で起ころうとしていたコンキスタ（征服）の復活がもたらす結果を予告していた。

## 征服と入植

J・H・パリーが述べたように、専門的な探検家の時代は急速にコンキスタドールの時代へと道を譲った。後者はそれ自体、「争いに満ちた、短い時代」だった。[121] キューバの征服（一五一一年）の後にはユカタン半島への二度の探検航海（一五一七―一八年）が行なわれ、これにより内陸部に一大帝国があるという情報がもたらされた。三度目の航海（一五一九年）では、主計官の元書記であるエルナン・コルテスの指揮のもと、六〇〇人の兵士が運ばれた。それに続いて起こったのは、アステカ帝国の急激かつ完全な破壊へと向かう無謀で息を呑むような冒険談、驚くべき歴史的偶然、驚くべき略奪を可能にした破壊的で幻のような認知的不協和であり、二度と起こらないと思われた出来事の連続だったが、実際にはそれは一二年後にアンデスの中心部にあったインカ帝国で再現された。

コルテスは、アステカの神ケツアルコアトルの化身と誤解されたと思われるが、それは「スペイン人の上陸が、メキシコの占い師が予言したこの神の地上への帰還の時期にあたっていた」からであった。[122] これにより、アステカの支配者であるモクテスマ王の矛盾に満ちた行動や、なぜスペイン人が当初、テノチティトラン（テスココ湖の島に建設された、人口六万人の首都）に招き入れられ、皇帝の宮殿の隣に宿舎をあてがわれたかが説明できる。数週間のうちに、モクテスマ王は、心理的な操作と物理的な強制との両方から、コルテスの傀儡と化し、アステカ帝国の正式の政治的構造は、臣民から金の取り立てを行なうために動員された。モクテスマ王は国庫の中身を明け渡すとともに、アステカの兵士が付き添ってスペイン人を金が採掘されている鉱山や川に案内した。[123] モクテスマ王の屈従は、当然ながらアステカの政治的エリートたちのあいだに強い不満を呼び起こした。この不満は、スペイン人が祭礼での人身御供に介入するや、公然たる反乱となって爆発した。テノチティトランを追い出されたコンキスタドールは、先住民の同盟軍を味方に引き入れた。最後の攻略では、数百人のスペイン人が一〇万以上の同盟軍を率いて九三日におよぶ攻撃をしかけ、「[首都の]建物の一軒一軒、しらみつぶしに略奪と破壊を行なった」。[124]

ピサロによるインカ帝国の征服もこれに劣らず途方もないものだった。一五二七年、ペルー北部海岸にある都市トゥンベスを最初に発見したヨーロッパ人として、ピサロはいったんスペインにもどり、カルロス一世から、征服した土地の支配権の保証であるカピチュラシオンを与えられた。インカ帝国は、ローマ帝国を凌ぐ軍事的な道路網を整備していたが、[125] ピサロが到着した頃、五年越しの王位継承戦争の最中であったことは、もう一つの歴史的偶然であった。一八〇人ほどのスペイン人兵士がトゥンベスを発った頃、アタワルパの八万人の軍隊は六一〇キロ離れたアンデスの高原で、対立する支配者ワスカルから奪ったばかりの首都クスコへ入城する準備をしていた。アタワルパがなぜスペイン人の侵入を妨害もせずに許したのか――カハマルカという小さな都市をスペイン人に使わせるために明け渡してさえいる――ははっきりしない。[126] さらに奇妙なのは、アタワルパが、街の広場で会談を行なうというピサロの誘いに応じたことである。待ち伏せ攻撃を行なうにはうってつけの場所である。スペイン人の攻撃に対してまったく無防備だったため、五〇〇〇人の非武装の護衛兵はなんの抵抗も示さず、ある者は殺され、ある者は逃亡した。[127] 残りの軍隊も雲散霧消した。ここでも、捕らえられた支配者は、その神聖な地位を保持することが許され、征服者に金をもたらすという新たな任務に人々を動員するために利用された。「アタワルパの身代金」(これをもってしても、彼を処刑から救うことはできなかった)[128] として、ピサロは、二ヵ月のあいだにインカ文明の精華である金銀財宝を大量に集めるよう布告を出させたが、その額は金が一三二万六五三九ペソ、銀が五万一六一〇マルクにのぼった。[129] そして、ここインカでも、傀儡政権を使って支配するという当初の試みは反乱（一五三七年）を誘発し、さらに徹底した軍事的制圧をもたらすことになった。だが、二つの主要な点で、ペルーでの領土拡張はメキシコの場合と異なっていた。第一に、兵站支援上の理由から、ピサロはインカの高原都市クスコをスペインによる支配の首都として維持せず、海岸に面したリマに新たな都市を建設し、そこから支配を行なった。その結果、海岸部と高原部との地形的な乖離（それと関係する社会組織の形態の違い）が、統一的な政治支配を行なおうとする試みにとって、その後も続く最大の問題点となった。だが、第二に、この地理的な問題は、スペインとインカとの関係を特徴づけるだけでなく、スペインの内戦、つまり、対立するコンキスタドールが最初はその土地の領有をめぐって繰り広げた戦い、次いでカルロス一世の官僚的権力の強化に抵抗して行なわれた戦いをも特徴づけるものであった。[130]

すでに述べたように、コンキスタドールは、レコンキスタの際の諸制度をそのまま、あるいは修正して新しい定住地に移植した。[131] とくに、都市と農村における社会関係の独自のあり方は、そのまま再生産された。コルテスの部下たちは新しいメキシコ・シティーに暮らし、官職をたらい回しすることで、仲間内の関係を築いていった。だが、彼らの物質的再生産は、エンコミエンダの受託により、都市の外部で確保された。エンコミエンダは、土地とそれに付随する一定数の先住民家族とをその受託者であるエンコメンデーロたちに与える制度である。エンコメンデーロたちは、分与された先住民に物品や労働という形で貢納を課す一方で、彼らのキリスト教への改宗と軍事的防衛について全般的責任を負った（コルテス自身は二万三〇〇〇世帯を抱える広大なエンコミエンダを獲得した）。厳密に言えば、エンコミエンダは土地所有にせよ、人格に対する支配権にせよ、スペイン王室から譲渡を受けたものではなかった。だが、自らの地位を世襲にしたいというコンキスタドールのあからさまな欲求と、強制労働させる権利によって得られた専制的な力とに脅威を感じた王室は、エンコミエンダ制を廃止する決意を固めた。

コンキスタドールの排除は二段階をへて行なわれた。第一段階は、国王が本国のスタッフによる植民地経営の正式機関を設置し、カスティリアのインディアス諮問会議（一五二四年設立）に対し直接報告義務を負わせたことである。

メキシコにはアウディエンシア（裁判所）が一五二八年に設置され、ニュー・スペインの初代副王がコルテスの頭越しに指名され、一五三五年に赴任した。それと同時に、スペイン王室は、主要都市の市会に対する指名権を徐々に獲得していき、その政治的独立性を奪っていった。地方の財政権・立法権は、国王が指名するもう一人の行政官コレヒドールの手ににぎられるようになった。コレヒドールは（先住民からの取り立てを含む）徴税権をもち、地方の控訴裁判所の役割を果たした。それにより、エンコメンデーロ階級は封建的な貴族層への発展を阻止された[132]。こうして、すべてのレベルにおいて、征服者たちはセビリアに本拠をおく王室官僚制の規制を受けるようになった。そして、これは、たんに統治のための統治機構だっただけではない。王室の権威をインディアス諮問会議から、さらにその下のメキシコ地方行政にまで行き渡らせたのと同じ社会関係の構造が、資源を順次上に吸い上げ、統治の費用をまかなったうえで、差額をスペイン本国に送るという国家財政上の構造を形成した[133]（新世界のもう一つの主要な財源は、植民地貿易の王室管理であった）。

第二段階は、新世界の政府機関からエンコメンデーロを順次排除した後、一五四二年にエンコミエンダ制そのものへの直接攻撃に移ったことである。中央集権化する王制と、立場を変えつつあった教会の利害が一時的ではあるが強く結びついた結果、この年に「新法」が策定されたが、この法律は先住民の奴隷化の禁止、個人的な賦役労働の制限、借り手が死亡して空席となったエンコミエンダの王室への返還を規定していた。

新法は激しい反対を巻き起こした。ペルーでは反乱が勃発し、副王が殺されるにいたる。そのため、新法は実施に移されず、一五四七年には正式の廃止に追い込まれた。だが、エンコミエンダは存続しなかった。アステカとインカの既存の貢納制度の先端に組み込まれたこの制度は、それが大きく依存していたインディオ社会の物理的、制度的崩壊とともに破綻を迎えた。一五二〇年から一六五〇年のあいだに、メキシコの先住民の数は二五〇〇万人から一五〇万人へ、ペルーの場合は五〇〇万人から三〇万人以下へと減少した[134]。人口が激減する中、インディオの労働力に対する支配権は、しだいに王室が指名するコレヒドール（インディオ監督官）ににぎられるようになっていった。コレヒドールは、輪番で徴用された労働力を新興階級であるスペイン人農業経営者に配分する役目を担った。このレパルティミエント制は、今度は、アシエンダ制に席を譲った。それは、絶滅したインディオ・コミュニティーの土地を占有した大土地所有制度であり、土地は個人の完全な私有財産として保有され、賃労働と債務労働制のもとで労働力を確保した。インディオ人口の激減は、生き残ったインディオにとってレパルティミエントの重圧が増すことを意味した。レパルティミエントは、個人ではなく先住民のコミュニティーごとに賦役を課す制度であり、また、インディオ住民はアシエンダ（あるいは鉱山）へ逃げ込むことで賦役をまぬがれることが可能であったため、レパルティミエント制は、歴史的に見れば、コンキスタドールが引き継いだ生産の自然発生的モデルから、ニュー・スペイン植民地で復活した貢納制度への橋渡しとしてはたらいた[135]。

## スペイン帝国の理論

国際システムの歴史的出現を、文化的に単一なキリスト教世界から、幅広い文化的多様性をもつ自覚的な「国際社会」への規範的発展と考えているような、現代の国際システム研究者にとっては、スペイン人によるアメリカ大陸の征服は取るに足らない決まりきった出来事であろう[136]。しかし、先住民に対する征服と支配とが、非キリスト教徒である臣民の政治的権利をめぐって、一六世紀のスペインで法律的、神学的な大論争を引き起こしたことは紛れもない事実である。それらの論争が人道主義的な訴えを、あるいは、すでにローマ以来の万民法の伝統の中で発展してきた個人の国際的な権利の意識を活性化しただけではなかったことも事実である。もし当時の人々の議論がまだ現代的な意味での国家の権利をめぐるものでなかったとしても（ただし、ヴィトリアは「明言こそしていないが、諸国家の平等性といういまではよく知られた原則を前提にしている」[137]と言う）、その議論の核は、とりわけて政治的な支配を拡張することの法的根拠にあった。それは、彼らが同時代に起こったアフリカ人奴隷の拡大に対しては「沈黙の共謀」[138]を決め込んだことからも明らかである。奴隷の拡大は、いかなる法律的ジレンマも生み出さなかったのである。アメリカ先住民は、どれほど惨めな従属下にあろうとも、奴隷のように、新世界に貿易商品として持ち込まれたものとは違い、政治的な臣民であった。最終的に、これらの法的な問題はスペイン王室自体を動かし、王室は論争を許したばかりでなく、論争への積極的参加を呼びかけ、公式な論議の場を提供したことも事実である。たとえば、一五五〇年、バリャドリードでのラス・カサスとセプルベダとの本格的論戦、それより早い一五二九年、バルセロナにおいて神聖ローマ皇帝の命令で開催された評議会での神学者と法学者との論争などがあげられる。[139]

だが、これらの論戦が、キリスト教世界を超えたヨーロッパの政治的支配の拡張が呼び起こした国際社会の新しい概念の登場に対して、因果関係や重要な意味をもっていたという主張には、あまり根拠がない。それが論戦の公式の内容だったかもしれないのだが、前に述べたような、立場を変えつつあった教会と絶対主義化する王室とのあいだの部分的かつ一時的な利害の一致という状況下では、論戦の重心や政治的意味はそれ以外のところにあったといえよう。

先住民の改宗を任されたフランシスコ会とドミニコ会は、現地先住民がスペイン人征服者から隔離され、改宗と教会の規範のもとでの生活に集中できるような、新しい都市センターを創設しようと試みた。このことは「必然的に、スペイン人の経済活動が依存しているインディオの労働の支配に介入することになった」[140]。とりわけ、半封建的なシステムであるエンコミエンダと直接に競合した。エンコミエンダによって、コンキスタドールは彼らの略奪を制度化していた。植民地での所有と統治の改革を求めるドミニコ会の活動（一五一〇年以降）はハプスブルク家の宮廷の理解を得たが、それはエンコミエンダに対する宮廷の敵対意識によるものであった。[141] つまり「成長しつつあった絶対王制にとって、新たな封建的貴族層が海外で形成されるのは許し難いことだった」のである。したがって、インディオの権利擁護の主導者ラス・カサスの公式の議論が[142]、王の統治権は譲渡されえないとする「王権の理論」を軸に組み立てられていることは、特筆されるべきであろう。ラス・カサスの提案は、ある場合には直接的に、一五四二年の新法での、不首尾に終わったエンコミエンダ制の廃止の試みにつながっている。これに対し、コンキスタドールの権利を擁護するセプルベダの議論は、生まれながらの貴族という考え方に基づいている。

したがって、インディオに対するヨーロッパ人の政治的権利をめぐる広範な論争は、新興の植民地貴族に対する絶対君主制の権利という、言外の意味をもっていたのである。この言外の意味の重要性は、フェリペ二世の時代、銀山でインディオの労働力が必要になると、王室の関心は宣教計画が敷いた法的、組織的路線から離れ、インディオの権利という問題はすっかり視野の外に消えてしまったという事実からも読み取ることができるだろう。

> 一六世紀の中頃以降、帝国主義の政治理論は、帝国の慣行と、帝国の行政官の意見とから演繹されるべきものとされ、……スペインではまじめな学問的議論の対象とはならなくなっていた［からである］[143]。

さて、われわれがこのエピソードを思い起こすのは、それがもつ新たな哲学的意味のためかもしれない。だが、もう少し違った理由から思い起こすということもありうる。というのも、パリーが「スペイン帝国の理論」と呼ぶのは、実は当時の国際関係論であり、帝国という枠組みの中の特権的グループが彼らの優越的支配権を表現し、支配される人々の運命を論じた言葉である。この論争で問題となったのは人間の大きな利害であることはわれわれも知っているから、その重要性を軽視しようとは思わない。ただ、それと同じく（おそらく二〇世紀に生きるわれわれは、もはや王権や貴族制といったものを信じていないから）、われわれが論争を文字どおりに理解することはないし、そこで言われているカテゴリーを自明のものとすることもない。これらのカテゴリーが当該社会に特殊な社会的パワーの構造とどのような共鳴関係にあるのか、われわれはその手がかりを求めている。国際関係論に見られる現代の知的枠組みに対するのと同じアプローチを採用することが、われわれにとってあまり自然でないとするなら、それはたしかに、手がかりが説得力を欠いているからではない。この学問はほとんど全面的にアングロ・サクソン的なもの、つまり、近代の国家システムの中で指導的役割を担ってきた国民の領域のものである。したがって、その中心的な言説が、国際的なパワーの特定の形態での行使を表現し、合法化するような管理者の言説ではなかったとしたら、むしろ驚きだろう。

## 結論

こうしてポルトガルとスペインの拡張の歴史を振り返ることは、より幅広い議論にとって二つの意味をもっている。第一に、地政学的な拡張の力学や形態は構造的に固有のものだということが示された。それは、一方で、拡張していく社会秩序の歴史的独自性に固有であり、他方、この社会秩序が取り込み、管理しようとする特定の社会関係に固有である。したがって、これらのエピソードを地政学の観点だけから評価したり、独自の地政学のなんらかの特性を基準に説明しようとしたりするのは無意味である。例えば、次のような文章は意味がない。

拡張するのはパワーの本性である。……パワーの拡張は二つの原因に基づく。内部の圧力と周囲を取り巻くパワーの弱さである。外に向かう圧力と外部からの抵抗とが均衡にいたったとき、拡張は止まる。(144)

第二の意味は、本書の残りの部分でのわれわれが追究すべき課題につながっている。初期近代の帝国が複合的な社会秩序として再生産されたことを理解するのは、難しいことではない。構造化された社会関係は、「権力と富」のあいだの区別をつけようとする試みに抵抗を示す。ポルトガル人はたいていの場合、アジア世界の隙間に入り込んだが、彼らの商業活動は、王室という政治的権威が指揮する交換関係で成り立っていた。これに対し、スペイン帝国は、文字どおりカスティリア社会の延長であった。どちらの場合も、政治的関係は商品と一緒に運ばれていったから、剰余の流れに影響を与える社会的パワーの境界線はきわめてはっきりしている。それは、本国の政治的支配権の延長という形態をとる。こうして、スペイン帝国もポルトガル帝国も、資本主義以前の地政学的なパワーの構造のほぼすべてと同じく、地理的な存在として視覚化できるのである。

政治と経済（economics=「経済 economies」を社会秩序として理解したもの）がこのように不可分のものとしてある状況は、今日では思い浮かべるのが難しい。実際、現代の国際システムは、これ以上ないほどの違いを見せている。政治的支配権の境界線は固定された国境を越えることはない。一方、経済活動の境界線は、正式の国家主権の城壁を壊すことなく、無数の国際交易を通じて、日々伸び続けている。こうした現象は、われわれの構造的分析方法を現代の国際システムに適用しても過去に適用した場合と同じ効果を期待できないということを示唆しているように見えるかもしれない。というのも、伝統的な社会や国家が自己調整的市場の出現を阻んできたかぎりでは、政治と経済とは実際に絡み合っていたため、社会学的分析は、それぞれのケースで起こった干渉と腐敗の構造を特定する必要があったのに対し、ひとたび自由市場には富を生み出す性質のあることが理解されると、国家は市場に自己自身を調整させることが利益であると感じるようになり、しだいに国家自身の活動を政府の政治的機能に限定するようになったからである。

その結果、いまでは富の創造という仕事は市場において行なわれ、そのはたらきは経済学によって分析されている。その一方、パワーをめぐる闘争は国家の内部で行なわれるが、この分野は政治学の分析対象である。二つの分野の経験的な相互作用は、政治経済学によって研究されている。そして、社会学は、「社会」という一般的な名のもとに、社会的再生産のための残りの装置——家族、社会階級、逸脱、教育など——を結びつける、残余の学問分野を形成している。[145]これと同じ分離が国際的なレベルについても見られるのであり、世界市場は国際経済学が研究し、国家システムは国際関係論が研究することになっている。

このような歴史の見方が正しいとするなら、つまり、もし近代の国際システムを区別するものがたんにより自由な市場と、より行儀のよい国家の存在であるとするならば、過去の歴史上の時期における社会構造と地政学的システムとの結びつきをどんなに証明したところで、現代の社会科学の中での分業にとって、いかなる批判的含意ももたないことになる。結局、いまやわれわれは別の世界に暮らしているのであり、この世界の制度的な分化傾向は実際、この知的な分業に事実上対応しているというわけである。そうだとすると、ここまでのわれわれの結論、そして、われわれが展開してきた史的唯物論の方法は、実のところ、歴史学方法論的な関心を惹くだけということになる。このような見方に含まれるとんでもない仮定を取り上げてマルクスは書いている。「したがって、かつては歴史というものがあったこともあるが、もはやそれは存在しないのである」[146]。一方、もしこれが正しくないとするなら、つまり、もしこの分業は逆に近代の社会形態を自然化することであり、さらに神秘化することであるとするなら、マルクスの方法は、正統的な社会科学には開けることのできない本質的世界への鍵であるかもしれない。これが次章でわれわれが向かう問題である。

## 注

（1）「『広くとらえた』一六世紀（一四五〇―一六四〇年）におけるヨーロッパ世界経済の出現は、歴史的状況の巡り会わせによって可能となった。……それは、分業の地理的拡大によってのみ解決されるような矛盾を生み出した」（I. Wallerstein, *The Capitalist World Economy*, Cambridge 1979, p. 25〔邦訳、三〇頁〕。

（2）一九世紀以前から国際経済は存在していたとする考え方に対して経験的な裏づけをもった強力な批判として、P. O'Brien, 'Europe in the World Economy', in H. Bull and A. Watson, eds., *The Expansion of International Society*, Oxford 1984を参照。

（3）このテーマは、第六章で展開する。

（4）*Capital*, Vol. I, p. 915〔邦訳、九八〇頁〕。

（5）カモンイス（Luiz Vas de Camoens）の作品『ルジアダス』の冒頭の一節（D. O'Sullivan, *The Age of Discovery*, Harlow 1984, p. 95から引用）。

（6）Ibid., p. 11. ポルトガル王ジョアン一世の王子であるエンリケ航海王子は西アフリカ沿岸の航路開拓の推進で名高いが、彼自身は航海に参加したことはない。

（7）J. H. Elliott, *Imperial Spain, 1469–1716*, London 1970, p. 57〔邦訳、五三頁〕。

（8）Wolf, pp. 38–39.

（9）O'Sullivan, pp. 13–14を参照。

（10）Ibid., p. 22.

（11）*The Age of Reconnaissance*, p. 55.

（12）Wolf, p. 111およびDavis, pp. 3–4を参照。

（13）Curtin, p. 139〔邦訳、一九八頁〕。ヴァスコ・ダ・ガマ自身は「専門の船乗りではなく、貴族、軍人、外交官であった」（Parry, *The Age of Reconnaissance*, p. 179）。

（14）例えばDavis, pp. 3–4をO'Sullivan, p. 10やWolf, p. 112と比較すること。ブローデルは一三八五年に「リスボンに《ブルジョワ》革命が起こって、アヴィス王朝が樹立された」と驚くべき指摘を行なっており、「こうしたすべてを考慮すると、［ポルトガルは］すでに『近代国家』への途上にあった」と付け加えている（Braudel, p. 140〔邦訳、一七五頁〕）。ボクサーは一三世紀のポルトガルを「近代ヨーロッパ国民国家の最初の例」（C. R. Boxer, *The Portuguese Seaborne Empire 1415–1825*, Harmondsworth 1973, p. 4）としているが、ここで彼は、ポルトガルがアルガーヴにあった最後のムーア人の王国を一二四九年に打ち破って現在の国境を確定したことを指しているだけのようである。

（15）Curtin, p. 139〔邦訳、一九九―二〇〇頁〕。

（16）Boxer, p. 321からの引用。

（17）Ibid., p. 215.

（18）Ibid., p. 219.

（19）O'Sullivan, p. 20.

（20）Boxer, p. 53から引用。

（21）Ibid., pp. 49–51.

(22) Curtin, p. 137〔邦訳、一九六頁〕。
(23) Parry, *The Age of Reconnaissance*, p. 62.
(24) 数字は Boxer, p. 381 の表から計算。
(25) Curtin, p. 143〔邦訳、二〇三頁〕。
(26) Ibid., p. 142〔邦訳、二〇三頁〕。
(27) Ibid., p. 144〔邦訳、二〇四頁〕。
(28) Boxer, p. 59.
(29) Wallerstein, *The Modern World-System*, Vol. I, London 1974, p. 326〔邦訳、第二巻、一三八頁〕。
(30) Boxer, p. 324. さらにボクサーは、「国王ジョアン五世の目を見張る贅沢は彼の陸軍、海軍、その他の必要不可欠な業務を貧弱な状態に放置する結果となった」と述べている。だが、王室による浪費そのものは、以下に述べるようなポルトガルの失敗の独自の形態を説明するものではない。
(31) *The Age of Reconnaissance*, p. 64.
(32) Wallerstein, *The Modern World-System*, Vol. I, p. 331〔邦訳、第二巻、二四二頁〕。同様のことは、奴隷中心で行なわれていたブラジルの砂糖生産にも当てはまる。そこでは、「ポルトガル人は新世界に、ヨーロッパ地中海諸国で長く行なわれていた農業複合体を持ち込んだ」(Wolf, p. 149)。
(33) Wallerstein, *The Modern World-System*, Vol. I, p. 328〔邦訳、第二巻、二四〇―二四一頁〕。
(34) Wolf, p. 79.
(35) M. Dobb, *Studies in the Development of Capitalism*, New York 1963, p. 8〔邦訳、一〇頁〕。
(36) *Capital*, Vol. III, p. 329〔邦訳、四一一頁〕。
(37) Ibid., p. 331n〔邦訳、四一三頁、注四八〕。
(38) Ibn Khaldun, Wolf, p. 120 からの引用〔イブン・ハルドゥーン著、森本公誠訳『歴史序説』岩波文庫、第三巻、四四四頁〕。
(39) Glamann, p. 475.

(40)　Davis, p. 181.

(41)　Wallerstein, *The Modern World-System*, Vol. II, London 1980, pp. 52 and 53〔邦訳、五七頁〕。オランダ人も、彼らの地理的条件を活かして、バルト海諸国産の穀物とポルトガルの香辛料との交易を促進し、拡大することができた。

(42)　Koenigsberger, pp. 171–173.

(43)　Davis, pp. 190–191. オランダ人自身、その半世紀前には、資金力や武力を使ってポルトガル人を香辛料貿易から駆逐していた。Braudel, *The Perspective of the World*, pp. 211–213〔邦訳、二六九―二七三頁〕を参照。

(44)　*Capital*, Vol. III, p. 330〔邦訳、四一二頁〕。

(45)　Ibid., p. 328〔邦訳、四〇九頁〕。

(46)　このことを立証する例外が一つあるとすれば、それはカール・ポラニーの著作（Karl Polanyi, *The Great Transformation*, 一九四四年初版）である。そのなかでポラニーは資本主義を、「自己調整的市場」が近代社会で演じる支配的な役割に結びつけている。だが、彼は、「われわれの時代より前には、原理的にさえ、市場に統制される経済が存在したことは一度もなかった」（ibid., p. 43〔邦訳、五七頁〕）という点を強調するだけでなく、この市場を政治的あるいは慣習的に統制された先行形態から区別する「自己調整」とはそれ自体、労働力（次いで土地）の商品化の産物であることを明確に述べている。したがって、ポラニーはマルクスの社会理論を論じてはいないが、資本主義的市場の歴史的、構造的な特性に注目することによって、前資本主義的商業活動と資本主義的商業活動との構造的な断絶を認識することができたのである。「一八世紀末までは、西ヨーロッパの工業生産は商業のたんなる付属物にすぎなかった」（ibid., p. 74〔邦訳、九九頁〕）。さらにまた、ポラニーの人類学的な用語法はこの分野に二つの特別な強みをもたらしている。一つは、社会を社会的全体として理論化しようという強い動機、もう一つは、非資本主義的な（部族）社会についての比較可能な経験的知識の豊富さである。そのため、彼は、「市場経済」に特殊な諸条件を、他の社会を分析するための超歴史的で文化横断的な諸前提へと当てはめることに慎重である。その一方、資本主義的市場の歴史的新しさを認識しているにもかかわらず、ポラニーはけっして、それの社会理論を提供しなかった。彼はただ社会組織のメカニズムとしてその実際的な影響を明らかにしただけである。次のステップ、つまり、人と人との価値関係は「背後」に存在し、物と物との交換関係を通じてのみ実現するということの理解へと進んだのは、マルクスだけだった。ポラニーにとって、労働力の商品化はとんでもないことだが、けっして不可解なことではなかった。ポラニーの理論的枠組みの限界を好意的な立場から検討し精査したものとしては、M. Godelier, 'Karl Polanyi and the "Shifting Place" of the Economy in Societies', in *The Mental and the Material*, London 1986 を参照。

(47) H. H. Gerth and C. W. Mills eds., *Max Weber: Essays in Sociology*, London 1948, pp. 166–169 には帝国主義についての議論が見られる。

(48) Curtin, p. 136〔邦訳、一九五頁〕。

(49) O'Sullivan, pp. 15–16.

(50) Parry, *The Age of Reconnaissance*, p. 173.

(51) それは、いろいろな意味においてである。この条約により、カスティリアはカナリア諸島の領有を許されたが、すぐにわかるように、それは北東貿易風域の北端に位置している。

(52) 後にスペインとポルトガルのあいだで世界の東西二分割を固めたのが、有名なトルデシリャス条約（一四九四年）であった。この条約では、教皇の大勅書「インテル・カエテラ」が主張する境界線の経度をベルデ岬諸島の西三七〇リーグにまで移動させた。だが、スペイン王室は、モルッカ諸島への西回りルートの対抗的開拓に固執し、この目標をようやく放棄したのは、香辛料の太平洋貿易の帰路メキシコへ向かうことのできる太平洋西回り航路の発見にマゼランが失敗した後の一五二九年（サラゴサ条約）であった（O'Sullivan, p. 44 を参照）。一五六五年に航路がついに発見されたとき、皮肉なことに、その影響で起こったのは、ポルトガルの香辛料貿易へのスペインの割り込みではなく、（マニラ経由での）アメリカ産の銀の中国への膨大な流入であった。

(53) ブローデルは、ギニアとの金貿易について、当時の計算で五〇〇％の利益をもたらしたとしている（Braudel, p. 142〔邦訳、一七八頁〕）。香辛料貿易については、重量対価値の比率で、バルト海諸国の主要産品の取引と比較してみよう。一六〇〇年頃、毎年一二万六一〇九・四トンの穀物がヨーロッパに輸入されていたが、その価値は八七・五トンの銀と同じだった。同じ頃、二七一二トンの香辛料が輸入されていたが、これは一三六・八トンの銀に相当した（P. Kriedte, *Peasants,*

*Landlords and Merchant Capitalists*, Leamington Spa 1983, p. 41）。重量対価値の比率の差は七二倍となる。

(54) Parry, *The Age of Reconnaissance*, p. 73.

(55) Braudel, p. 143〔邦訳、一七八頁〕。

(56) Glamann, p. 486.

(57) Boxer, p. 61. 後者の新機軸はうまくいかなかったが、それが登場したこと自体、驚くべきことである。

(58) Braudel, p. 149〔邦訳、一八七頁〕。

(59) Ibid., p. 149〔邦訳、一八七―一八八頁〕。

(60) ピエール・ショーニュ（Pierre Chaunu）の推計によれば、この時期の東西貿易はヨーロッパに非常に有利であった。「一二万ないし一五万トンの香辛料の輸入に対し、商品はほとんど輸出せず、脆弱なアフリカ社会から強奪した一五〇トンの金が輸出された。残りは銀で決済されたはずで、計算は難しいが六〇〇〇トン分程度であったろう」（Wallerstein, *The Modern World-System*, Vol. I, p. 329〔邦訳、第二巻、二六七頁〕）。

(61) Boxer, p. 69. ポルトガル人が陸上の交易路を支配したことはなかった。ボクサーによれば、一六世紀末には、ポルトガルの海上ルート経由を上回る量の胡椒が「レヴァントへの陸上ルートを経由してヨーロッパに運び込まれていた」（Boxer, p. 60）。最終的に、ボクサーも書いているように、戦略的な理由（オスマン帝国に対抗するためにペルシャとの関係を強めようという思惑）から、ペルシャ湾の海上ルートからイスラム商人を完全に閉め出すことはなかった（Boxer, p. 59）。

(62) Parry, *The Age of Reconnaissance*, p. 240.

(63) すでに第二章で述べたように、インドにおける香辛料の消費量はヨーロッパの二倍であった（Braudel, p. 219〔邦訳、二八一頁〕）。

(64) Boxer, p. 60. スペインがメキシコの銀鉱山を開拓したこともまた、アジアでの流通への西洋の参入を促進した。Wallerstein, *The Modern World-System*, Vol. I, p. 329, especially footnotes 132 and 133〔邦訳、第二巻、二六七頁、注一三二および一三三〕を参照。

（65） Parry, *The Age of Reconnaissance*, pp. 241–242.

（66） Boxer, p. 324.

（67） 例えば、Boxer, pp. 61–63 and chapter 14を参照。

（68） Wallerstein, *The Modern World-System*, Vol. I, p. 331n〔邦訳、第二巻、二六八頁〕に引用されているサンソム（Sansom）の記述（G. B. Sansom, *The Western World and Japan*, New York 1950, p. 87〔サンソム著、金井円ほか訳『西欧世界と日本』上、筑摩書房、一九六六年、一一五頁〕）。実際、表面的なものにとどまったのは、アジアの社会秩序への浸透だけではなかった。ポルトガルが地域貿易の支配に成功したといっても、それ自体、全体と比較すればささやかなものでしかなかった。カーティンによれば、「グジャラート商人の多くがポルトガルのカルタス制度の下で交易していたにもかかわらず、〔一五七〇年代の〕グジャラートの関税収入はポルトガル帝国の全アジアでの総収入の三倍あった」（Curtin, p. 145〔邦訳、二〇六頁〕）。

（69） H. Kamen, *Spain, 1469-1714: A Society of Conflict*, Harlow 1983, p. 91.

（70） Claudio Sanchez-Albornoz, 'The Continuing Tradition of Reconquest', in H. B. Johnson, ed., *From Reconquest to Empire: The Iberian Background to Latin American History*, New York 1970, p. 43.

（71） J. Lang, *Conquest and Commerce: Spain and England in the Americas*, New York and London 1975, p. 10.

（72） *Passages from Antiquity to Feudalism*, p. 168〔邦訳、一七四頁〕。

（73） J. H. Parry, *The Spanish Seaborne Empire*, London 1966, pp. 30–31を参照。

（74） Anderson, *Passages from Antiquity to Feudalism*, pp. 168–169〔邦訳、一七五頁〕。

（75） E. Lourie, 'A Society Organized for War: Medieval Spain', *Past and Present*, December 1966, p. 69.

（76） Lang, pp. 27–28.

（77） J. W. Thompson, *Economic and Social History of the Middle Ages*, Vol. II, New York 1959, pp. 556–557を参照。

（78） カスティリア王国において、略奪と特権的な軍事的消費へと向かう都市の傾向がもたらしたもう一つの結果は、都市のブルジョアジーの成長が妨げられたことである。こうした発展の歪みを最も明確に示すのは、ヨーロッパの他の国では、絶対王制の確立は貴族の抵抗を打破し、都市を支持基盤とすることで行なわれたのに対し、スペインの場合、これが逆であったという事実である。スペインの王室が絶対王制への組織的抵抗に勝利したのは——実際に抵抗勢力と武力で戦った唯一のケースであったが——貴族ではなく都市の軍事的敗北によるものであった」（Anderson, *Lineages of the Absolutist State*, p. 68）。

(79) Lourie, p. 60.

(80) J. W. Thompson, pp. 554–555を参照。

(81) H. B. Johnson, ed., *From Reconquest to Empire: The Iberian Background to Latin American History*, New York 1970, pp. 9–10の 'Introduction' を参照。

(82) Elliott, p. 59.

(83) エンコミエンダ制とカスティリア王国におけるその多様な先行形態との徹底的な比較を行なったものとして、R. S. Chamberlain, 'The Roots of Lordship: The *Encomienda* in Medieval Castile', in H. B. Johnson, ed., *From Reconquest to Empire: The Iberian Background to Latin American History*, New York 1970を参照。

(84) エリオットによれば「中世カスティリア王国の内政組織は忠実に海外植民地に移植された」（Elliott, p. 60）。

(85) Lang, pp. 27–28.

(86) Parry, *Age of Reconnaissance*, p. 211, および O'Sullivan, p. 46を参照。

(87) 「征服軍の指揮官が最初に行なったことは、各地に都市をつくり、それらを王国に法的に組み入れ、直接の部下を行政官に任命することであった」（J. H. Parry, 'The New World, 1521–1580', in G. R. Elton, ed., *The Cambridge Modern History: Vol. II: The Reformation, 1520–1559*, Cambridge 1965, p. 563）。

(88) 「メキシコ・シティーとおそらくベラクルスを除き、メキシコでスペイン人が建設したすべての都市から、スペイン人の住民は建設後数年以内に立ち去った」（Davis, p. 42）。

(89) 「一三八三年のアヴィス革命まで、王室の毎年の歳入は教会のそれとほぼ同額であり、両者を合わせた額は、貴族層の全歳入の四倍から八倍にあたった」（Anderson, *Passages from Antiquity to Feudalism*, p. 172〔邦訳、一七八頁〕）。

(90) Elliott, p. 26を参照。
(91) こうした闘争の中身については、Holmes, pp. 61–63を参照。
(92) Johnson, p. 10.
(93) おそらく（Kamen, p. 50が示唆するように）ムーア人によるものか、それとも（Johnson, p. 10が言うように）イタリア商人に煽動されたカスティリア人によるものだろう。
(94) Elliott, p. 33. カスティリア王国ではつねに、「定住者にとって牧畜はほぼ唯一の職業だった」（J. W. Thompson, p. 555）。
(95) Johnson, p. 11.
(96) Wolf, p. 135および Davis, p. 46を参照。
(97) O'Sullivan, p. 55.
(98) コルテスの言葉。Kamen, p. 92から引用。
(99) O'Sullivan, p. 32.
(100) Ibid., p. 34.
(101) Elliott, p. 32.
(102) Johnson, p. 17.
(103) Ibid.
(104) Anderson, *Passages from Antiquity to Feudalism*, pp. 199–200〔邦訳、二二〇頁〕。
(105) Davis, p. 98.
(106) Ibid., p. 69; C. Kindleberger, *Historical Economics: Art or Science?*, Hemel Hempstead 1990, p. 37; Glamann, p. 430. デイヴィスは後にこう付言した。「ほぼ一六世紀を通じて、実物資源に対する圧力がスペインの価格上昇の主たる原因であった。貨幣供給の急増が与えた影響はごくわずかなものだった」（Davis, p. 98）。
(107) Davis, p. 98.
(108) Kindleberger, p. 40.

(109) *The Conquest of New Spain*, ed. J. M. Cohen, Harmondsworth 1963, p. 274.

(110) イサベル女王の「[一五〇四年に遺した] 遺言は、彼女の夫に『アフリカ征服とムーア人に対する聖戦とに不断の努力を傾けること』を求めている」（Elliott, p. 53）。

(111) O'Sullivan, p. 27.

(112) Kindleberger, p. 40.

(113) このことは、探検による発見全般について言える。パリーは、ポルトガルとスペインの長距離貿易が一六世紀に同時に盛んになった点を論じて、以下のような指摘を行なっている。「この世紀に他の国が行なった探検活動の多くは、これら二国の独占を打破したい、あるいは出し抜きたいという希望のもとで行なわれた」（Parry, *The Age of Reconnaissance*, p. 224）。同じく、一六世紀に行なわれたアメリカ大陸の探検の多くは、コルテスやピサロを真似てどこかにある帝国を征服することを夢見た個人によって行なわれた。例えば、ibid., pp. 221–222を参照。

(114) Ibid., p. 40.

(115) Parry, *The Age of Reconnaissance*, pp. 253–256. パリーによれば、この探索は「主要な目的では失敗したが、後に思いもかけぬ方向での成功例となった、ひとつの武勇談である」（ibid., p. 255）。

(116) Johnson, p. 23を参照。

(117) O'Sullivan, p. 33.

(118) Ibid., p. 24.

(119) Johnson, p. 34. エリオットは手短に、コロンブスの個人的失敗を地中海型アプローチ（交易拠点の確保）とイベリア型アプローチ（領土の確保）の対立という構図の中で議論している（Elliott, pp. 61–62）。だが、パリーはこの段階では対立は明示的ではなかったと考える。「航海の直接的な目的は、新しい交易を開拓することでも、東にある王国を征服することでもなく、イスパニョーラ諸島に植民することであった。自給のための食糧を生産したり、スペインに金を送って航海の費用をまかなったりできる、金の採掘や農耕のための植民地を建設することであり、同時に、ジパング（日本）や中国やインドをめざしてさらに探検を進めるための基地を設けることであった」（Parry, *The Age of Reconnaissance*, p. 194）。

（120）　Johnson, p. 23.

（121）　*The Age of Reconnaissance*, pp. 207 and 222.

（122）　Ibid., p. 211.

（123）　Diaz, pp. 245–277〔邦訳、第二巻、六―一二二頁〕を参照。コンキスタドールたちのあいだで分配するために国庫の中身はただちに溶かされた。「金の量は膨大で、取り壊した後には三つの金の山が出来た。その重さは、銀やその他の財宝を除いて金だけで六〇万ペソ以上あった。それも板状になった金や採掘されたままの金は計算に入れずにである」（ibid., pp. 271–272〔邦訳、第二巻、一六頁〕）。

（124）　Parry, *The Age of Reconnaissance*, p. 213.

（125）　「舗装した道路は一万五〇〇〇キロあった！」とマンは驚いている（Mann, *The Sources of Social Power*, p. 122〔邦訳、一三七頁〕）。インカの領内を北から南に走るアンデス「王の道」は三三五〇マイルで、「一九世紀まで史上最長の幹線道路であった」（V. W. von Hagen, *The Ancient Sun Kingdoms of the Americas*, London 1962, p. 308）。これに加えて、海岸沿いに二五二〇マイルの道路が並行して走り、両者は短い間道によって多くの地点で連結していた。これらの道路はできるかぎり二四フィートの標準幅で建設されており、両側を低い塀で囲われていた。あらかじめ食料やその他の資源を一定の間隔で配備したことにより、兵の急な集結や移動が可能となっただけではなく、伝令のリレー方式で「ローマ帝国も含め、世界で最も迅速な情報伝達システム」が作り出された（ibid., p. 317）。マンは、最後に示されたような判断が依拠してきた初期の記録のいくつかに懐疑的であるが、それはおそらく賢明なことであろう（Mann, *The Sources of Social Power*, p. 122〔邦訳、一三七頁〕）。

（126）　ハーゲンは、ここでもスペイン人が神の降臨と誤って考えられたことを示唆している（Hagen, p. 328）。それに、一八〇人の長旅で疲弊した侵入者に対峙した八万人の屈強な兵を率いた指揮官が油断するのは、仕方のないことかもしれない。

（127）　ピサロの秘書は「最初から最後までインディオはスペイン人に立ち向かってこなかった」と書いている（O'Sullivan, p. 53）。こうした無抵抗は、コルテスに幽閉されたモクテスマ王の恭順の姿勢を思い起こさせる。事態の進展が理解の範囲を超えていたため、彼自身の自由意思だと信じたまま、実はコルテスが熱心にそそのかした誘いに乗せられ、まんまと操られてしまったのである（Diaz, pp. 246–247〔邦訳、第二巻、三一五頁〕）。

(128) O'Sullivan, p. 53を参照。

(129) Hagen, p. 300. 比較のために言うと、一五五〇年のカスティリアの一般税収（主に国内の売上税）の総額は一〇〇万ペソを少し上回った。ダカット金貨での数値はKamen, p. 87を、その換算レートについては、ibid., pp. x–xiを参照。

(130) Parry, *The Age of Reconnaissance*, pp. 218–220を参照。

(131) 以下については、idem, 'The New World, 1521–1580', pp. 562–572を参照。

(132) Lang, pp. 33–34を参照。

(133) Ibid., p. 35.

(134) Wolf, p. 134.「山の王、王の羨望の的」と市の紋章にも記されているポトシの銀山は、周辺の住民を恐ろしい貪欲さで使い尽くした。一六六〇年までに、アルティプラノ地方の人口は八〇％激減した。一八二三年に閉鎖されるまでのあいだに、銀山の操業によって八〇〇万人もの人命が奪われた（L. Potts, *The World Labour Market: A History of Migration*, London 1990, pp. 22–23を参照）。

(135) この流れをよくまとめたものとして、Lang, pp. 18–24を参照。

(136) この流れにそった慎重な議論としては、M. Donelan, 'Spain and the Indies', in H. Bull and A. Watson, eds., *The Expansion of International Society*, Oxford 1984を参照。カーメンが言うように、フランシスコ・デ・ヴィトリアは「インディオ問題を研究したことによって、国際法の枠組みを創り出す人間関係や、人間の権利についての諸原理を展開することができた」（Kamen, p. 93）。

(137) J. H. Parry, *The Spanish Theory of Empire in the Sixteenth Century*, New York, p. 21.

(138) Idem, *The Age of Reconnaissance*, p. 347.

(139) Ibid., p. 386および *The Spanish Theory of Empire*, p. 27をそれぞれ参照。

(140) Idem, *The Age of Reconnaissance*, p. 291.

(141) Ibid., p. 222.

(142) Idem, *The Spanish Theory of Empire*, pp. 49–56.

(143) Ibid.

(144) Wight, *Power Politics*, pp. 144 and 149.

(145) 近代の国際システムを市場、国家、社会という切り離された制度の観点からとらえる立場としては、R. Gilpin, *The Political Economy of International Relations*, Princeton 1987, chapter 1〔邦訳、第一章〕を参照。このような考え方はまた、ポラニーの社会観の限界でもある。これに対し、ミルズは社会学が結果的には「アカデミズムの残余物の雑多な研究を内容とする、社会科学のなかでの臨時雇いのごときもの」になってしまうことに断固として反対した（C. Wright Mills, *The Sociological Imagination*, Oxford 1959, p. 23〔邦訳、三〇頁〕）。

(146) 「経済学者たちは奇妙な方法で論旨を展開する。彼らにとっては、人為的制度と自然の制度という二種類の制度が存在するだけである。封建制の諸制度は人為的制度であり、ブルジョアジーの諸制度は自然的制度である。……したがって、かつては歴史が存在した。しかし、もはや歴史は存在しない。」（Marx, quoting *The Poverty of Philosophy*, in *Capital*, Vol. I, p. 175n〔邦訳『全集』第四巻、一四三―一四四頁〕）

# 第五章　市民社会の帝国

すでにこれまでの章で見たように、（戦略関係と社会的パワーの幅広い形態との対応を追跡するという）マルクスの方法は、歴史社会学の一般的方法として利用することが可能である。ただ、マルクス自身がこの方法を主に展開したのは、もちろん資本主義の分析においてであった。なぜなら、マルクスは、生産様式としての資本主義の構造的な特殊性を論じることによって、近代に特有の制度的形態を説明しようとしたからである。本章の目的は、この説明を近代の地政学的なパワーの支配的な形態にまで広げてみることにある。

議論は六部に分かれる。第一に、近代西欧社会の戦略的関係を確認し、それと国家の政治的形態との関連性を検討しなければならない。このことは、第二に、主権を資本主義に特有の政治的支配の形態として歴史的に理解する必要があるという示唆へとつながる。第三に、こうした（資本主義的生産関係と国家の主権形態とのあいだの）構造的関連は、近代の国際的パワーの独自の形態を下支えするものであり、また、なぜわれわれがグローバルな国家システムをもつにいたったのかを説明してくれるものでもあることが示される。この考察は、一方で、近代の国家システムの起源は絶対主義の時代に遡るという、広く受け入れられている考えに対する異議申し立てにつながるとともに、他方で、現実主義理論のもう一つの概念であるバランス・オブ・パワーの再解釈へと発展する。さらにまた、バランス・オブ・パワーの再解釈から明らかになるのは、マルクス自身が無政府状態《アナーキー》の理論を提供していること、しかも、それを地政学の時代超越的な条件としてではなく、資本主義的近代の特徴的な社会形態として提供しているということである。したがって、議論には、現実主義的な国際関係論の二つの中心的概念についての、かねてより約束していた再定義が含まれる。一言で言えば、国家主権の構造的特殊性は、市民社会からの国家主権の「抽象」のうちに存在する。この場合の抽象とは、市場という私的領域の成立のことであり、したがって、それは資本主義的生産関係と不可分である。その一方、無政府状態《アナーキー》は、現実主義から見れば、前社会的な自然状態のことであるが、マルクスによって「物象的依存性のうえに築かれた人格的独立性」〔*Grundrisse*, p. 158（邦訳、第一分冊、一三八頁）〕と定義された、歴史的に特殊な条件として再発見される。

## 市民社会の構造的基礎

マルクスにならって、まずは直接的生産者と生産諸条件の所有者との関係から始めよう。資本主義社会では、直接的生産者はもはや自分自身の生活手段を所有しない。また、彼らを剰余の搾取過程に結びつけているものは政治的な支配ではなく、この生活手段を得るために自らの労働を売らなければならないという必要性である。この必要性が、資本主義に特有の剰余の搾取関係を支えている。つまり、公的には平等な者どうしの法的に認められた交換の契約であるが、この契約によって、労働者は生産という私的領域で有無を言わさぬ従属を受け入れ、合意した賃金の支払いと引き替えに、生産物に対するいっさいの権利を放棄するのである。

この点に、他の時代との著しい違いがあらわれる。資本主義以前の社会では、公的な支配機構は、剰余の搾取過程に直接関与していたし、したがって、想像されるとおり、生産者は政治的に不自由であった。だからといって、資本主義以前のすべての社会が強制収容所だったというわけではない。剰余を搾取するために使われる非経済的手段は、マルクスが言うように、「夫役を伴う農奴制から、単なる貢納義務に至るまで」[1] さまざまであり、支配機構は、程度の差はあれ、大多数の農民の肩に重くのしかかっていたかもしれない。それは、公式の政治的不平等が社会的再生産にとって基本的であったことを意味する。しかし、資本主義の場合はそうではない。資本主義のもとでは、剰余の搾取にともなう、生産における公的な従属は、国家を通じて行なわれているのではない。したがって、公式の政治的不平等は生産関係に刻み込まれているわけではない。ただ、このことは、すべての資本主義社会が人権の安息の地であることを意味しているわけではない。繰り返せば、歴史的にはさまざまなケースがありうる。そして、ほんのひとにぎりの資本主義社会だけが、永続的な政治的民主主義を維持できているにすぎない。(2) だが、もしそれができる社会、そして、市民のあいだに公式の政治的平等を制度化できている社会があったとするなら、それは、資本主義的生産関係のもとで、剰余の直接的な搾取が、新たな形の社会的パワーと結びついた「非政治的」関係を通じて実現されるという事実を反映している。

では、この社会的パワーの新たな形とはどのようなものか。これこそ、マルクスが『資本論』第一巻で取り組んだ難問である。われわれはそれを「市場の力」と価値法則の支配と呼ぶ。だが、いったい市場とはなんであろうか。それは第一に、セイヤーが述べるように、われわれが個人としてそこに存在する物象というだけではなく、同時にわれわれが一つの社会として集団的に存在する、そのあり方である。(3) 一定の形式で社会秩序が再生産される際に影響を与えるのは、人々の社会関係の歴史的に固有なあり方である。資本主義的な市場を歴史上の他のあらゆる市場から区別するのは、労働力の普遍的な商品化である。この商品化が起こっているところでは、市場は、社会的な剰余のほんの一部だけがそこで流通するような、たんなる自発的な交換関係であることをやめる。市場は強制的な結合関係となり、すべての構成員を非人格的な価値法則に従属させる。この新たな支配形態がなにによって成り立っているのか、どのようにして機能しているのかを暴くことが、資本主義的近代についてのマルクス独自の理論、『資本論』で打ち出された社会的な価値論の中心目的である。(4) ここでの中心問題は、簡単に言えばこういうことである。労働契約を通じたこうした結合関係への取り込みが法的に平等な者どうしの交換関係という形態をとっているがゆえに、剰余の搾取過程は市民社会の私的活動として再構成されるのである。

これが経済と呼ばれるものである。だが、経済とはなんであるのか。われわれは、この社会生活の独自の部門が存在することを当然と考えてしまうあまり、この言葉があらわすものの目新しさや特徴について、この言葉自体がいかにわずかしか明らかにしていないかを思い起こしてみると、驚きを禁じえない。家（オイコス）と法（ノモス）を意味するギリシャ語が組み合わさってできた「経済（エコノミー）」はもともと家計の管理を意味した。一七四〇年代になっても、アダム・スミスの師にあたるフランシス・ハチスンはまだ「経済学原理」の表題のもとに婚姻関係、親子関係、主人・召使い関係を含めていた。つまり、この言葉の初期の使用法の中からは（私的領域への示唆を除けば）それがもっぱら市場関係だけに限定されるようになる理由は引き出せない。したがって、経済学の対象を生み出す資本主義的生産関係を前もって（意識的であれ、無意識的であれ）想定することなしには、近代的な意味での「経済」という言葉を使うことで説明できるものはなにもないのである。[5] 同様に、市場、ビジネス、工業、商業といった、資本主義のもとで剰余の搾取過程を説明するのに通常使われる言葉を調べてみれば、「経済」と同じく、語源学的な行き止まりに突き当たることがわかるだろう。[6] 近代の足跡はうまく隠されているのである。

これと同時に、国家がもはや剰余の搾取過程を担わなくなったことにより、一方で国家は新たに統治権を中央集権的に独占するようになる。この統治権を国家は法による非人格的支配として行使する。[7] ここに、公共的、共同的な意味での政治的パワーの再定義が見られる。政治的パワーは、私的個人のあいだでの契約を保証し、対内的、対外的な平和を維持し、社会の全般的な発展に対し一定の集団的管理を行なう。だが、もはやその手が届かない事柄も生まれてくる。政治的パワーの領域から取り除かれ、私的なものと再定義されるようになった社会的役割のことである。その中で特筆すべきなのは、剰余の搾取過程である。

国家および経済という独自の制度的領域の出現は、資本主義社会の特徴である。だが、それを額面どおりに受け取る社会理論はない。なぜなら、エレン・ウッドも、すでに第三章で引用した文章のなかで言うように、資本主義における経済と政治の差異化は、より正確に言えば、政治的機能そのものの差異化であり、それら諸機能を私的な経済領域と国家という公的領域へと別々に割り振ることである。この割り振りは、剰余労働の搾取と取得とに直接関係する政治的機能を、より一般的な共同体的機能から分離することの反映であり、……経済の差異化とは実のところ、政治領域の内部における差異化なのである。(8)

もしこれが正しいとするなら、最小限言えることは、そうした状況下で「政治」――あるいは「国家」――という言葉が表現する諸活動は、これらの言葉が別の種類の社会で意味する活動とは根本的に異なるということである。そこでは、特定のパワーや機能が国家の公式の政治的領域から排除されている。すでに述べたように、「市場」という言葉については逆のことが言える。そこでは、剰余の搾取過程を軸に、交換関係が以前には包摂することがなかった新しい社会的パワーや機能の取り込みが行なわれている。歴史的にいえば、それは社会組織のきわめて特異なあり方である。(9)

## 資本主義的政治形態としての主権

いま述べた考察は国際関係論と大きな関連性をもつことがわかってくるだろう。ここで問題とされている政治形態は、国際関係論の概念的な基本要素、つまり主権国家でなかったら、いったいなんだというのだろうか。これは解明が必要なカテゴリーである。ほとんどの論者は、「主権」という言葉に込められた第一の意味を、領域内の活動を支配し、その活動の自由への外からの制約に抵抗する国家の能力であると単純には規定できないことを認めている。なによりも、あまりに多くの弱小国家が世界には存在することが、この点を経験的に裏打ちしている。このことから、われわれは、その絶対的な特性が法的な地位に関連していることを理解する。主権国家は、封建制のもとでのように統治権を教会や貴族と分かち合うこともないし、あるいは、ソビエト共産主義体制のもとでのように党組織に対して一貫した従属関係に置かれることもない。だが、主権とは、たんなる国家の法的至高性ではない。たとえそうだとしても、力の優位を行動で示すことなく、どうやってそれを維持できるのだろうか。この問題を理論化しようとした国際関係論の多くは、実質的なものと公式的なものという二つの定義のあいだで、取り上げる特定の問題に応じて、揺れているように見える。軍事あるいは通信技術の最新の発達や、世界経済の新たな「グローバリゼーション」の波などにより、主権という概念は時代遅れのものになった、という興奮した主張も聞かれるが、他方で、国家による政治的、法的、軍事的独占の後退を強く否定する意見も聞かれる。結果として、主権の問題はどうもよくわからないということになる。つまり、主権とは支配の絶対的形式のこととされ、国際システムの公的な組織はこの想定に依拠しているにもかかわらず、実際には、それは絶対的なものではありえないように見える。(10)

ウォルツが「やっかいな概念(11)」と呼んだものを、われわれとしてはどう処理したらよいだろうか。最初のステップは、主権を自明の出発点として考えるのをやめることである。つまり、それ自身の法的ないし政治的な自己規定を受け入れないということである。それに代わって、われわれは、主権を政治支配の一つの形式と考えるべきであろう。それは、歴史的に見て、資本主義を一つの社会として規定する社会関係の特殊な編成に固有の形式である。なぜなら、主権には、(この点が決定的に重要なのだが)、国家が市民社会の外部にあって、それを超えた高みに立ち、自律的で、「純粋に政治的である」という考え方が含まれているからである。このことはなにを意味しているのだろうか。

一つには、それは「地政学の優位性」が行政府に対して、外交政策の実施に際して国内の利害集団に優越する根拠を与えることを意味する。だが、これと同じようなことは、地政学的なシステムに組み込まれたどんなヒエラルキー社会についても言えることであり、したがって、それは主権という、近代国家を区別するために用いられる支配形態に特殊なものではない。かといって、国家が市民社会の規制に関与していないということでもない。結局、法律の枠組みをつくり、契約を支え、税金を引き上げ、生産部面の発展を後押しするための政策を実施するのは国家である。

だが、これらのいずれも、国家が剰余の搾取過程そのものを占拠することによって、政治的支配権の別の領域、つまり民営化された生産部面へと移っていくことを意味するものではない。国家がこれを行なう場合、例えば国有化によって直接的な所有権を拡大するような場合[12]、国家支配の主権的性格は後退することになる。もはや国家は市民社会に対して上に立つ存在ではない。労使紛争はただちに政治紛争となる。剰余の領有も、市民社会での民間企業の私的な政治闘争ではなく、国家の内部での公的な「政治」闘争の対象となる。職場の私的な専制支配は、国家の公的な専制支配となる[13]。このような過程は、一九七八―七九年のイギリスにおける「不満の冬」の一要因であったように思える。そこでは、政治と経済とを日常的に切り離している境界が曖昧となり、政府が次々と起こる労使紛争の処理に追われたことで、国家の主権が損なわれたのである。

だが、逆に言えば、そうした状況の中で国家の主権を回復させることは、私的な政治領域を回復させることでもあり、生産部面における資本の階級的パワーを回復させることでもある。実際、イギリスの場合、続いて起こったのはこれであった。労働党政権が倒れ、代わって保守党のマーガレット・サッチャーが「国家の活動領域の縮小」を公約に、政権の座についた。一見してわかるように、この公約は現実によって否定された。公的支出の水準は引き下げられなかったこと、国家の強権発動が強まったこと、労働組合に対する法的保護を弱めることによって、産業に対する介入に国家の立法的権威を露骨に使用したことがそれを示している。だが、もしわれわれが、エレン・ウッドが述べるような意味で、政治と経済との資本主義的分離を理解するなら、国家の主権に関する真の根本的な一貫性が立ちあらわれてくる。

それは、国家の主権というものが、生産からのある種の抽象化と、国家の政治部面を市民社会の外にあるものとして再構成することとを必要としているからである。だが、この抽象化は、国家の主権が中立的であることを意味するものではない。その反対に、主権の形態そのものが、階級的パワーが展開する場なのである。なぜなら、それは生産における私的な政治的パワーの強化を同時にともなうからである。これがなにを意味するかを実際に示してくれたのが、一九八四—八五年のイギリス炭坑ストであった。政府が舞台裏で石炭庁に対してありとあらゆる支援を提供していたことはよく知られているから、[14]炭坑ストは労使紛争であって国家の問題ではないという政府の主張は、「政治」を剰余の搾取の外にある問題として、これと切り離して再定義しようとする決意という意味しかもたない。この再定義の残り半分はもちろん、生産における私的な政治的パワーの回復である。ストの期間中、政府が繰り返し述べた二つの目標は、非人格的な法の支配が守られるべきであるということと、「経営は成り立つことが許されるべきである」ということであった。言い換えれば、国家は、市民社会から身を引いたわけでもなければ、必ずしも市民社会の領域を侵害しようとしたわけでもない。国家は、公的領域と私的領域のあいだで政治的機能を分離しようとしたのであり、これこそが資本主義のもとでの階級パワーと国家パワーの形態なのである。

これらのことからも明らかなように、主権とは第一に、国家が市民の行動を指揮する実際的な能力という観点から定義されるべきではなく、ある種の残余的な法的至高性として定義されるべきでもない。もちろん、これらを欠いたら、主権国家とは言えないだろう。だが、こうした記述的属性は、その実際的な意味がいかに大きいとしても、近代国家がなぜ独自の「純政治的」形態をとらなければならないのかを説明してはくれない。逆に、もしわれわれが、主権とは、政治的パワーが公的領域と私的領域のあいだで分割されているような社会での、国家の社会的形態であると定義するとすれば、近代国家のパワーは強いのか、それとも弱いのか、自律的なのか、それとも規定されたものなのか、至高のものなのか、それとも制約のもとにあるのか、といった問いをめぐる混乱の少なくとも一部が不要なものとなることは明らかである。なぜなら、資本主義のもとでは、これらが二項対立的である必要は必ずしもないからである。

# 主権国家システム

## 主権の構造的意味

主権国家の歴史的登場は、したがって、社会的パワーの形態の包括的な再編に含まれる一側面なのである。それが国際システムの形式と内容に対してもたらす変化は、まさに驚くべきものである。というのも、この新たな状況のもとでは、シティズンシップと統治権の諸関係が国家の境界を定めることになる一方、原則的に交換関係によって媒介される社会生活は、どの側面をとってみても、もはや政治的規定を受けることはなくなり（依然としてさまざまな形で国家の監視を受けることはあるにしても）、そのため国境を越えて広がっていくことが可能となるからである。そして、もしかつては国家の手ににぎられていた政治的機能が、いまや一連の交換関係によって切り開かれた私的な政治領域に割り当てられたとするなら、それらの政治的機能も国境を越えて広がっていくことになるだろう。(15)

これは実際に起こったことである。封建制度のもとでは考えられなかったような仕方で、他国の統治下にある生産的労働（および自然資源）を支配し、搾取することがいまや可能となっている。それは、剰余を搾取するという資本主義的関係が、「非政治的」と規定された交換契約を通じて組織されているからである。これを「経済」と呼んで、なにか説明したと考えるのは無意味だということは、繰り返し言っておく必要があるだろう。ただ、「経済」という現象はここで初めて登場したと考えるか、あるいはそれをもう少し厳密に資本主義経済と規定するなら、話は別である。いずれの場合も、定義の中に、残り半分である国家の特殊な形態を含めなければならない。なぜなら、これらの機能を非政治的と見なすことができるのは、政治が一般的な共同体的機能に限定して再定義されてきたという前提のうえに立った場合に限られるからである。

歴史的に見れば、この転換は、ヨーロッパでは二つの重なり合う段階をへて行なわれた。第一段階は国家建設の過程である。つまり、絶対君主による政治的権威の中央集権化であり、対抗する中枢的パワーの抑圧と、政府の官僚機構の構築である。これにより、君主ははるかに絶対的で排他的な統治権を行使することができるようになり、国家は領土をきわめて明確に定めるようになった。近代世界の政治地図は完成したジグソーパズルとなり、そこでは組み合わされたすべてのピースがはっきりと色分けされている。[16] 正統派の国際関係論の多くが、近代世界はここから始まると考えている。ここで、中世のキリスト教世界の無秩序なパッチワークは、領土的に統一された統治へと席を譲ったとされている。だが、こうした国家建設の過程にいくぶん遅れて、さきに述べたような国家のリベラルな転換が始まり、それが最終的には絶対主義を打倒したのである。この過程の結果として、国際システムを国家相互の関係だけで理論化するのはますます非現実的となった。さらにまた、二つの過程を全体の時期に重ね合わせてみるなら、われわれとしては、次のように言わなければならない。われわれの眼には国家機構へのパワーの未曾有の集中（特定の機能がこれまでにない規模で中央集権化された）と見えるものは、同時に、公的領域と私的領域のあいだでの、社会的機能と社会的パワーの劇的な分解である。[17]

ここでのポイントは、この全般的な移行が起こっているなかで、われわれの視線を、登場する二つの政治的領域（つまり、公的および私的）の両方に据えることである。そうしないと、われわれが見ているものは帝国から国家システムへの移行にすぎないのだと思い込んでしまい、国家システムは純粋に対外的な側面で安んじて議論されることになるだろう。公的な政治領域では、たしかに移行はこうした形態で行なわれる。そして、この対外的、公的領域だけを見るなら、国家システムを帝国と比較した場合の種差を列挙することによって国際システムを理論化することができ、また、国家システムの特徴それ自体を無政府状態《アナーキー》の特徴として理解することができるように見える。これこそが現実主義のたどる道である。だが、それは、構造的規定の変化や「政治的なるもの」の内容をないがしろにしている。その結果として、まさしく、近代の国際的パワーの独自の性格が見えなくなるのである。

その理由は、国家主権にまつわる矛盾を部分的に説明してくれるのはこの（公的な政治領域と私的な政治領域との）

正式の分離だからである。矛盾とは、なぜ国家主権は、支配のさまざまな歴史的なあり方の中で、その「純政治的」権能においてこれほど絶対的でありながら、実際のパワーの尺度としてはきわめて曖昧なのだろうか、ということである。国家間の領土的分化が拡大する一方、それと同時に、かつてなかったほど穴だらけで相互依存的であることをどう理解したらよいのかを、この分離は説明する。(18)

このように考えると、現実主義では現実が転倒していることがしだいに明らかになってくる。現実主義者がわれわれに語るところによれば、近代の国際政治システムがこれまでのものと違うのは、それが中央統制によって組織された帝国ではなく、無政府状態《アナーキー》に組織された国家システムだからである。だが、前記の議論が理にかなっており、したがって、正しいとするなら、この主張はひっくり返されるべきである。近代の国際政治が他と違うのは、それが国家システムだからなのではなく、むしろ、われわれがグローバルな国家システムをもつのは、近代の「政治」に違いがあるからにすぎない。こうした政治のあり方を生み出す歴史的に特殊な社会から抽象して、この違いを理論化しようとすることは、間違いなく誤解に歩を進めることになる。なぜなら、政治のあり方それ自体、動きのない、中立的なものではなく、むしろ、その資本主義的性格に由来する規定性で満たされているからである。

この点がひとたび確認されるなら、われわれはさらに進んで、地政学の社会的形態が示す独自の特徴を、無政府状態《アナーキー》の特徴をも含め、検討することができる。だが、もし帝国が、外部から資源の蓄積を行なうために、もとの共同体の領域を越えて政治的支配権を拡張することを意味するとしたら、それは絶対に、帝国の終焉を予告するものではない。むしろ、それが意味するのは、帝国のパワーの行使には、国内での社会的パワーの場合と同様、二つの関連し合った側面が見られるということである。国家システムの管理にかかわる公的な政治的側面と、剰余の搾取と伝達を担う私的な政治的側面である。(19)それは新しい種類の帝国の出現を意味する。市民社会の帝国である。(20)

## 主権の政治的意味

これまでの議論で示唆されたのは、以下の点である。近代国家システムの出現のうちにわれわれが見るのは、帝国的パワーの新たな形態の発展であり、それは根本的に新しい種類の（資本主義的）社会構造に特有のものである。したがって、現代の国際関係の理論的理解には、近代に出現した国際的パワーの公的な政治的側面と私的な政治的側面の両方が含まれなければならないということである。これは、なにをいまさらわかりきったことを言うのか、という非難を招くかもしれない。というのも、公的な政治的側面と私的な政治的側面とは、それぞれに独自の専門性をもっているからである。一方は軍事、法、領土を扱い、他方は民事、利潤追求、国境を越えた活動を扱う。さらにまた、両者を主に担っているのは別々の行動主体である。一方は国家、他方は民間企業である。だから、国際経済学は、国家と市場との相互作用に関する研究分野を提起することによって、必要な再編をすでに終えているのはないか、というのである。

答えはノーである。このように、出発点として政治と経済との分離を前提にすることは、理論的に罪のない想定とは言えないからである。それは、政治と経済との制度的な分離を引き起こし、それを維持する特定の人間的社会関係の自動的な再生産を想定している。われわれとしては、この想定を受け入れるわけにはいかない。なぜなら、こうした関係は歴史上ほとんど例を見ないからであり、さらに重要な理由として、こうした関係が見られないような人間的活動分野がまだ広範に存在しているからである。そして、最大の理由は、こうした関係が見られる場合でも、それは絶えず係争の的となっているからである。国際関係の内容のほとんどは、過去も現在も、この資本主義的社会関係の再生産をめぐる絶えざる闘争の所産である。もしこの関係の再生産を前提にしてしまうなら、社会の基礎として再生させようとしている、人間主体と歴史的過程とを説明対象から除外してしまうことになる。その場合には、われわれは世界を、現実に生活している個人のあいだの一定の社会関係の日常的所産としてではなく、実態から分離した社会形態の永遠の衝突として見ることになる。それはバランス・オブ・パワーの無慈悲なつばぜり合いであり、見えざる手の影のような動きである。

だが、このことは、さきに例としてあげた炭坑ストとある意味で同じく、国家システムという主権の形態それ自体が闘争や対立の対象であり結果であるということを示している。これはなにを意味しているのだろうか。

新国際経済秩序（NIEO）のたどった運命を考えてみよう。[21] 一九七〇年代の中頃から、OPEC（石油輸出国機構）に励まされる形で、第三世界の各国政府が（七七ヵ国グループを結成して）国連総会の多数派を形成し、国際経済の改革を要求した。一九七四年、国連総会は「諸国家の経済権利義務憲章」を採択した。この憲章には、第一次産品価格を工業製品価格にリンクさせる条項、外国投資の接収、多国籍企業に対する規制強化などの条項が盛り込まれていた。したがって、これは政治と経済との分離への挑戦であった。この分離が欧米諸国と第三世界の国々との関係の私的次元を非政治的と考えることを可能にしていたのである。もちろん、国連総会の多数決は拘束力を持たず、新経済秩序を求める運動は、南の諸国の足並みの乱れを含むさまざまな理由で失敗した。だが、注目すべき点は、この失敗がどのような形をとったかである。

一九八〇年代中頃には、欧米の政府が国連への不満から分担金を減額したり滞納したりしたため、国連は財政難に陥っていた。さらにまた、七七ヵ国グループの多くが債務繰り延べに関する合意と引き替えに国際通貨基金（IMF）のリストラ案を飲まされていた。債務国がIMFと行なう経済交渉は政治問題とは見なされない。だが、それは、これらの国々が政治的手段で進めようとしてきたプログラムの破棄を劇的な形で示すことになった。というのも、こうしたリストラ案の目立った特徴は、国家が補助金や関税を通じた直接的な価格統制から撤退することにあったからである。この撤退は、少なくとも原則的には、政治と経済との新たな分離をもたらすものであり、それにより、これらの国々を世界市場へとさらに開放することであった。これが関係諸国にどのような結果をもたらしたか、その地政学的な状況は、一九八〇年代に「IMF暴動」――IMFのリストラ案の一環として政府が価格引き上げを実施したことに反対する大規模デモ――が拡大したことにあらわれている。一九八九年一月までにそれは二三ヵ国で起こった。[22]

これらの出来事からなにか実質的な結論を引き出すことは、危険であろう。しかし、この件の全体的なパターンはきわめて示唆に富んでおり、そのまま見過ごすことはできない。七七ヵ国グループは、国連を通じた公的な政治的規制をさらに強めるよう要求したが、彼らの敗北は、IMFを通じた私的経済機構へのよりいっそうの従属をもたらした。国家システムという公的な政治機構からの世界経済の分離を再び強制することにより、欧米諸国は資本の私的自由と国家システムの純政治的な主権という、新経済秩序が脅かしていた二つのものを同時に回復させることができたのである。

一九八〇年代の出来事の結末が、歴史的には新自由主義《ネオ・リベラル》の（および規制緩和の）経済理論と、新現実主義《ネオ・リアリスト》の（および国家の威圧的軍事力を誇示する）国家理論の猛々しい復活と期を一にしたことは注目に値する。これらの理論は、七〇年代の「複合的相互依存」論や国際的な統治不能性への恐怖の流行にとって代わり、国家主権の個別性という規定を復活させた。[23]

しかし、新経済秩序は、どちらかと言えば小さなエピソードであった。ソ連の経験全体と、過去四〇年にわたって世界政治を支配した冷戦は、現代国家システムの社会的形態に対する桁外れの地政学的挑戦でないとしたら、いったいなんであったのか。ソ連は、厳密に言えば、われわれが議論してきたような意味での主権国家ではない。それは剰余の搾取が行なわれる独自の私的領域の外に立つものではなかった。国家はこの領域の中に入り込み、そこを占拠した。そして、同様のことを行なう他国の政府、つまり、政治と経済の分離を廃棄し、自国の社会を世界市場から、したがって、西側の私的パワーの勢力圏から引き離そうとする政府を支援した。究極的には、これが冷戦の政治的内実であった。いくら頑張ってみても、国際システムの中でのソ連の存在を国家と市場の観点から理解することは不可能であろう。ソ連は、まさにこの二つの両方を廃止しようとしたからである。

マルクスなら議論をもう少し前へ進めてくれるだろう。マルクスにとって、グローバルに規模を広げつつ、絶えず争いの的となってきた政治と経済の分離――世界市場の現実的構築と、それに結びついた主権国家システムの出現とを意味する——は、近代世界史の未完の中心テーマであった。事実、マルクスによれば、こうして「はじめて世界史は生み出された[24]」。

ここで少し立ち止まり、これまでの議論から導き出されたことを確認してみたい。われわれは、本書の全般的方法に則って、近代西欧社会の「戦略的関係」を特定することから議論を開始した。それ以前の社会との対比を通じて明らかになったのは、次の点であった。つまり、経済と政治、市民社会と国家という領域の制度的分化の基礎をなす、あるいはこの分化を構成するのは、戦略的関係の独自の特性である、という点である。さらにわれわれは、この分化が実質的な分離でも「自律」でもないことを知り、ここに見られる構造的な依存関係を「不満の冬」と一九八四—八五年の「炭坑スト」の事例を通じて考えてみた。この段階ですでにわれわれは、問題となっている社会の政治的諸制度と、国際関係論における主権の扱い方に見られる理論的曖昧さとのあいだには、叙述のうえでの類縁性が見られることに注目していた。この類縁性から、われわれは、この二つを結合して、主権を資本主義的社会関係に特有の（一部はその構成要素となっている）国家の抽象化された社会的形態として再定義したのである。この結合を行なうことから、われわれは主権国家システムを理論化する際にそれがもつ理論的意味を展開させようとしてきた。この意味には二種類ある。第一に、各領域の分化は、それぞれの政治組織が領土の規定を強化させると同時に、国境を越えた社会的再生産の物質的統合をさらに推し進めるための構造的前提条件を生み出すということである。これが、地政学的パワーに関するまったく新しい語彙を生み出した。われわれはそれを「市民社会の帝国」と名づけた。だが、第二に、公的領域と私的領域の基礎にある相互依存の構造に注目すると、われわれは主権というものを、それ自身、争いの場となっている社会形態として理解することができる。なぜなら、（私的）パワーのこうした新たな形態の再生産において、主権はきわめて重層的なものとしてあらわれるからである。現代の国際関係の中で、この点がはっきりとあらわれた事象を探してみたとき、われわれはまず新経済秩序に、次いで冷戦に、そして最後はマルクスからの示唆で近代国際システムそれ自体の出現に行き当たったのである。

主権が一つの社会的形態として再定義され、したがって、きわめて特殊な種類の社会に特有のものであるとされるなら、主権の強化とグローバルな国家システムへのその普遍化とは、社会変動や社会変化という、一つの具体的な歴史過程を意味することになる。そして、この過程は近代的な形態の国家システムを生み出したものであるから、国際システムの現実の連続する歴史を見いだすことができるのは、国家を前提とした外交交渉の場面においてではなく、ここにおいてであることは、間違いないところである。こうして、われわれはついに、主権国家システムの起源を考えるための、現実主義の枠組みを打ち破った。そして、現実主義に代わって、われわれの説明を近代世界の形成に関与する社会的変化の広範な歴史過程に結びつけるにいたった。このことが指し示す歴史研究の課題については、次章でもう少し詳しく述べたい。

## 絶対主義的主権の問題

さて、ここで歴史の謎解きをしなければならない。主権という近代の概念の出現は、初期近代ヨーロッパの絶対君主制に源を発すると従来考えられてきた。一見したところ、この考えは、われわれの議論を正面から否定するように見える。というのは、君主が剰余の主たる領有者であることが、政治形態としての絶対主義の定義にとっては中心的であったからである。そこでは、われわれが再定義したような意味で、主権は成り立っていない。なぜなら、絶対主義は、分離した私的領域ですでに搾取された剰余への課税に基礎を置いているのではないからである。事実、ヨーロッパの貴族は税金を支払ったことがない。むしろ、絶対主義は、巨大な地主、つまり（骨抜きにされた貴族階級のための）中央集権化された剰余搾取の機構としての国家の支配を強化することに基礎を置いているのである。これはきわめて特殊な政治形態であり、ヨーロッパの封建制の古典的モデルとはきわめて異質である。これが成立するためには、国家建設と結びつけて考えられるような数多くの困難がともなった。貴族や教会の独立したパワーの打破、常備軍の維持、官僚機構の創出、領土内で一様に施行される王の法律、新たな外交形式の策定、その他である。多くの点で、それはきわめて近代的に見える。さらにまた、国家の内部で対立的な中枢的パワーを抑圧し、その正当化のために主権の概念を作り上げげたのは絶対君主制であった。国際関係論の内部で、近代の国家システムが絶対主義の時代、とくに一六四八年のウェストファリア条約に端を発するという意見の一致が見られるのは、間違いなくこの理由からである。これをどう考えたらよいのか。主権国家システムは絶対主義とともに登場したのであろうか、それともそうではないのだろうか。

主権の定義を非常に広くとれば、ウェストファリア条約の重要性はかなり高いものとなる。ヘドリー・ブルは次のように定義している。

国家は、一方で、領土と人口について、対内主権と呼ばれるものを主張する。対内主権とは、その領土と人口の内にある他のすべての権力に優越する最高権力を意味する。国家は、他方で、対外主権と呼ばれるものを主張する。対外主権とは最高権力ではなく、外部の権力から独立していることを意味する。(25)

さて、ウェストファリア条約の条項は必ずしも先例がないわけではない。一五五五年のアウグスブルグ宗教和議はすでに「君主の領土内で人は君主の宗教に従うべし」という原則を打ち出していた。また、条約はそれが承認する全般的発展を成し遂げた、つまり世俗的な国家システムの出現をもたらしたと主張されているわけでもない。だが、それはヨーロッパにおける宗教戦争の終焉を告げるものであった。条約は（教皇インノケンティウス一〇世を大いに憤激させたように）(26)当該国の領土内で競合する教皇の政治的権利を否認し、ドイツの領邦君主が同盟を結ぶ自由を宣言することで、神聖ローマ帝国を中心に据えたヒエラルキーという地政学的構造を弱体化させた。(27)ブルの言うような広い意味では、対内主権と対外主権がどちらも承認されたのである。だが、話をここで終わらせることはできない。というのは、この点についての正統派の説明に興味深い不一致が紛れ込んでいるからである。

主権についての「最初の体系的な記述」がジャン・ボダンのそれであることは広く認められている。(28) そうだとすると、英米系の国際関係論で、彼の『共和政体に関する六巻の書物』についての議論がほとんどないのは驚くべきことかもしれない。実際、ほとんどの場合、現実主義による主権の説明では、ボダンはそれよりはるかに馴染みのある人物、トマス・ホッブズを引き合いに出す際の前置きとして言及されるにすぎない。ここに含まれる不一致は、問題となっている主権の二つの定式のあいだに横たわる社会的距離を見据えないかぎり、見えてこない。

この距離についての鮮やかな説明が、最近、エレン・ウッドによってなされた。(29) ボダンの定式は、そもそも封建的共同形態の持続に起因する小邦分裂に直面した絶対君主制の自己防衛であった。それは、フランス絶対主義の構造的基礎を反映している。農地の八五％から九〇％が小農の直接的所有のもとにあり、その結果、剰余搾取のメカニズムは地方の統治権をにぎる貴族階級の手に大きく集中し、司法の中央集権化の直接的障害となっていた。(30) したがって、ボダンの議論は、団結して上位権力を形成しようという、訴えの形をとる。

政治体制の構成部分、とくに三身分を、有機的な統一体へ、「調和のとれた正義」、つまり不平等な全体構成の中での「比例的」平等という正義に基づいた、バランスのとれたヒエラルキー的秩序へ。(31)

これはホッブズの方法とは著しく対照的である。ホッブズの議論では、主権的パワーは自然状態――有名な「万人の万人に対する戦い」――に置かれた個人の自由の自己破壊的影響を抑えるために必要とされる。ウッドが指摘するように、清教徒革命の混乱に対するこの反応はフランスの衣をまとっている（一六、一七世紀のイギリスの思想は、「主権」についての自前の理論的伝統を欠いていた）(32) が、議論の中身は、イギリス社会の発展の、フランスとは大きく異なった道筋を反映したものである。というのも、イギリス国家は、フランス国家とは違い、封建的な領邦分裂という障害には直面しなかったからである。イギリス国家は、早い段階で司法と立法の効率的な中央集権化を成し遂げていただけでなく、[33]貴族階級による直接的な土地所有が拡大したため、剰余を搾取するための統治機構への依存はそれほど大きくはなかった。このような条件のもとでは、統一国家が、政治的に構成された所有権の競合的なあり方としてではなく、――「議会における国王」の方式を通じて――剰余搾取の萌芽的ではあるが私的な「経済的」様式の帰結である公的な「政治的」様式として成立するための道はより大きく開かれていた。[34]

ここではウッドの議論の要約を最小限かつ部分的にしか紹介できないが、国際関係論で果たすホッブズ（およびウェストファリア）の役割を明らかにしたウッドの結論は見事である。ウッドは、イギリス清教徒革命が（地方分権と中央集権との対立抗争であるよりも）中央集権化された国家機構の支配権をめぐる戦いであるかぎり、大陸的な意味での主権が問題だったのではないと主張しているからである。むしろ、ホッブズは主権という言葉を使って、きわめて異なる問題を導き出しているという。それは、法的には平等な個人から成り立つ「純政治的」国家における秩序という問題である。

> 絶対的で分割不可能な主権という考えをイギリスに移植する際、ホッブズはジャン・ボダンが列挙する「家族、大学、あるいは団体組織」にではなく、サー・トマス・スミスの言う、統一国家のもとに「集合した自由な群衆」にそれを当てはめることを余儀なくされた。このことは、ホッブズの主権概念がボダンの概念よりも絶対的でないということを意味するのではない。どちらかといえば、個人と主権国家とのあいだに団体的な媒介項が存在しないために、より無限定的であり、非妥協的であるようにさえ見える。[35]

絶対主義的ではなかったからこそ、より絶対的だというのだろうか。たしかに、ここには、本章の冒頭で論じた主権の近代的な形態の反響が見え始めている。

だが、これらの議論はウェストファリアとどのような関係があるのだろうか。きわめて簡単に言えば、こうである。このヨーロッパ全体会議に代表を出さなかった大国が一つある。イギリスである。にもかかわらず、ヨーロッパを超えて支配の主権的形態を拡張し、今日のグローバルな国家システムの制度的なあり方を定めるうえで主導的役割を演じることになるのは、ボダンのフランスではなく、ホッブズのイギリスであった。イギリス、それに続いてさらに徹底した自由主義国家であるアメリカは、ウェストファリアの精神からますます遠ざかっている。セイヤーが指摘しているように、

その後ヨーロッパ（そして世界）中で一般的となる政治形態は、どこよりも［ここで］成功裏に始まった。[36]

ひょっとして、国際関係論における主権の問題を語るとき、たとえブルとともに公式には絶対主義的な定義に従っているとしても、われわれは、十分に意識しないまま、実はこの新しい、きわめて特殊な国家形態を前提にしているのではないだろうか。たしかに、これは国際関係論における主権概念の曖昧さを説明する助けになる。というのも、主権の概念は、絶対主義のもとでは、結局のところある種の専制主義に行き着くのであり、[37]それは絶対主義（ひいては現実主義）の主権原理では決して把握できないなにかほかのものを意味しているからである。そのことはまた、なぜわれわれがボダンから学ぼうとしないのかを説明するかもしれない。

ただ、そうだとすると、近代国家システムの誕生が一六四八年である、あるいは一七一三年、一五一五年、一四九四年、少数派だが一四一四年であるという正統派の主張に対してもわれわれは懐疑的でなければならないだろう。絶対主義的な国家システムは、ウェストファリアで始まった。だが、これは近代の政治ではない。絶対主義的な意味で国家を定義することは、資本主義のもとでの「純政治的」制度の特殊性を見失うことである。近代の主権が絶対的であるといえるとすれば、それはただ、正規の政治領域と見なされているものを、より厳密に限定しているからにすぎ

ない。これを見落とすことは、オーガスタン・ティエリが述べたように、「偉大な社会変化を理解する力も感受する力もない」ということである。これらは、ティエリにとって、社会学的洞察の強力な武器であった。

## バランス・オブ・パワーを歴史の中で理解する

議論をここまで進めてくると、なにかほかのものが視界に入ってくる。おそらくずっと見えていたはずのなにかである。以前、市場の「見えざる手」とバランス・オブ・パワーとの比較をすべきだと言ったことがある。そのときに示唆したのは、これらの現象は両方とも非人格的で「自動的」なメカニズムであり、社会の中心に位置する人間という行動主体を再発見するためにも、このメカニズムを生み出した歴史的に特殊な社会関係に立ちもどって解釈する必要があるということだった。そのときは、こう言ったからといって、バランス・オブ・パワーの従来の理解に異論を唱えようとしていたわけではなかった。従来の理解とは、バランス・オブ・パワーを、強制的な上位権力の不在の中で、競合する意思決定集団が多数存在することの自動的機能、言い換えれば、無政府状態《アナーキー》の必然的機能としてとらえることを指す。この見方に立てば、そうした状況下でバランス・オブ・パワーが登場したことは、時間を超えた論理の問題であり、歴史はたんに例証を提供するだけということになる。現実主義の理論のこの源泉――もしあるとすればだが――は、その批判者にとってはつねに不満と疑惑の種だったようである。それは、その内的な論理（ゲーム理論の提唱者がどれほどばかげた使い方をしようと数学に罪はない）よりも、むしろ、現実主義が歴史的機構としてのバランス・オブ・パワーについてはなにも語らないこと、説明しないことに対する不満であった。ところで、問題はつねに、「これ以外、ほかになにか言うべきことがあるのか」ということだった。われわれはいま、この問いに対する答えの端緒を摑んだ。

本章での議論の展開が正しいとすれば、バランス・オブ・パワーは見えざる手のようなものというだけではない。

それは、残り半分、つまり「経済」という私的な政治領域における見えざる手の疎外された社会的形態の、公的な政治領域における等価物である。近代のバランス・オブ・パワーの独自性が、軍備を備えた行為者が多数存在することにあるのではないということを認識すれば、このことはもっとはっきりと理解できる。歴史にはこのような基準を満たす地政学的なシステムが数多く見られるのだから、近代のバランス・オブ・パワーの独自性はこれではありえないのである。一一世紀のスペインでは、コルドバに首都を置いたカリフ領国の解体から二〇余りのタイファと呼ばれる小王国が生み出された。それらは三〇〇年にわたり駆け引きを繰り返しながら、どんなゲーム理論の理論家をも満足させるような、合従連衡や権謀術数に満ちた激動の歴史を刻んだ。百年戦争の際のエドワード三世は、マキャベリも恥じ入るほどのシニシズムと人心操作術とで合従連衡に辣腕をふるった(38)。しかし、これらのケースは、それ以外の何百ものケースと同様、国際関係論で論じられることは滅多にない。なぜだろうか。

おそらく、近代のバランス・オブ・パワーは帝国の貪欲さや君主たちの競争とは違う、というのが答えだろう。近代のバランス・オブ・パワーに独自なのは、プレイヤーの数ではない。その非人格性、空虚さ、抽象性、匿名性、科学的な技術至上主義である。実際、この機械的特質は、啓蒙主義者たちの目を惹いた。それは政治的な均衡の計算についての議論を促し、ニュートン主義的な説明が国家論にも広がったことを示した。

これとは対照的に、封建的な地政学は非人格性からはほど遠い。それは、土地所有権に対する個人的（世襲的）要求をめぐって展開し、戦争は個人的忠誠で結ばれた軍隊によって戦われた。各人が自分の有利になるよう計算したことは疑いないが、軍事的バランスを通じて領土内のシステムを安定させようという考えはまったくなかった。なぜなら、戦争と政治的拡張こそ、剰余獲得の主要なメカニズムだったからである。これは、経済的所有権と政治的統治権が世襲領地の中で融合しているという封建的な生産関係の反映である。市民社会の外に、それを超越して立っている国家という観念はなく、地政学システムのいかなる抽象化も存在しなかった。封建制のもとでは、国内の軍備を整えるよう強制する非人格的なバランス・オブ・パワーは見られない。むしろ、政治集団のあいだでの領土獲得競争という形で剰余をめぐる軍事的闘争が行なわれるのである。封建制のもとでは、バランスなどだれも望まない。そんなことをすれば、ゲームは終わってしまうからである。

一方、現在の資本主義社会にとって、戦争はこれとは違った役割を演じる。なぜなら、帝国による領土拡張（あるいは、剰余搾取と直接結びついた領土拡張）は、いまでは主に私的領域で行なわれるからである。こうした状況のもとでは、戦争や軍備拡張は一般に、国際的な公的政治領域を管理するための道具となる。この公的政治領域はそれ自体、かつては戦争の目的であった富の物質的源泉、つまり領内の隷農の所有や、交易の独占などをいまでは欠いている。

この空洞化の結果、近代の欧米諸国が争うとき、それは、ルイ一四世がバルト海沿岸の海運業に対するオランダの独占を羨望のまなざしで見つめていたように、他国の欲するものをどこかの国がもっているからではない。近代欧米諸国は公共政策をめぐって、つまり、公的には国際的で、私的には国境を越えた領域の、共同の関連組織をめぐって争うのである。先進資本主義諸国は、政策遂行のために、必要と判断すれば軍事的手段に訴えることもある。だが、軍事力の行使それ自体はもはや剰余獲得の手段ではないのだから、それもまた、国家全体の抽象化された主権の形態に従って、「純粋な」「技術的な」性格を帯びることになる。

バランス・オブ・パワーは圧力装置であり、世界の、混じりけのない「純政治的」側面をあらわしている。これが意味しているのは、バランス・オブ・パワーを通じて追求される直接的目標は富の略奪でも領土の拡張でもなく、他国を自分の意思のもとに屈服させることだということである。モーゲンソーの有名な指摘であるが、「政治家は力（パワー）として定義される利益によって思考し行動する」[39]。だが、この純粋性は、国家であることの、時間を超えた本質の機能ではない。政治学者の言う「純粋な」パワーとはバランス・オブ・パワーの媒体であるが、実際には、「純政治的な」国家のパワーのことである。「純政治的な」国家とは、主権国家のことであり、生産の外部に立ち、そのため市民社会の特殊性から抽象されている国家、要するに資本主義国家のことなのである。

ある国家が、他国を侵略、略奪しようというのでなければ、なんの目的で他国をその意思のもとに屈服させようとするのだろうか。権力の飽くなき追求とはなんのためなのだろうか。政治的機能が、剰余搾取の業務が執り行なわれている私的領域へと追い払われたという事実に目を向けないかぎり、この疑問への答えは見つからない。だが、現実主義の国際関係論は二つの理由から、この方向へ目を向けることを自らに禁じている。第一に、私的領域は公式には非政治的領域である。第二に、それは国内部面に属する。現実主義が国際システムを理論化しようとする場合、つねに支配をめぐって繰り広げられる空虚な純政治的闘争しか見ることができないのは、この理由からである。パワーの果実は他のところにある。公的な政治領域で水面に浮かんでくるのは、支配の仕組みだけである。そして、こうした仕組みのパターンを描き出したり内的論理を繰り返し述べたりしても、それはわれわれに、ある特定の時点でのバランス・オブ・パワーがどのようであり、なぜ近代の地政学がこの特殊な、非人格的形態を前提とするのかをけっして教えてはくれないのである。この意味で、いささか奇妙に聞こえるかもしれないし、また、それはまさに自明の理と考えられているからなのだが、現実主義はバランス・オブ・パワーの理論をもたないのである。現実主義が、その全主張の根拠を、バランス・オブ・パワーこそ唯一可能な国際理論であるという一点に置いてきたことで知られる以上、これは驚くべき失敗である。(40)

しかし、バランス・オブ・パワーの理論には、地政学的システムを形成している国家の歴史的な特殊性を明らかにする以上の可能性が秘められているに違いない。地政学的な競争が目指すゴールは地政学の公式に区分けされた領域の外に置かれていると単純に言ってしまうと、厄介な問題を引き起こすことになる。というのも、そう主張すると、政策が指向する目的とは無関係に、領域内部で機能している個々の論理の概念を強化することになってしまうからである。したがって、われわれが真に現実主義の亡霊から逃れたいと願うなら、純政治的な領域を超えたところに目を向けることが国際システムの十分な理解のためにも必要なのだと主張するだけでは足りない。われわれはさらに、純政治的領域につきまとう抽象化された競争の論理、社会の不在からまさに導き出されたように思えるこの論理は、それ自身一つの社会的形態であり、その表面的な外観は、それが達成する成果の本質と矛盾することを示さなければならない。簡単に言えば、われわれは無政府状態《アナーキー》の社会理論を必要としているのである。

## カール・マルクスの無政府状態《アナーキー》の理論

### 予期せぬ発見

しばしば言われることだが、近代国家の主権の絶対的性格は、国内秩序の基礎であると同時に、国家間の無政府状態《アナーキー》という国外の状況の存続を決定づけている。上位の権力が存在しない場合、暴力的であれなんであれ、根本的には「万人の万人に対する戦い」が続かなければならない。この状態を克服すべき混沌として非難する者に対しては、通常、とくに二つの反論が投げかけられる。第一に、無政府状態《アナーキー》はべつに国家の行き当たりばったりの行動を助長しているわけではない。むしろ、それは独自の、分権化された規制のあり方、つまりバランス・オブ・パワーを同時に生み出しているのであり、それが、国家の存在に関する客観的法則のように、国家どうしの多国間関係を強く拘束しているというのである。強制力をともなう中央集権的な行動主体が存在しないにもかかわらず、この規制は、国家を絶えず「社会化」し、国家システムの共通の規範と慣行へと追いやる。第二の反論として無政府状態《アナーキー》を擁護する者があげるのは、こうした権力の分散にとって代わる唯一可能な状態は、世界政府（あるいは帝国）への権力集中だということである。そして、このグローバルなレヴァイアサン状況は個別国家の主権に基づく独立（および、それに基づく国家の自決権）を踏みにじることによってのみ成り立つものであるから、それは必然的にある種のグローバルな専制となるだろう。この点において、バランス・オブ・パワーは、支配を狙う者に対する合従連衡を自発的に生み出し、国家システムと、それにともなう個別国家の自由とを守るものである。これこそ、「国際的であること」の独自性（種差）であり、国内に存在する社会から、この分野を区別する特徴である。[41]

したがって、国際関係論を学ぶ者にとって、『資本論』第一巻の以下のような記述に出会うことは、ある種の驚きだろう。

マニュファクチュア的分業は、……資本家のもつ無条件的な権威を前提する。社会的分業は独立した商品生産者たちを互いに対立させる。彼らは、競争という権威のほかには、つまり彼ら相互の利害関係の圧迫による強制のほかには、どんな権威も認めない。それはちょうど、動物界で「万人に対する万人の戦い」がすべての種の生存条件を多かれ少なかれ維持しているのと同様である。マニュファクチュア的分業を……賛美する同じブルジョア的意識は、同様に声高に、社会的生産過程の統御や規制を行なおうというあらゆる意識的企てを、個別資本家の不可侵の所有権や自由や自律的「独創性」の侵害として非難する。工場制度の熱狂的な弁護者たちが、社会的労働のどんな一般的な組織に向かっても、それは全社会を一つの工場にしてしまうだろう、という以上にひどい呪いの言葉を知らないのは、ひじょうに特徴的なことである。……資本主義的生産様式の社会では、社会的分業の無政府状態とマニュファクチュア的分業の専制とが互いに条件となり合っている。[42]

この引用部分が二重の意味で注意を引くのは、おそらく、国家の状況と企業の状況とが、対内的な権威と対外的な無政府状態《アナーキー》、ホッブズの自然状態、競争と均衡と自由の結びつき、世界政府や世界工場といった悪夢のようなビジョンという形で不思議なほどの類似性を見せているからだけではない。『資本論』の熱心な読者はむしろ、これとは別の、より説得的な理由から、この引用箇所で立ち止まるだろう。というのも、マルクスが示唆する生産部面での無政府状態《アナーキー》は、資本主義をある種の社会ととらえる彼の考え方にとって中心的な概念であるだけではないからである。マルクスがクーゲルマン宛の有名な手紙の中でも書いているように、「ブルジョア社会というのは、ア・プリオリに生産の意識的な社会的規制がまったく行なわれないような社会のことである」[43]。それは、別の表題のもとではあるが、本書の前のほうの章で示した理論的な展開の主題でもある。国家と企業の状況が注目すべき類似性を示していることは、正統派の国際関係論も見過ごさなかった。だが、それはほとんどの場合、無政府的なシステムという概念を独自に打ち立てることの、あるいは、新古典派経済学から国際関係論に理論的枠組みを持ち込むことの正当化のために使われてきた(44)。これらの用語法とマルクスの社会理論のそれとのあいだには大きな方法論的および実質的な違いが存在するのであるから、生産における無政府状態《アナーキー》というマルクスの理論を詳細に検討することは、われわれが無政府的《アナーキカル》と呼ぶ国家の相互作用を理解するうえで、もう一つ別の方法を提供してくれるのだろうか、という疑問がわくのは当然である。

だが、問題をもう少し広い視野で考えることが必要ではないだろうか。というのも、もしマルクスの作品を貫く歴史の全体図式というものがあるとしたら、それはおそらく『共産党宣言』や『一八五九年の経済学批判序文』からしばしば推論される継起的な五つの生産様式の図式やそれにともなう階級闘争の超歴史的一貫性の示唆(45)ではないからである。むしろ、『資本論』第一巻（そして、資本主義に先行する社会についてマルクスがひじょうに詳細に論じた部分を含んでいる『経済学批判要綱』(46)）では、近代の世界史の不連続性、それが人間社会（資本主義を含む）のそれ以前のあり方すべてと根本的に断絶しているという点が強調されている。この不連続性は、近代社会での社会的抑圧がそれ以前に存在した、より人間的な社会と比べて、新たな次元に達しているという意味で言われているのではない(47)。その特徴的な定式化は、それとはきわめて異なった見解を表明している。

> 人格的な依存関係は最初の社会形態であり、そこでは人間の生産性は限定された範囲でしか、また孤立した地点においてしか展開されない。物象的依存性のうえに築かれた人格の独立性は第二の大きな形態であり、この形態において初めて、一般的社会的物質代謝の体系、普遍的関係や普遍的欲求、普遍的能力の一つの体系が形成される(48)。

「物象的依存性」は、それ以前の社会組織の「原始の狭い血縁や主人―奴隷関係に基礎を置く」[49]あらゆる形態と対照的である。「直接的な支配隷属関係」[50]に代わって、われわれが目の当たりにするのは「ただ自分の利益によってだけ規定された、解き放たれた諸個人の衝突……自由な諸個人相互の反発と牽引」[51]である。だが、マルクスがこの後ただちに警告するように、この新たな状況は、依存関係の廃止を意味するわけではない。むしろそれは「依存関係を一般的な形態に解消する」のであり、この構造的な解消の結果、依存関係は「外的必然性として、個々人に対立するようになる」[52]。「社会的な結びつきの形態」の組織の仕方が、人格的な支配から非人格的な支配へと転換したことにより、われわれは無政府状態という逆説的関係に入る。そこでは、国際的な無政府状態をワイトが特徴づけた際の言葉を借りれば、社会的「行為はほぼ一貫して貧弱である」[53]――行為はいかなる上位の権威によっても調整されることがないという事実にもかかわらず（むしろ、それだからこそ）、そうなのである。

この対比が（セイヤーの言うように[54]）人間社会の歴史的多様性を覆い隠すにせよ、隠さないにせよ、これが国際関係論と関連していることは明らかである。よく知られているように、『資本論』には国家論がなく、「社会のさまざまな経済構造にたいするさまざまな国家形態の関係」[55]についての明示的説明がない。このことは、通常、マルクスの国際関係論の可能性を否定する根拠に利用されている。国際関係論に求められるのは、諸人格と階級のあいだの搾取関係を説明することではなく、国家間の無政府的《アナーキカル》関係を説明することだというのである。だが、さきの引用箇所では、無政府状態を、資本主義的近代についてのマルクスの全体的な考え方にとっての中心的概念として組み込んだ対比が行なわれているように思われる。無政府状態は、経済の技術的特徴ではなく、本質的な社会形態として理解されている。そして、現実主義が、無政府的な秩序は伝統的な意味での「現実」社会（上位の政府のはたらきによって自然状態から引き上げられた社会）より劣るものと考えていたのに対し、マルクスの説明が含意しているのは、この無政府的な秩序はすでに伝統的な意味での社会以上の存在だということである。

いくらそうした対比を行なっても、それはマルクスの無政府状態論の可能性を含意するものではない、と主張する向きがあるかもしれない。というのも、「無政府状態」という一つの言葉が、二つの別々の現象を指して使われているからである。一つは、現実主義の場合の、独立した競争する集団というありのままの事実である。これに対し、もう一つはマルクスの言う場合のような、より特殊な状況である。この点は、マルクスが「一八五七年の序説」で直接述べている方法論的な問題と関係する。ここで彼の議論を振り返ってみるのも意味があるかもしれない[56]。

マルクスの議論では、問題となるカテゴリーは「労働一般」という、古典派経済学の伝統に概念的基礎の一つを提供する、一見単純な抽象であった。この抽象は、直接的な一般化として行なわれた。すべての生産活動は労働によって行なわれる（その実際のあり方は場合によってさまざまであるが）。だから、労働はすべての生産の一般的な前提条件だというのである。マルクスがこうした方法に反対した理由の一つには、これが不毛な循環論に陥ってしまったという事実があった。

> すべての生産段階に共通する諸規定があり、それらは思考によって一般的諸規定として確定される。しかし、いわゆる、すべての生産の一般的諸条件とは、それらによって現実的歴史的な生産諸段階を理解することはできないような抽象的諸契機にほかならない[57]。

だが、それだけではなく、歴史横断的な記述的一般化としての「労働」という抽象概念は、さまざまな生産様式の違いを無視するだけでなく、現実の社会的プロセスとしての労働の抽象化（これはまたこれで、「労働一般」というカテゴリーを考えることのできる歴史的条件を形成する）が資本主義に独自であるという、そのあり方をどこまでも曖昧にする。この社会では、有用労働の抽象化、その同質的な「抽象労働」への還元は、社会的再生産の基軸的メカニズムであり、この社会を他のすべての社会から区別するメカニズムである。

近代の経済学が議論の先頭に掲げている最も単純な抽象、そしてすべての社会諸形態に妥当する太古からの関係を表現するこの単純な抽象は、それにもかかわらず、実際に真実であるのは最も近代的な社会の範疇としてだけである[58]。

これと同様に、無政府状態という言葉が近代の国際システムに適用される場合にも、二つの意味で使われている。第一に、システムに上位の政府が欠けているという意味である。だが、これはいつの時代もそうであった。世界政府など、いまだ存在したことはない。存在したのはつねに「トゥキディデス流の現実主義」の住む世界だったのである。だが、このきわめて一般的な（「労働一般」のような）ポイントは、無政府状態という言葉の第二の意味と結びつけられるのがつねである。それは、近代の国家システムを特徴づけるパワーの力学を示そうとする場合に用いられる。というのも、地政学的なパワーの近代的形態を他と区別するのは、独立した行動単位の多元性（無政府状態一般）によってパワーが行使されるということではなく、パワーがもはや人格化された支配関係（被支配者の公式の独立性を否認する）の具体化ではないということ、支配関係が非人格的であって、物によって媒介されているということだからである。なぜ行動単位がもはや帝国ではなく、国境で仕切られた主権国家であるのかを説明するのは、この構造的変化である。この無政府状態、構造的に特殊な社会形態としての無政府状態は、超歴史的に一般化された「無政府状態一般」と結びつけられることで、絶えず曖昧にされる。きわめて神秘的なはたらきをするのが「労働一般」という概念（それ自身の成立の歴史性さえも、あるいはとくにこの歴史性を曖昧にする）であるから、マルクスが真の歴史形態として「抽象労働」を最終的に発見したことは、エンゲルスの言葉を借りれば、まさに「晴天の霹靂」であった。だが、概念の歴史性を読み解くという、ここでのマルクスの方法は、もっと広い使用に適している。われわれはここで、この方法を現実主義の無政府状態概念に向けてみなければならない。

晴天



　では、マルクスの著作のどこに「無政府状態の社会《アナーキカル・ソサイエティ》」を発見することができるのだろうか。基本的には社会形態としての商品の分析が開始されている『資本論』第一巻の第一篇である。[59] ここでわれわれが出会うのは、孤立させられた個人の共同体であり、その中で個人は自分の私的労働の生産物を他人のそれと交換することにより、自分たちのさまざまな物質的必要と欲求とを充足させる。この関係は、分業の広がりと生産の私的性格（これにより各人は自分の生産物の所有者となる）との結びつきに支配されて成り立っている。したがって、個人は、交換を目的に社会的な使用価値の生産を強いられる。つまり、彼らは商品を生産することによって自分の生活を充足させるのである。

　これがただちに、この共同体を歴史上知られているほとんどの社会から区別する。その理由は次の点にある。通例、生産過程は直接に社会的であり、社会が遂行する労働全体は、労働とその生産物に対する処分権を与える人格的依存関係を通じて組織化される。[60] だが、ここではそういう関係は見当たらないし、個々の所有者が公式に平等と独立を達成していることによって、人格的依存関係は排除されているように見える。しかし、どれほどの程度にせよ、分業をともなうすべての集合体は、社会的再生産という全体的課題を遂行するために、分割された労働を全体労働に統一するなんらかの手段をもたなければならない。マルクスも言うように、「社会的労働をこのように一定の割合に配分する必要性は、社会的生産の一定の形態によってなくなるものではなく、ただその現われ方を変えるだけである」[61]。では、これら諸個人の私的労働はどのようにして社会的な労働になるのだろうか。それらはどのようにして社会的再生産の全体労働に同化していく（逆にそれによって組織されていく）のだろうか。あるいは、国際関係論の内部で受け入れられている定式を思い起こせば、どのような仕方で、それらは社会を形成するのだろうか。[62] 答えは、こうである。この場合、個人の私的労働は生産物を商品として交換することを通じて初めて社会的な労働になる。そして、逆に、このことが、交換価値に社会の全体的統合の中心的メカニズムというユニークな役割を与えるのである。

社会的労働の連関が個々人の労働生産物の私的交換を通じて示されるような社会状態で、この労働の一定の割合での配分が行われる形態こそが、これらの生産物の交換価値にほかならない(63)。

このように、他の集合体が直接的な（人格化された）権力関係を通じて社会を形成するのに対し、この場合は物と物とのあいだの交換関係を通じて社会が再生産される。

物と物との交換関係によって人間の社会関係が媒介されるということは、三つの主要な結果を生む。第一に、社会的再生産の過程が非人格化されるので、個人は、物の価格という外的で量的な関係をとおして社会に物質的に組み込まれる。

第二に、商品の交換価値は商品に内在するものではなく、むしろ、商品世界全体の中で発揮される関係総体の一機能であるから、価格を決定し、社会的富の分配を組織化する実際のメカニズムはいかなる個人の統制下に置かれることもない。それは、全体としての社会の分散化した、あるいは無政府的な特性、つまり市場へと疎外されている。「生産者の背後で(64)」このメカニズムがどのようにして集合的労働に秩序をもたらしているのか。それは実に驚異的である。というのも、労働者相互の活動的な関係以外にはこのメカニズムはいかなる内実ももたないからであり、その一方で、このメカニズムは自動的で非人格的な運動という形で集団的主体性を彼らに投げ返すからである。

美しさとか、偉大さとかいうものはまさに、諸個人の知識や意欲から独立した、そして諸個人の相互にたいする独立性と無関心性とを前提する、こうした自然発生的な連関、物質的および精神的な質料変換にもとづいていると言われてきたし、また言われてよい(65)。

第三に、この互いに関連した対象化と疎外から導き出される知覚的な帰結は、過程の担い手の心の中で繰り返し起こる、社会生活の過程の神秘化である。それは、諸商品の価格関係のもとで営まれる、人々のあいだの本質的な社会関係を見失わせる不可避的な傾向である。商品が人々を媒介し、彼らの唯一目に見える表現となる。つまり商品の物神性である(66)。

社会における交換者たち自身の運動は、彼らにとって物の運動という形態をとるのであり、これらの物は彼らの支配下にはなく、実際には物が彼らを支配するのである(67)。

マルクスは、この無政府的《アナーキカル》秩序の中で物の交換が果たしている役割と個人の人格的自由の基礎との結びつきについて、注目すべき観察を行なっている。この結びつきは交換行為そのものの形態規定において成立する。交換はそれに参加する行為者に対し、地位や権利の点で、いかなる区別も設けない。

> 形態規定についてみるかぎり、彼らの間にはまったくなんの区別も存在しない。……主体はどちらも交換者である。つまり、そのどちらもが、相手が彼に対して持っているのと同じ社会的関係を相手に対して持っている。したがって、交換の主体として、彼らの関係は平等の関係である(68)。

諸個人が従事する専門的労働の多様性は、この平等の関係を危機にさらすかもしれないが、実際は、相互の形式的な平等を前提した交換活動に絶えず参加するよう、すべての生産者に強いることで、平等の関係を強化する(69)。さらにいえば、関係する個人は自分の欲するものを力ずくで獲得するわけではなく、互いを、主権に裏打ちされた、自らの労働生産物の所有者として暗黙のうちに認め合っている(70)のであるから、彼らはそれにより、互いを形式的には他者の意思に従属しない、自由な者として措定する。こうして議論は驚きのクライマックスに到達する。

したがって平等と自由が、交換価値にもとづく交換で重んじられるだけではなく、諸交換価値の交換が、あらゆる平等と自由の生産的で実在的な土台である。これらの平等と自由は、純粋な理念としてはこの交換の観念化された表現にすぎないし、法律的、政治的、社会的な諸関係において展開されたものとしては、この土台が別の位相であらわれたものにすぎない。(71)

こうした関係の先に開かれる次元がここで指摘される。交換行為が平等と独立をもたらすものであるという点は、「個人」という近代独自の概念の基本的構成要素と見なされるかもしれない。なぜなら、マルクスが別のところで言っているように、この個人は、社会発展の自然的出発点、社会理論の説明項の一部であるどころか、明らかに孤立した「点的存在」(72)であり、一つの歴史的産物だからである。

われわれが歴史を遠くさかのぼればさかのぼるほど、ますます個人は、……自立していないものとして、一つのいっそう大きい全体に属するものとして現れる。……一八世紀になって初めて、つまり「市民社会」において初めて、さまざまの形態の社会的関連は、個人の私的目的のためのたんなる手段として、外的必然性として、個人に対立するようになる。(73)

以上の議論からわかるのは、交換関係を媒介にしての社会的再生産の組織化は、たんに個人的権利の拡大を意味するわけではないということである。実際、それは新たな社会的形態としての個人を生み出す。規制の無政府的な形態を取り去ってみれば、理想としての個人も一緒に消えてなくなる。(74)なぜなら、その場合には、社会の構成員は再び直接的な支配関係に従属しなければならないからである。こうして、交換関係の優位性は、人格の周りに、他の社会が気づかないような柵を設けるのである。マルクスは言う。

交換手段が社会的な力を持つことが少なければ少ないほど、……個人を結びつける共同体――家父長的関係、古代の共同体、封建制度、ギルド制度――の力は、それだけ大きくなければならない。……各個人は社会的な力を物という形態でもっている。この社会的な力を物から奪いとってみよ。そうすると、それを人格に対して行使する人格に与えなければならないことになる。(75)

人格的独立（したがって個人というカテゴリー）は物（商品の交換関係）をとおした依存関係（相互的交換への個人の依存）を基礎にして成り立っている。

したがって、ここに無政府的社会《アナーキカル・ソサイエティ》が成立する。その特徴は、独立した個人の多元性、上位の権力の不在、にもかかわらず個人による統制の手が届かない社会組織の非人格的なメカニズムの出現、集団的な疎外が個人の自由の基礎としてはたらくという逆説的な役割、個人が相互に関係を取り結ぶ際の特殊な対象化された形式にある。

さて、もういちど国際関係論にもどって、これに対応する無政府状態の概念に目を向けてみよう。それは明らかに同じ種類に属する。つまり、上位の権力を欠いた、独立した主権国家の多元性、にもかかわらず、個別国家の支配をまぬがれた社会組織の非人格的なメカニズムの出現（バランス・オブ・パワーと市場の見えざる手）、主権に基づく独立の前提条件としてのこうした集団的な疎外状況の逆説的な役割、そして、そうした秩序を特徴づける国際的パワーの新しい形態である。

このような類似性には注目すべき意味が含まれている。第一章で見たように、正統派の国際関係論は、現実主義と理想主義との対立を基礎にしていると主張する。だが、いまや、この二つは対立どころか、実際には、無政府状態という一つのテーマのバリエーションであって、その公的な顔と私的な顔とをそれぞれ強調しているにすぎないことが明らかになった。コブデンは、自由貿易が勝利すれば、国際環境を国内政治に引きもどすことが可能だと予測した。(76)

パーマストンは、コブデンに反対して、バランス・オブ・パワーの有効性を主張した[77]。この論争で、両者は、公的政治領域と私的政治領域とを区別し、対立させた。だが、彼らが依拠したメカニズム（見えざる手とバランス・オブ・パワー）には、それにもかかわらず、物に媒介された依存関係に基づく人格的独立という、同じ刻印が押されている。これらのメカニズムが実際には相互依存の関係にあったことは、どちらの側からも明確に認められていた。コブデンもブライトも自由貿易政策の別の面として内政不干渉を主張した。コブデンはそれを「神の外交政策」と呼んでいた[78]。だが、パーマストン自身が、自由貿易（およびそれにともなう自由主義的な政治機構の強化確立）を内政不干渉の原則にとって必要条件であり、したがってバランス・オブ・パワーを通じた国際システムの組織化の必要条件であると考えていたこともほぼ間違いない[79]。事実、イギリスが二つの領域の無政府状態を誇ったことは、パーマストンの時代におけるイギリス国家の自慢の種であった。二人の政治家の熱弁をここに引用しておくことは、その取り合わせによって、論点を明確化するのに役立つだろう。

> われわれが暮らすこの地球は、なぜ気候帯に分かれているのだろうか。さまざまな国が、同じような欲求をもった人々に対して異なった生産物を生み出しているのはなぜだろうか。各国はなぜ広大な河川――自然が与えてくれた国民の交通路――で交わっているのだろうか。なぜ互いに遠く離れた土地は、それらを分かつ大海原を通じて接触をもっているのだろうか。諸君、人が人に依存するのはなぜだろうか。商品交換とともに知識の拡充と普及がもたらされ、……友好関係の高まりや深まりがもたらされる。つまり、商業が自由に行なわれることが、一方の手で文明を、他方の手で平和を切り開き、人類により大きな幸福と知恵と善とをもたらすのである[80]。

> したがって、あれやこれやの国がイギリスの永遠の敵であるとか永遠の味方であるとか議論するのは狭量な政策だと言いたい。われわれには永遠の味方も、永遠の敵も存在しない。われわれの利害こそ永遠なのであって、こ

うした利害に従うことこそがわれわれの義務なのである。(81)

ここで、われわれは、マルクスがさきに無政府的《アナーキカル》社会の基本であると指摘した、「相互依存と無関心」というあの前提条件が、まさに外交政策の標語として採用されているのを目の当たりにする。

さて、もし見えざる手とバランス・オブ・パワーが、しばしば言われるような正反対のものではないとしたら、それは、自由主義的なユートピア主義と政治的な現実主義の学問的対立の中で強められた彼らの学説的な敵対意識が等しく誤りであることを示唆する。(82) 一九世紀を通じてイギリス外交政策の言語を彩ってきたこの対比は、登場しつつあった自由主義的な国際秩序という問題の内部にある振幅を反映するものであった。そうだとすれば、無政府状態というテーマが明確な歴史的状況に足場をもっていることは、なんら驚くべきことではない。無政府状態というテーマは、時代を超越しているどころか、一八世紀の歴史の中から姿をあらわしたのであり、その発展はより大きな社会的転換にともなう地政学的帰結として予期されたのである。この社会的転換を、われわれはある種の社会としての資本主義の登場と普及と考える。

**霹靂**

ここまでは、自由主義の議論である。だが、マルクスによるこれらの社会形態の暴露ははじまったばかりである。(83) 一見すると社会以前の自然状態のようであるが、この無政府という状態はかなり発達した社会形態を内包しており、直接生産者は生活手段から引き離され、賃金と交換に自己の労働力を商品として売ることを余儀なくされている。

> 賃労働がその基礎となるときはじめて、商品生産は自分を社会全体に押しつける。(84) しかしまた、そのときはじめて商品生産はその隠された力のすべてを発揮するというのも真実である。

このように、さきに見たマルクスの無政府的社会《アナーキカル・ソサイエティ》は、賃労働という基礎以外にいかなる歴史的存在ももたない。だが、賃労働は、これまで議論してきたように、資本主義社会の戦略的関係である。したがって、一般化した商品生産は、資本主義社会の牧歌的な前触れではない。それは資本主義社会の現象形態である。

この点をもうすこし見てみよう。前節でわれわれは、個人の自由とは、形式的に他人の意思に従属しないことであり、物の交換を通じて他人と関係することによって、この従属は避けられると指摘した。さらに、所有権（ここでは物の所有者であることを意味する）の相互承認が交換関係における平等の基礎であった。いまや、人間の労働力（その支出が、生産された物への所有権を前もって確立した）そのものが「物象」的な社会形態を前提する（つまり商品化されている）といわれる。この新しい事実の意味を理解するようになるにつれ、われわれの眼前で、「商品生産と商品流通とにもとづく法則が、この法則自体に内在する容赦ない弁証法によって、その正反対物へと変化する」[85]のが見られる。

第一に、交換において、この物を譲渡することを通じて他人と関係する者はだれであれ、他者の意思に自己を従わせるという契約を結んだことになる。なぜなら、商品としての労働力はその所有者の生命活動から物理的に切り離せないからである。したがって、交換関係は、物に媒介された関係がまさに避けようとしてきたものを（交換が行なわれる流通部面のもとではあれ）含んでいるのである。それは、一方の人格による他方の人格に対する直接的な権力関係である。同時に、無政府的現象のもとで平等を守る堡塁ともいえる私有の法則は、いまやこの商品の新たな所有者に対して、自己の所有物としてそれを消費する権利を認める。だが、労働力商品の消費とは、生産においてそれを働かせることである。そして、労働力は、生産手段と結合されれば、自己の再生産の費用を超える額の価値量を生産することができる（このことが実は、労働力を最初に購入する唯一の理由である）。これができているかぎり、この商品の買い手と売り手とのあいだの形式的に平等な関係は、等価交換が行なわれているにもかかわらず、実際には領有の関係となる。なぜなら、労働の生産物はもはや直接生産者のものではなく、その消費によって生産物を生み出した商品所有者に属するからである。「所有と労働との分離はこうして、外観上両者の同一性から出発した法則の必然的な帰結となるのである」[86]。

このように、無政府状態は「物象的〔物を媒介とする〕依存」関係に基づいている。したがって、その非人格性と、自由と主体性の新たな形態はこの依存関係と結びついている。だが、逆に、「物象的依存」関係は労働力の商品化に基づき、直接生産者と、生産諸条件の所有者とのあいだの戦略的関係つまり剰余の搾取関係に、したがって、社会的パワーの新たな形態に基づく。

これを最初に聞いた人は、無政府状態のはたらきはたんなる外観にすぎないと思うかもしれない。それは「表面的な過程であって、その深部においてはまったく別の諸過程が進行し、そこでは諸個人のこのような仮象的な平等と自由は消失する」[87]というわけである。では、われわれはこれを無視して、隠れた過程に集中すべきなのだろうか。もしそうしたら、マルクスの社会理論の真のパワーを見失うことになるだろう。なぜなら、もしわれわれがここで説明の方向を逆にし、「深部」から「表面」へともどるとすれば、この社会では、物どうしの交換関係（無政府状態）は人格間の支配や領有をめぐる関係（ヒエラルキー）の反対物ではないことがわかるからである。交換関係はこの種のヒエラルキーが再生産される社会的形態なのである[88]。アイザック・ルービンが言うように、

マルクスは、人間関係が物と物との関係というヴェールをまとっていることを示しただけではない。商品経済のもとでは、社会的生産関係は不可避的に物という形式をとり、物を通してしか表現されないということを示したのである[89]。

したがって、サン・シモンが「人間の政府は物の管理にいずれ道を譲るだろう」[90]と予測したのは、せいぜい半分正しかったにすぎない。資本主義社会が実際にわれわれに提供したのは、物の管理をとおして人々を支配する政府である。

社会関係がこのように物を経由して結ばれるとすると、これらの物にはさまざまな社会的規定が加わることになる。マルクスはこれを商品の秘密と呼んでいる。そこで必要なものは、この形態の基礎にある人と人との現実の社会関係をわれわれに示してくれる理論である。その際、その社会学を物と物との目に見える関係に簡略化させることも、その再生産が無政府的に行なわれることの有効性を否定することもあってはならない。この理由から、「階級」の説明力が弱まることを恐れて、俗流マルクス主義者が無政府状態の重要性を軽視しようとすることは的はずれである。この点で、彼らの反対物である自由主義あるいは現実主義が、無政府的な自由を額面どおりに理解するのも同様に的はずれである。結局のところ、無政府状態についての階級分析には、階級の無政府的構成も含まれる必要がある。マルクス価値論のユニークな成果はこの点にある。それは、価値（人と人との関係）と交換価値（価値関係を媒介する物と物との関係）との区別に立脚している。そして、『資本論』を読めばすぐにわかるように、これら二つのあいだに広がる空間に、正統派の経済学や政治学の分析の射程を軽々と飛び超える、ブルジョア社会の社会学が姿をあらわすのである。

　これに関連して、イアン・クレイブの、対抗する社会理論を評価する際の第三の基準を再び思い起こしてもよいかもしれない(91)。無政府的な社会形態（市場やバランス・オブ・パワーに見られる）を理解する鍵として、人と人との歴史的に特殊な社会関係を考えることで、マルクスは、社会の本質的な次元を確認し、これに光を当てる。無政府的な社会形態を自然なもの、つまり所与の個人が規制を受けずに行なう相互作用から論理的に引き出されたものと見なす自由主義的な理論家たちは、この次元の存在を想像すらしていない。さらに、説明されなければならないのは、この点にとどまらない。したがって、ワイトの主張とは反対に、国際〔関係の〕理論がどうしても必要なのである。なぜなら、この無政府状態は普通の自然状態ではないからである。それは「存在論的な深さ」をもち、その深さは、皮相な外観を観察することで得られたいかなる理解をも根本から覆すからである。

　マルクスの分析は、「国内」的な社会的再生産のレベルで行なわれている。にもかかわらず、それは国際関係論にとって豊かな含意にあふれている。それらは形式的含意と実質的含意の二つのカテゴリーに整理できる。直接的な形式的含意については、国際関係論では無政府的な社会形態とヒエラルキー的な社会構造とが、競合する思想的立場（現実主義と構造主義）によってそれぞれ強調され、共約不能なパラダイムを代表するものとされているのを思い起こせば、よくわかる。われわれの議論から明らかなように、これは間違った二元論である。以前に行なった公的政治領域と私的政治領域の議論が現実主義と理想主義の矛盾を解く鍵となったように、ここでもマルクスの無政府状態についての理論がこのいわゆる「パラダイム論争」を解決する手段を提供する。結局、理論的には、共約不能性と見えたものは、『資本論』第一巻第五章の末尾でマルクスが彼の価値論の中心問題として提起した形式的な理論的課題のことなのである。つまり、独立した個人の無政府的な相互作用が、不等価交換にも頼らず、あるいは、個人の自由と平等とを形式的に制限することなく、いかにして従属と領有の体系的な階級関係に転化させられるのかを理解することである（さらに付け加えるなら、われわれの幅広い議論から見れば、第三の「多元主義」パラダイムは実は、国家と市民社会との分化に記述の上で出くわしたことを示すにすぎない。そこでは、前述した主権の再定義はより大きな説明力を発揮するように思われる）。

この形式的で学問的な解明が満足すべきものであったとしても、真に興奮させられるのは、国際的な現象の実質的な理論的解明の新たな可能性が見えてきたことのはずである。というのも、国際的な無政府状態とともに、また、「自由、平等、所有、そしてベンサム」という「卑俗な自由貿易論者」の世界の足元で、「まったく別の過程が進行しているのであって、そこではこの明らかな個人の平等も自由も消え失せる」[92]からである。では、国家の国際的な無政府状態について言えば、自明に見える表面的な外観の理解に先立って測定されるべき社会の再生産構造の「存在論的な深み」が存在しているというのは、本当だろうか。

ある意味で言えば、そうした憶測は正しくないかもしれない。国家というものは、互いの労働力を買ったり、消費したりする生物学的な個人ではない。したがって、国家についての条件を個人についての条件に単純に重ね合わせることはできない。だが、ポイントはそこにはない。両方に共通するのは、人格化された支配関係ではなく、物に媒介された社会関係という条件である。この違いこそ、帝国から国家システムへの歴史的移行の基礎にあるものなのである。だが、同様に、価値関係に特有の新たなパワーが国際システムの中で機能するような社会形態を提示するのもまた、非人格的なメカニズム——バランス・オブ・パワーと、市場の見えざる手——への社会関係の疎外である。したがって、国際システムのこれら無政府的なメカニズムの実際のはたらきを、それらを構成する社会関係へと投げ返すためには、社会学の回復という決定的な課題を果たすことが必要である。この課題は、理論的な検討と歴史的な復元という二つの面から取り組まなければならない。この取り組みの前に立ちはだかる大きな障害はつねに、無政府状態を社会以前の自然状態とする現実主義の定義であった。[93] 国際システムが社会の安定的特質を獲得できなかったがゆえに、それは社会学的な分析に対しても、同じ理由から障害となってきた。自然状態における存在の法則は、容赦ないほど簡潔である。そこで、無政府状態はつねに、国際関係論を幅広い社会科学に知的に統合することに抵抗する人々が持ち出す最強の議論であった。だが、もし無政府状態が社会以前の状態ではないとしたら、もしそれが資本主義的近代の地政学的な形態であるとしたら、現実主義のこの最後の、そして最も基本的な議論さえも、もはやわれわれを引きとどめることはできないことになる。

事実、この洞察はそれを支えるもっと幅広い論拠がある。無政府状態についてのわれわれの理解を逐一現実主義者の理解と突き合わせてみれば、これはよくわかる。現実主義者はさまざまな形で、無政府状態が国際政治の特質であり、国際政治の領域を国内政治から区別するものであって、独自の分析を必要としていると主張してきた。彼らはそういうものとして無政府状態は歴史超越的であり、国家システムの時代を超えた特徴であると考えてきた。さらに彼らは、それが社会以前の自然状態を形成しているがゆえに、無政府的な行動がパターンとして繰り返されても、そこに存在論的な深みは存在しないと考えてきた。これらのパターンを特徴づける論理は、すでにバランス・オブ・パワーの二次元的なゲームプランに明示されているというのである。

この複合的な現実主義者の理解に対して、われわれは、国際関係論が言う無政府状態の経験は歴史超越的なものではなく、近代に特有なものであると主張してきた。われわれは、それは地政学の特性などではなく、資本主義社会の基本的な社会形態であると述べた。さらに、相互作用のこの見かけ上は単純で自然な形態が、実は人々のあいだのある特殊な社会関係を通じた相互作用の日々の再生産の存在論的な深みを明るみに出すことで初めて理解されるものであることを、簡単に見てきた。

社会形態としての無政府状態のこの再発見は、現実主義の理論に対するわれわれの決定的な決別を告げるものである。それは、さきに行なった主権の再定義が現実主義の歴史理論との決別を可能にしたのと同じである。そこでは、決別の結果として、外交史の横暴から解き放たれ、最終的にはわれわれの言う国際システムを、近代世界の成立に関係した社会的転換の幅広いプロセスと結びつけることが可能となった。ここでは、決別の結果、理論的な壁が突然崩壊し、同じく驚愕的な視野の広がりが約束される。これがなんであるかを知るためには、もはや視野から遮られることのなくなった古典派経済学と古典的な社会学という隣接の学問分野を覗いてみればよい。

社会学は通例、「社会の研究」と定義される。だが、この一見すると普遍的な定義は、それ自身、歴史性を帯びている。なぜなら、「社会」は、近代西欧を特徴づける公的領域と私的領域、国家と市民社会との制度的分化が起こる以前は、政治哲学の外では研究対象となっていなかったからである。フリスビーとセイヤーが言うように、「社会を抽象的に概念化することの可能性はそもそも、ビュルガーリッヘ・ゲゼルシャフト（bürgerliche Gesellschaft）、つまり、市場社会、市民社会、ブルジョア社会の具体的発展に歴史的に依存してきたと思われる」[94]。そして、ひとたびこの領域の分化が起こると、すぐさま説明の必要が生じるのは、直接的な政治的調整手段以外の手段でどのように社会的再生産を組織するかという問題である（ポラニーは古典派経済学の登場にも同じ要請がともなったと主張した。「古典派経済学と社会の発見」と題された章で彼は、新しい理解の形式が必要とされたこと、それは「人間社会はいまだかつて法律や政治と同義に考えられなかったことはない」からであると述べている[95]）。このように、この問題の知的な目新しさは、実際の歴史的展開のもつ歴史的な目新しさの反映なのである。

したがって、古典的な社会学の多くは、暗黙のうちに、無政府的な規制をそのテーマに反映させている。これが、デュルケームが提起した「個人がますます自律的になりながらも、より緊密に社会に依存するようになるという事態はどうして生じるのか[96]」という問題の意味ではないだろうか。それは「軍事型社会から産業型社会への社会の進化」、社会全体の構成員のあいだの「強制的協力」から「自発的協力」へ、中央集権から分権化へという、ハーバート・スペンサーの考え方にも反映されている[97]。「いかにして社会は可能か[98]」という問いについてのジンメルの考察は、「多くの国家から成る一つの社会はありうるのか」という問いに育てられた国際関係論の研究者にとって、不思議になつかしい響きがするものである。

こうした対比の重要性は、国際関係論と社会学との学問的距離が遠くなりすぎたために、これまで注目されることがなかったといえるかもしれない。だが、ある意味では、この言い方は正確ではない。そして、ここでわれわれは、議論全体の非常に奇妙なねじれの一つに行き当たる。国際関係論におけるイギリス学派の中心的で統括的なカテゴリーは「国際社会」である。ここでの「社会」という言葉の意味はなんであろうか。その源泉の一つは、紛れもなく、グローチウスが「社会的欲望」の結果として描いた「大いなる世界[99]」である。相互依存のために、主権国家さえそれを指向しているとされた。

交易のためであれ、あるいはその国に対立して結束した多くの外的民族の力から防衛するためであれ、自国の外からの助力を必要としないほど強力な国家は存在しない[100]。

だが、われわれは分析の第二の糸口を古典的な社会学から発見できるかもしれない。古典的な社会学は国際的な結合の相対的な緩さを明確な特徴ととらえる。それは世界政府の不在を原因とする、ある種の不完全さとたんに見なされてしまいがちな特徴である。この点で注目すべきなのは、ジョージ・シュワルツェンベルガーの著作である。彼は、フェルディナンド・テンニエスが行なったゲゼルシャフト（英語では社会《ソサイエティー》と訳される）とゲマインシャフト（同じくコミュニティーと訳される）の区別を利用して、次のように述べている。

> コミュニティーの構成員はその個人的な存在にもかかわらず団結しているのに対し、社会の構成員は、その結合にもかかわらず孤立している。[101]

ところで、テンニエスがゲマインシャフトとゲゼルシャフトを理念型として定式化したことは事実だが、彼がこれらの概念を歴史に適用しようと考えていたことも事実である。彼は述べている。「事実としても名称としても、ゲマインシャフトは古く、ゲゼルシャフトは新しい」[102]。シュワルツェンベルガーは、例えばチャールズ・マニング[103]とは異なり、この歴史的な次元を維持しており、「国際キリスト教国家システム［つまり中世キリスト教世界］が持つ多くの特徴から考えて、われわれはそれを一つのコミュニティーに分類する」とか、近代の地政学の登場は「近代の、コミュニティーから社会への転換を意味する」とか主張している[104]。

だが、ひとたび近代の国際システムの無政府的性格がこうして明確な歴史的形態――そのゲゼルシャフト型の関係が、封建的ヨーロッパのゲマインシャフト型の地政学的関係から近代の国際システムを記述のうえで区別する――として確認されると、以下のように問うことは明らかに妥当性をもつはずである。なぜそれはいま、この異なる形態をとるのか。シュワルツェンベルガーはこの疑問を追究しようとしてはいない。おそらく、彼は、近代的国家関係の質――「連合しているにもかかわらず孤立している」――をとらえる理念型を発見したことで満足しているのだろう。

だが、テンニエス自身は、最後の一歩を踏み出すのに躊躇しなかった。

ゲゼルシャフトは、多数の個人の自然的および人為的な集まりとして理解される。そしてこれら諸個人の意志や領域は、相互に無数の関係をとり結んでいるが、にもかかわらず依然として互いに独立しており、その間に内的な相互作用は存在しない。ここから、「市民社会」……の一般的記述が与えられる。[105]

ここからどのような結論を引き出すにせよ、問題のポイントはおそらく揺らぐことはないだろう。無政府状態という問題は、それが国際関係論の種差と見なされるかぎり、おそらく近代社会思想のまさに中心的な関心事だということである。

『要綱』のある箇所で、マルクスは次のように主張している。「自由競争とは実際は何であるかの分析が、自由競争を熱烈に賛美する中産階級の予言者たちへの、あるいは自由競争を呪詛する社会主義者たちへの、唯一の合理的な回答である」[106]。同様のことがここでのわれわれの主題に関しても言える。つまり、無政府状態とは実際はなんであるかの分析が、無政府状態を熱烈に賛美する現実主義者たちへの、あるいはそれを呪詛する理想主義者たちへの、唯一の合理的な回答である。本章での考察がいまや指し示すように、国際システムの出現について、これまでとは別の歴史を書くこと以外に、社会形態と地政学的なシステムとの構造的統一に関する決定的な主張を想像することは困難だろう。

注

（1） *Capital*, Vol. III, p. 790〔邦訳、一〇一三頁〕。

（2） しばしば、資本主義的な労働契約と結びついた法の支配を守るということは、血なまぐさい仕事である。それは国家の強圧的機関を日常的な暴力的抑圧の中に引き出すことである。韓国はいまだ、往々にしてこのことを実証している。だが、ここにポイントがあるのだが、韓国の警察と労働者が全面衝突するのは、国営企業の中庭においてではなく、現代

（Hyndai）やサムスンといった企業や非政府組織の敷地内においてである。そしてもし、労働者を工場に追い込むのに警棒や催涙ガスが使われるとするなら、労働者がその内部で従うべき支配（規則）とは、国家の支配ではなく、いわゆる「経営側」の支配であろう。

（3）「資本主義の社会は私たちが存在するある様式というよりも、……私たちが宿るなにものかとして現れる。」（Sayer, *Capitalism and Modernity*, p. 88〔邦訳、一〇七頁〕）

（4）労働価値論を一つの社会理論として理解する試みとしては、一九二〇年代のアイザック・ルービンの古典を参照（Issac Rubin, *Essay on Marx's Theory of Value*, introduced by F. Perlman, Montreal 1973）。同書につけられたパールマンのすばらしい序文も参照されたい。

（5）ハイマンはギリシャ語の oikonomia と chrematistike の区別に触れつつ、「経済」という近代語は古代語から引き継いだものでありながら、それが意味する内容は正反対になってしまっていると記している（Eduard Heimann, *History of Economic Doctrines: An Introduction to Economic Theory*, New York 1964, p. 23〔邦訳、四一頁〕）。この区別は簡単にではあるが『資本論』でも論じられている（Marx, *Capital*, Vol. I, pp. 253–254n〔邦訳、一〇九頁注6〕）。これらの点を驚くほど明瞭に明らかにしたものとして、Therborn, chapter 2 を参照。彼が言うように、「経済的な言説は、その言説の中身の、つまり資本主義経済の興隆にともなってあらわれたものである。この点は十分に理解しておかなくてはならない。」（ibid., p. 77）

（6）『要綱』の中で、マルクスは「資本」という言葉の由来にひっかけて次のような冗談を述べている。「Capital という言葉について言えば、家畜とともにいまなお高地アジアのステップで移動している遊牧民が最大の Capitalist である。Capital とは、もともとは家畜のことだからである。」（*Grundrisse*, p. 513〔邦訳、第二分冊、一七四頁〕）

（7）このことは、封建制下のヨーロッパにおける「細分化された主権」とは対照的である。「細分化された主権」では、土地の領域的支配が貴族にとって収入と社会的権力の直接的源泉であった。アンダーソンが述べるように、正義とは、法的に平等な者に対する法の非人格的支配を意味するのではなく、「権力の代名詞」にすぎなかった（Anderson, *Passages from Antiquity to Feudalism*, p. 153〔邦訳、一五九頁〕）。

（8）Wood, 'The Separation of the Economic and the Political in Capitalism', *New Left Review*, 127, May/June 1981, p. 82.

(9) すでに述べたように、ポラニーはこの点の新しさを強調する。「経済活動が分離させられ、特殊な経済動機によって動かされる一九世紀の社会は、実のところ、まれに見る新機軸だったのである。」(Polanyi, p. 71〔邦訳、九五頁〕)

(10) 例えば、J. Stoessinger, 'The Anatomy of the Nation-State and the Nature of Power', reprinted in M. Smith *et al.*, eds., *Perspectives on World Politics*, Beckenham 1981; H. and M. Sprout, 'Tribal Sovereignty vs Interdependence', in ibid.; G. Goodwin, 'The Erosion of External Sovereignty?', *Government and Opposition*, 9(1), Winter 1974. 国際関係論における主権の概念規定についての簡潔ながら精選された概観としては、A. James, *Sovereign Statehood: The Basis of International Society*, London 1986, chapter 2を参照。ジェイムズ自身は、対外的主権を「立憲的な区別」と定義する(ibid., p. 24)。ただ、これは非歴史的な定式であって、彼はこれにより「帝国はある種の主権国家である」という奇妙な見解にいたってしまう(ibid., p. 31)。しかし、ジェイムズの目的は、主権をある特定の支配形態としてではなく、「国家を国際舞台に適合させるものはなにかと考えるときに用いる」言葉として説明することにある(ibid., p. 51)。この点はイギリス学派全体について言える。ワイト(彼はめったにこの言葉を使わない)、ブル、ワトソンはともに、国内的な最優位と対外的な独立というきわめて一般的な規定で満足している(Wight, *System of States*, pp. 129–130; Bull, *The Anarchical Society*, p. 8〔邦訳、九頁〕、Watson, p. 316)。カーでさえ、近代の主権について明確な概念規定にいたることができなかった。「ある程度確信をもって予測できることがある。主権の概念は将来、現在におけるよりもさらに不鮮明で曖昧なものとなる可能性が高い」(Carr, *The Twenty year's Crisis*, 2nd edn., p. 230〔邦訳、四一六―四一七頁〕)。

(11) Waltz, in Keohane, ed., p. 90.

(12) あるいは、「解雇権」の濫用を抑えたり、失業時の困難を緩和したりすることで生産内のパワーの不均衡を是正する場合であっても。

(13) 「合法性の危機」は社会民主主義が飛び越えることのできない変化の限界を指し示していると言えるかもしれない。合法性の危機についてのハーバーマスの理論が一九七〇年代末にかけてあらわれたことは、長期の好景気が終焉を迎えた後、西欧の社会民主主義の内部に生まれた緊張状態を明確に反映している。彼の理論を検討した、明晰だが批判性を欠いた議論としては、D. Held, 'Crisis Tendencies, Legitimation and the State', in J. Thompson and D. Held, eds., *Habermas: Critical*

*Debates*, London 1982を参照。

(14) 例えば、G. Goodman, *The Miners' Strike*, London 1985, chapter 2での説明を参照。

(15) これは、こうした政治的機能が直接的な国家介入によって攪乱されないことを前提としている。

(16) 各ピースが単一かつ排他的な支配権に対応しているようなジグソーを封建的ヨーロッパに当てはめることはできないだろう。そこでは、ジェレミー・ブラックによれば、（絶対主義の時代でも）「さまざまな支配者の、さまざまな側面に対する忠誠関係のせいで、入り組んだ支配権の範囲を一枚の地図の上に書き記すことは、どんな熟練の地図職人の技によっても不可能だった」（Jeremy Black, *The Rise of the European Powers, 1679–1793*, London 1990, p. 194）。ブラックはその錯綜した政治的支配を完全に表現するために、同じ地域について八枚もの別々の地図を必要とした、ある条約（一七六〇年、トリノ）の例をあげている（ibid., p. 194）。皮肉なことに、本書第二章での議論に照らしてみると、ここで決着をみた争いとはユトレヒト条約による境界区分の問題だった。

(17) このことに気づくと、資本主義的近代に特有の社会形態を無意識のうちに「自然的な」出発点として想定してしまうような、「国際倫理」の非歴史的議論では不十分であることがはっきりしてくる。現在の議論から浮かび上がる明確な例は国境の問題である。「国民的な」政治共同体のあいだに境界が引かれているという事実は、コミュニタリアニズムの立場に立つ人にとって、倫理的な推論を国際関係論にまで伸ばしていくことを妨げる根本的な障害であると考えられている。この主張には、コスモポリタンの立場から反論が出されている。どちらが正しいのか。さきに述べた議論が正しければ、資本主義的な国家システムの属地性がもつ歴史的、構造的な特殊性を理解しないうちは、議論自体が無意味ということになる。

(18) マルクスとエンゲルスは『共産党宣言』の中で「諸国民の全面的な依存関係」をこうした特殊な社会関係の結果として説明している（Marx and Engels, *Communist Manifesto in The Revolutions of 1848*, ed. D. Fernbach, Harmondsworth 1973, p. 71〔邦訳『全集』第四巻、四七九頁〕）。

(19) 事実、本章の最後の節で見ていくように、ここで述べているのは、社会的パワーの活動領域が分離したということだけでなく、二つの領域に分かれた社会的パワーが根源的かつ画期的な質的転換を起こしたということでもある。マルクスの表現を借りれば、「人格的依存の関係」が「物象的依存に媒介された人格的独立」によって置き換えられるのである。だが、これは、無政府状態《アナーキー》の再定義に属する問題である。

(20) ここで「市民社会」という言葉は、国家を含む社会全体の意味で使われている。この意味はフランス語の bourgeois やドイツ語の bürgerliche Gesellschaft でも失われていない。だが、アングロ・サクソンの用法では、この言葉は他の種類の社会と対比して使われているのではなく、資本主義社会の内部で国家に対置するものとして使われている。その意図は、国家という公的領域にはもっぱら政治的パワーの行使を任せ、資本の私的政治分野にはそれ自体として、個人的自由の領域を代表させることである。この用法に対する強力かつ体系的な批判として、E. Wood, 'The Use and Abuses of "Civil Society"', *Socialist Register 1990* (special issue: R. Miliband and L. Panitch, eds., *The Retreat of the Intellectuals*)。

(21) 新国際経済秩序（ＮＩＥＯ）運動について、簡潔な説明は J. Spero, *The Politics of International Economic Relations*, London 1985, pp. 207ff.〔邦訳、一八五頁以下〕を参照。

(22) Susan George, LSE seminar, January 1989.

(23) これが、現実主義がイデオロギー的であることの深い意味かもしれない。現実主義は政治家に対してその政策を正当化するための便利な言葉を提供するだけでなく、近代の疎外された社会形態を具体化したり、自然化したりすることによって、認識のレベルで、国際的パワーの資本主義に固有の形態を構成している政治と経済との分離を再生産しているのである。

(24) Marx and Engels, *The German Ideology*, p. 57〔邦訳『全集』第三巻、五六頁、岩波文庫版、一六三頁〕。言い換えれば、人間を国際関係論の研究対象であるグローバルなシステムに政治的、物質的に取り込むことは、資本主義的な工業化の時代におけるヨーロッパの拡張を通じて達成されたのである。一八五七年の「序説」で着手された『資本論』全体の概略のなかで、このテーマは展開のための注意書きとして取り上げられている。「世界史はいつも存在したわけではない。世界史としての歴史は結果として存在する。」(*Grundrisse*, p. 109〔邦訳、六四頁〕)

(25) Bull, *The Anarchical Society*, p. 8〔邦訳、九頁〕。

(26) ウェストファリア条約に対する教皇の反応は回勅（Zelo Domus Dei）によくあらわれている。それは以下のような意見表明で締めくくられている。「われわれはここに宣言する。上記の条約の上記の項目すべてにわたり、それが、なんらかの形で損害を与え、いささかなりといえども権利を侵害するものであるなら、あるいは、カトリックの教義、神聖なる信仰、魂の救済、教皇庁、下級教会、教会の秩序および領地、その人間、課業、財産、支配権、権威、免責、特権と特典、権利その他を侵す可能性がある、あるいは侵したと言われたり、考えられたり、想像されたりする場合には、それらの条項は過去、現在、永遠の未来にわたり、無効、空虚、無価値、邪悪、不正、呪われたもの、永劫に罰せられるべきもの、取るに足らないもの、永遠に意味と効果のないものである。たとえ、それらが宣誓のもとで批准されたとしても、だれもそれらを守る必要はない。」（P. Limm, *The Thirty Years' War*, Harlow 1984, p. 107）

（27）国際関係論で言及される歴史事例のほとんどがそうであるように、ウェストファリア条約が置かれた実際の歴史的状況、その内容、意義について、体系的な（一章を割く程度であれ）研究を見つけるのはきわめて困難である。K. J. Holsti, *Peace and War* の第二章の議論は、最近の貴重な例外である。

（28）F. H. Hinsley, *Sovereignty*, London 1966, p. 121.「『主権』という言葉は一六世紀の初めには普及していたが、ボダンはその著書『共和政体に関する六巻の書物』（一五七七年）で言葉の背後にある理論を述べたおそらく最初の人であった。」（ibid., p. 71）

（29）E. Wood, *The Pristine Culture of Capitalism*, London 1991.

（30）Ibid., p. 25.

（31）Ibid., pp. 54–55.

（32）ウッドが指摘しているように、その後に登場する別の自由主義的大国であるアメリカについても同じことが言える。どちらのケースも理由は同じである。「一見したところ逆説的に思われるかもしれないが、資本主義に特徴的に見られる国家と市民社会との分離が最初に、あるいは『自然に』起こったりした場合、国家の概念規定はきちんと行なわれないのである」（ibid., p. 34）。まさに同じことが、国家の地政学的な規定についても言える。イギリスとアメリカという、これまでに存在したただ二つの世界的大国が国外から国家理性（raison d'etat）という言葉を輸入しなければならなかったというのは驚くべきことである。このことは、アメリカ現実主義の発展において果たしたニーバーとモーゲンソーの役割を見るととくにはっきりしてくる。カーもまた理想主義の起源を米英流の自由主義に求め、『危機の二十年』の初版の序で、知的影響を受けたとして二人のヨーロッパ人の名（マンハイムとニーバー）をあげている。

（33）「実のところ、『議会における国王』によって行使される法的な主権は、フランスの法学者の目にとまるはるか以前からイギリスでは現実となっていた。」（Wood, *The Pristine Culture of Capitalism*, p. 48）。

（34） Ibid., p. 28.

（35） Ibid., p. 55.

（36） D. Sayer, 'A Notable Administration: English State Formation and the Rise of Capitalism', *American Journal of Sociology*, 97（5）, March 1992, p. 1393. セイヤーは、ウッズと同様、この件についての歴史研究の（社会学的）仮定を正反対に逆転させてみる。「資本主義の台頭への寄与という観点からみると、そうした政体を特殊的と見なすよりも系列的と見なすほうが理にかなっているようである」（ibid., p. 141）。このような見方で書かれた、ヨーロッパにおける国家形成のより詳細な比較史としては、C. Mooers, *The Making of Bourgeois Europe*, London 1991を参照。

（37）言い換えると、主権の原理を政治権力の中央集権化と考える絶対主義の立場からは、それが公的領域と私的領域とに分解していくことを説明できない。主権の絶対主義的解釈と自由主義的解釈との乖離をきわめて明確に認識しているのがロイ・ジョーンズである。彼は「自由主義の伝統の成果は、主権の正反対に位置する国家の観念や構造を構築したことであった。自由主義的国家は主権を規制し、さらには排除しようという情熱に端を発している」（R. Jones, 'The English School of International Relations: A Case for Closure', *Review of International Studies*, 7（1）, 1981, p. 6）。この概念そのものをも排除しようという言外の示唆は、十分に論理的である。だが、これは国際関係論ではありえないことであるから、理論的、歴史的な再定義という代替策を本書では選択している。

（38） Holmes, pp. 28-47を参照。

（39） Morgenthau, p. 5〔邦訳、四頁〕。

（40）「もし国際政治に独自の政治理論があるとしたら、バランス・オブ・パワー理論がそれである。」（Waltz, in Keohane, ed., p. 116）

(41) ブルの『国際社会論』は、この点に関するおそらく最も明確で筋の通った説明を行なっている。ブルは言う。「古典的な世界政府反対論によれば、世界政府は……自由や解放にとっては有害であるとされている。それは国家と国民の自由を侵害するというのである」(ibid., pp. 252–253〔邦訳、三〇四頁〕)。だが、救済策は一般的なものである。「無政府状態の美徳」と題する節でウォルツは「国家は、人間と同じで、その自由の程度に比例して不安定になる。もし自由が欲しいのなら不安定を甘受しなければならない」(Keohane, ed., p. 110)。

(42) Marx, *Capital*, Vol. I, p. 477〔邦訳、四六六―四六八頁〕。傍点は筆者による。

(43) 11 July 1868, reproduced in *The Correspondence of Marx and Engels*, ed. D. Torr, London 1934, p. 245〔邦訳『全集』第三二巻、四五五頁〕。職場の専制支配という周知の分析よりもこちらのほうが中心的であるというわけではない。すでに述べたように、両者は同じコインの裏表なのである。

(44) よく知られた例としては、ギルピンの著作(*War and Change in World Politics*)とケネス・ウォルツの著作がある。実際、ウォルツは、国内政治と国際政治とを分離する伝統的な現実主義の立場を正当化するために、このアナロジーを使っている。「システム・レベルの力とユニット・レベルの力とがはたらいているとき、同時に対外政策の理論を構築せずに、どうして国際政治の理論を構築することができるだろうか。この問題は、まさに、企業に関する理論なしにどうして市場に関する経済理論を書くことができるかを問うことと同じである。答えは『いともたやすく』である」(Keohane, ed., p. 60)。

(45) こうした従来の考え方に対する批判として、Wood, 'Marxism and the Course of History' を参照。

(46) いわゆる「フォルメン」(資本主義的生産に先行する諸形態)。*Grundrisse*, pp. 471–514〔邦訳、第二分冊、一一七―一一七七頁〕。

(47) むしろその逆に、マルクスは、次のように明言している。「自由と平等は、古代世界でも中世でもまだ実現されていなかった生産諸関係を前提としている」(ibid., p. 245〔邦訳、第一分冊、二八〇頁〕)。さらに、彼が「尊厳を欠き、停滞した、単調な」インドの村落共同体を非難していることは、よく知られている(Marx and Engels, *On Colonialism*, Moscow and London 1980, p. 36〔邦訳『全集』第九巻、一二六頁〕を参照)。

(48) *Grundrisse*, p. 158〔邦訳、第一分冊、一三八頁〕, cited by Sayer, *Capitalism and Modernity*, pp. 13–14. ここでの訳は、『物象的依存』を『客観的依存』へと置き換えた Nicolaus 版をとらない。

(49) Ibid., p. 161〔邦訳、第一分冊、一四四頁〕。

(50) *Capital*, Vol. I, p. 173〔邦訳、一〇六頁〕。

(51) *Grundrisse*, p. 649〔邦訳、第二分冊、四〇七頁〕。

(52) Ibid., pp. 164 and 84〔邦訳、第二分冊、一四八頁と二六頁〕。

(53) 'Why Is There No International Theory?', p. 26.

(54) この点については、Sayer, *Capitalism and Modernity*, pp. 13–22〔邦訳、一六—二五頁〕を参照。

(55) 『要綱』に言及して Marx to Kugelmann, cited by Nicolaus in his introduction to the Penguin edition, p. 59〔邦訳『全集』第三〇巻、五一八頁〕。

(56) ここでのマルクスの方法論については、セイヤーがきわめて明快に詳述している（Sayer, *The Violence of Abstraction*, chapter 6）。

(57) *Grundrisse*, p. 88〔邦訳、第一分冊、三三頁〕。

(58) Ibid., p. 105〔邦訳、第一分冊、五七頁〕。

(59) それ以外の参照箇所は「貨幣にかんする章」と、『要綱』の競争に関する部分。とくに *Grundrisse*, pp. 649–652〔邦訳、第二分冊、四〇七—四一〇頁〕を参照。

(60) 労働であれ、生産物であれ、その生産者により直接に消費される。

(61) Letter to Kugelmann, *The Correspondence of Marx and Engels*, p. 246〔邦訳『全集』第三二巻、四五四頁〕。

(62) 国際関係論のイギリス学派にとって、国際理論の決定的な疑問は一般に次のような形で提起される。「国際的な政府なしで、どうやって国際社会が存在できるのか。あらゆる国家が主権を持つとしたら、どうすればそれらの国々を慣習法のもとに拘束することができるだろうか」等々。

(63) Marx to Kugelmann, *The Correspondence of Marx and Engels*, p. 246〔邦訳『全集』第三二巻、四五四頁〕。

(64) *Capital*, Vol. I, p. 135〔邦訳、六〇頁〕。
(65) *Grundrisse*, p. 161〔邦訳、第一分冊、一四四頁〕。
(66) マルクスは資本主義に先行する社会関係を、一般化した商品生産を組織化する社会関係よりも、「はるかに透明であり、単純である」としている（ibid., p. 172〔邦訳、第一分冊、一六〇—一六一頁〕）。
(67) *Capital*, Vol. I, pp. 167–168〔邦訳、一〇一頁〕。
(68) *Grundrisse*, p. 241〔邦訳、第一分冊、二七六頁〕。
(69) Ibid., p. 242〔邦訳、第一分冊、二七七頁〕。
(70) あるいは、マルクスが言うように、「彼らは所有者として、つまりその意志が自分たちの商品にしみこんでいる人格として、互いに認めあう」（ibid., p. 243〔邦訳、第一分冊、二七九頁〕）。
(71) Ibid., p. 245〔邦訳、第一分冊、二八〇頁〕。マルクスはさらに進んで、これが近代の自由をそれ以前の自由から決定的に区別するものである、と述べている。「こうした広がりのなかでとらえられた平等や自由は、古代の自由や平等とはまさに正反対のものである。後者では発展した交換価値が基盤となっていなかった」。
(72) *Grundrisse*, p. 485〔邦訳、第二分冊、一三四頁〕。マルクスは、この個人の新しい社会形態に先行する諸形態を「その場に深く根を下ろした」（ibid., p. 494〔邦訳、第二分冊、一四八頁〕）ものだと述べている。
(73) Ibid., p. 85〔邦訳、第一分冊、二六頁〕。
(74) マルクスにとって、この但し書きが指しているのは、「物象的依存」を超えたところにある第三の社会形態である。それは「諸個人の普遍的な発展に基づく、また諸個人の共同体的、社会的生産性を諸個人の社会的力能として従属させることに基づく自由な個体性」（*Grundrisse*, p. 158〔邦訳、第一分冊、一三八頁〕）である。
(75) Ibid., pp. 157–158〔邦訳、第一分冊、一三七—一三八頁〕。
(76) 「広く巨大な帝国を、巨大な陸軍や大規模な海軍を求める欲求や動機は……いずれ消え去ると思う。人類が一つの家族となって、労働の成果を兄弟たちと自由に交換し合うようになれば、そんなものは不必要となるだろう。あるいは使われなくなるだろう。もしわれわれが再びこの世に現われ出ることが許されるなら、ずっと先のことではあるが、この世界の統治システムはなにか自治システムのようなものに戻っているのを見るだろう」（一八四六年の演説、in Bourne, ed., pp. 269–270）。

（77） 例えば、一八五三年八月一六日の下院での「ロシアとトルコ」問題についてのパーマストンの演説。「われわれは戦争を始めた。その目的はわが国の商品輸出の拡大にあるのではなく、諸国の自由と独立の防衛であり、バランス・オブ・パワーの維持である。議員諸君はバランス・オブ・パワーをばかにし、あざ笑うかもしれないが、それは理解していないからである。他の人たちはみな、それがきわめて重要な問題であり、人類の自由と福祉にとって必要不可欠なものであると考えている」（ibid., p. 329 における引用）。

（78） Ibid., p. 85 における引用。

（79） 一八三〇年のフランス復古王制の瓦解に対するパーマストンの反応を参照。「われわれは、世界中の自由主義のために乾杯しよう。この事件は、ヨーロッパ中で自由主義原理が優勢になる決定的な契機である。邪悪な精神は鎮圧された。それは足元に踏みにじられるであろう。」（ibid., p. 329）。

（80） 穀物法をめぐる一八四二年の下院における演説（ibid., p. 255）。

（81） Palmerston, 1 March 1848（ibid., pp. 292–293）.

（82） カーによれば、結局のところ、ユートピア主義は勘違いの国際法務家の子どもじみた空想よりははるかに深い根をもつ。彼はそれをとりわけ、「見えざる手」の生みの親、アダム・スミスに帰着させている（*The Twenty Years' Crisis*, 2nd edn., p. 43〔邦訳、九五頁〕）。言い換えれば、近代のユートピア主義は、現代の現実主義と同様、無政府的《アナーキカル》な社会形態に起源をもつのである。

（83） もしわれわれの議論が『資本論』の修辞構造に従うとすれば、われわれは、全三巻の最初の巻の、全三三章のうちの第五番目にたどり着いたにすぎない。

（84） *Capital*, Vol. I, p. 733〔邦訳、七六五頁〕。さきに『要綱』から引用した市場の「自然発生的な関連」の賛美は、次のように続く。「しかし、このひたすら物象的である連関を、個体の本性から分離できない、自然発生的な、個体に内在する連関として把握するのは、ばかげたことである。この連関は諸個人の産物である。それは一つの歴史的産物である」

（*Grundrisse*, p.162〔邦訳、第一分冊、一四五頁〕）。

(85) *Capital*, Vol. I, p. 729〔邦訳、七六〇頁〕。

(86) Ibid., p. 730〔邦訳、七六〇頁〕。

(87) *Grundrisse*, p. 247〔邦訳、第一分冊、二八五頁〕。

(88) この理由から、マルクスは、「社会主義者たちの愚かさ」について、「彼らは、交換、交換価値などは、もともとは、あるいはそれらの概念からすれば、万人の自由と平等の制度であるのに、貨幣、資本などによって改悪されてしまったのだと論証」しようとしていると非難している（ibid., p. 248）。

(89) Rubin, p. 6.

(90) S. Lukes, 'Saint-Simon（1760–1825）', in A. Donini and J. Novak, eds., *Origins and Growth of Sociological Theory*, Chicago 1982, p. 59.

(91) 「作用している因果関係と、そのメカニズムがはたらく状況についてより詳細に述べることができればできるほど、その理論はよい理論である」（Craib, p. 26）。この場合、価値論が、現実主義には理解できず、しかも、歴史的に固有の社会形態としてのバランス・オブ・パワーを構成する基本的な社会関係を解明することができるとするなら、価値論は現実主義より優れた社会理論であるという主張が成り立つ。なぜなら、それは、現実主義が説明できることはすべて説明でき、しかもそれ以上のことも説明できるからである。

(92) *Capital*, Vol. I, p. 280〔邦訳、二三〇―二三一頁〕。

(93) 現実主義を批判する国際関係論の多くが、自然状態の社会形態としての歴史性を暴くのではなく、むしろ自然状態の緩和を主張しているのは、驚くべきことである。この点は、チャールズ・ベイツのような非常に優れた批判者にすら当てはまる。Charles Beits, *Political Theory and International Relations*, Princeton 1979.

(94) Frisby and Sayer, p. 120〔邦訳、一六〇頁〕。

(95) Polanyi, p. 114〔邦訳、一五六頁〕。

(96) 『分業論』（Frisby and Sayer, p. 44〔邦訳、五〇―五一頁から引用〕）。

(97) Frisby and Sayer, p. 28〔邦訳、二七頁〕。

(98) ジンメルのこの問題の扱いについての簡潔な議論は、ibid., chapter 3を参照。

(99) Grotius, Prolegomena to *On the Law of War and Peace*, in M. Forsyth *et al.*, eds., *The Theory of International Relations: Selected Texts from Gentili to Treitschke*, London 1970, p. 48〔邦訳、第一巻、序言、第六節および第一七節、八頁および一二頁〕。

(100) Ibid., pp. 42 and 50〔邦訳、第一巻、序言、第一三節、一五頁〕。

(101) G. Schwarzenberger, *Power Politics: An Introduction to the Study of International Relations and Post-War Planning*, London 1941, p. 35.

(102) F. Tönnies, *Community and Association*（*Gemeinschaft und Gesellschaft*）, London 1955, p. 39〔邦訳、上巻、三六頁〕。

(103) これらの言葉についてのマニングによる簡潔な議論は、それらの歴史的かつ理論的な文脈の中で行なわれている。「現時点での国際社会は明らかにゲマインシャフトではない。したがって、それはゲゼルシャフトであると考えられるべきである」（*The Nature of International Society*, London 1975, p. 176）。

(104) Schwarzenberger, pp. 35 and 42.

(105) Tönnies, p. 87〔邦訳、上巻、一一二頁〕。

(106) *Grundrisse*, p. 652〔邦訳、第一分冊、四一〇頁〕。

# 第六章　こんなにも骨の折れる仕事
## ──国際システムのもう一つの歴史についての概要

資本主義的生産様式の「永久の自然法則」を解き放つことは、こんなにも骨の折れる仕事だった。(1)

──マルクス

## 方法

『資本論』第一巻の終わり近くで、マルクスは資本主義的生産の運動についての詳細な分析から離れ、最後の八つの章〔英語版では八つ、日本語版では二つの章（第二四、二五章）〕を「いわゆる本源的蓄積」の問題に充てている。資本主義「経済」の前提条件──とくに、貨幣と生産手段との所有者と、生活手段を持たず、したがって生きるために労働力を売らなければならないはるかに多くの人々との結合──が自然に生み出されたものでないことは、古典派経済学も認めていた。資本主義を可能にするこの結合を説明するために、社会的発展での先行的な段階を想定する者たちもいた。彼らによれば、勤勉と倹約に努めた少数者は他人を雇用するだけの十分な富を蓄積できたが、その一方で、大多数の者たちは自分の資源を十分に管理できず、資産を浪費してしまい、人に雇われることで生活を維持するようになった。「本源的蓄積」についてのこの説明の最大の難点は、それが無邪気な「おとぎ話」であるという点にあるのではない。(2)むしろ、資本主義の出現を社会形態の質的な転換としてではなく、量的な貨幣蓄積として描くことで、資本主義社会を成り立たせている政治と経済との分化を「自然状態」とでもいうべきものへと引きもどしてしまう点にある。資本主義の出現を説明するのに、資本主義的社会関係の存在を、説明の一部として無意識のうちに前提してしまっているのである。(3) そうした「自然状態」では、近代的な労働はすでに達成されており、自然な形で登場する多数の「負荷なき自我」にとって残された仕事は、必要な契約、つまり社会契約と労働契約にサインすることだけである。

国際関係論が想定する「自然状態」と、「市民的状態」にほぼ相当する「国際社会」との類似を見て取るのは困難ではない。ここでもまた、主権国家の個体性が自然状態に引きもどされてしまっている。その結果、主権国家が歴史的に登場する際の産みの苦しみは隠蔽され、自然状態と国際社会とを区別するのは、条約締結が行なわれるかどうかだけの問題とされる。これは、ブルの議論できわめて明白である。第二章で見たように、彼は国際システムと国際社会の対比を行なっているが、国際社会は関係諸国のあいだでの公式の相互承認と、ルールと慣行の共有によって成り立つとしている。(4)「合意は拘束する（pacta sunt servanda）」という命令規定は、レヴァイアサンの眼差しほど、法の権威を高める役には立たないかもしれない。だが、条約〔締結国〕はこの命令規定を共有している。各条約は無政府状態という問題状況に対する契約のうえでの解決策である。そして、この無政府状態は、自然的であると想定されているが、実際は歴史的な説明を必要としているのである。では、われわれはどうしたらこの隠された歴史をとらえることができるのだろうか。

マルクスは本源的蓄積の「おとぎ話」を全面的に否定するようなことはしなかった。彼は、資本主義社会の出現を構成する一連の現実的な歴史過程と歴史的転換を示すために、このおとぎ話を経験的に開かれたカテゴリーへと書き直した。この歴史的過程がどのようなものであるかを、あらかじめ特定することはできない。実際、マルクスは、後に、「西ヨーロッパでの資本主義の創生にかんする私の歴史的素描を、だれもがいかなる歴史的状況の下でも通らなければならないような普遍的発展過程の歴史哲学的理論に転化すること」に強く反対した。(5) しかし、次のことは言うことができる。歴史上ほとんどの時期には、人は生活手段を所有する農民であったのだから、資本主義社会の出現と広がりは、彼らを自己の労働力を売らなければならないような無一文の個人へと再編した、収奪の歴史過程によって実現されなければならなかった。この歴史的過程を彼は「本源的蓄積の秘密」と呼ぶのである。

いわゆる本源的蓄積とは、したがって、生産者の生産手段からの歴史的分離過程にほかならない。それが「本源的」として現われるのは、それが資本の前史をなしており、また資本に対応する生産様式の前史をなしているからである[6]。

われわれは次の点を付け加えなければならない。これと同じ時期、収奪を行なう支配集団は、そのほとんどが生産過程の最後の部分で経済外的な強制力を用いて剰余の搾取を行なう政治的エリートであったから、資本主義的な所有形態の確立には、国内的な平和の達成、あるいは国家の成立という歴史的過程が含まれなければならない。この歴史過程により、支配集団の人格化された政治的・軍事的パワーは打破され、主権国家という非人格的な形態に再構成されて、彼らの手許には主に「経済的」パワーが残される。言い換えれば、国家の成立とは本源的蓄積の不可欠な一部なのである[7]。これらのことは自然発生的に起こったのではないし、暴力と無縁でもない。それは、マルクスも言うように、「血に染まり火と燃える文字で人類の年代記に書き込まれた」起伏のある歴史なのである[8]。この激烈な闘争は「国によって違った色合いをもっており、いろいろな段階を通る順序も歴史上の時代も国によって異なっている」[9]。

ここで疑問が生まれる。資本主義的な国際システムの出現を構造的変化という決定的な歴史的過程として再生させるために、この本源的蓄積というカテゴリーを個々の社会を超えて拡張することは可能だろうか（言い換えると、国際的な「自然状態」に埋め込まれた歴史的な「本源的蓄積の秘密」をわれわれは暴くことができるだろうか）。本書の中心的な主張は、戦略的な生産関係と、地政学システムの社会的形態とのあいだには関連があるということだった。そして、そこにはもちろん、新たな戦略的関係の一般化は地政学システムの転換と関連しているということが含まれる。

第四章でも指摘したように、マルクス自身は、本源的蓄積の国際的要素に対しても、また、それと主導的な中心「国」の継起的興隆とが結びついていることに対しても、けっして無関心だったわけではない。

本源的蓄積のさまざまな契機は、多かれ少なかれ時間的な順序をなして、とりわけスペイン、ポルトガル、オランダ、フランス、イギリスのあいだに割り当てることができる。[10]

さらにマルクスは、これがたんに「市民社会」の内部での発展であって、国家とはなんら関係がないと考えていたわけでもなかった。同じ過程について、マルクスは次のように書いている。

これらの方法は、……どの方法も、国家権力、つまり社会の集中され組織された暴力を利用して、封建的生産様式から資本主義的生産様式への転化の過程を温室栽培のように促進しようとする。……暴力はそれ自体が一つの経済的な力なのである。[11]

『要綱』にも示されているが、マルクスは何巻にもおよぶ壮大な政治経済学批判の出版を計画していた。それには、彼の手紙からも明らかなように、[12] 国家を扱った一巻が含まれ、戦争の問題と並んで、国内の社会発展に与えた「国際諸関係の影響」も論じられることになっていた。[13]

これらの見解はマルクスの著作のあちこちに分散しており、まとまってはいない。たしかに、それらを集めても国際システムのきちんとした理論にはならないだろう。だが、インドにおけるイギリス人についての議論や、東方問題に関する八〇〇頁にのぼる時事論文[14]を合わせてみると、「国際関係はマルクス主義の二人の創始者の関心をとくに惹いたとはいえない[15]」という主張には、再考の余地があると言えるかもしれない。

だが、「農村の生産者つまり農民からの土地収奪は、この全過程の基礎をなしている[16]」というマルクスの主張は、近代の国際システムの出現にどのように適用することができるのだろうか。

## データ

国際関係論に見られる奇妙な特徴は、一九世紀がほとんどその視野から抜け落ちていることである。ワイトの「国際関係思想史[17]」は一八世紀の終わりまで十分な目配りがなされている。一方、モーゲンソーが第二次大戦後のアメリカに政治的現実主義を輸入した際、典拠としたのは、マックス・ヴェーバーの一九一八年の講演『職業としての政治』である[18]。第一の場合に込められていた含意は次のようなものであったに違いない。一九世紀には、一八世紀末までの経験に付け加えるべき重要なものは、なにもなかったということである[19]。第二の場合が示すのは、一九一八年の段階で、前世紀の国際世界はすでに遠い過去の失われた記憶と化していたということである。チャーチルが懐旧の思いを込めて、「たそがれの旧世界は美しく見える[20]」と語ったとすれば、ヴェーバーの眼差しは厳しく世界の前途に向けられていた。そして、彼が見たものは、「凍てついた、暗く過酷な極北の夜[21]」だった。さらに、国際関係論による一九世紀についての議論で注目されているのは、ヨーロッパ・ナショナリズムの発生、既存の国家間での国際機関の発達、あるいはヨーロッパ内部での調和やバランスの変化などの問題である[22]。たしかに、これらはすべて重要な事項である。だが、地球上のほとんどの地域が単一の地政学システムに包摂され、したがって、世界史の幕開けが告げられたのも一九世紀だった。しかも、このことは、既存の政治体制がバランスと調和の中に次々と参入していったことで実現したわけではない[23]。その反対に、その最大の原動力は明らかにヨーロッパ社会が外に向けて行なった拡張——爆発ではないにしろ——であり、この拡張によって、結果的に、それまでにない人口部分がヨーロッパ諸国およびアメリカの白人入植者国家の公式・非公式の支配下に置かれることになったのである。言い換えれば、近代のグローバルな国家システム――無政府的自由の世界――へいたる現実の歴史は、既存の主権国家のあいだの相互交流の拡大をとおしてではなく、世界がかつて見たこともなかった巨大な植民地帝国の建設をとおして実現されたのである。したがって、国際関係論が語る自然状態は、その単純素朴な外見にもかかわらず、実際には、明確な変革過程の歴史的帰結なのである。その過程を探るのは簡単である。

それはなぜかといえば、ホブズボームが言うように、一九世紀には「農村の人々を追い立てる巨大な機構が存在していた」[24]からである。一九世紀後半期に入った頃のヨーロッパの社会編成や、それと世界とのつながりを考えてみたら、そこに見られる最も顕著な特徴は間違いなく、巨大な規模での――地方、地域、大陸間の――人口移動である。この「歴史上最大の人間の移動」[25]は、実際には三つの別個の、だが密接に関連した流れから成り立っていた。ヨーロッパの農村から都市への流れ、ヨーロッパからアメリカその他の白人入植地への流れ、ヨーロッパの政治的支配下に置かれたアジアとアフリカの地域間での（非ヨーロッパ人の）流れである。これら三つの移動は、そのほとんどが零落した直接生産者（農民）によるものであるが、力学的にも構造的にも関連していた。どのように関連していたかを理解するために、資本主義の世界市場がその誕生にあたって経験した社会変化の産みの苦しみに目を向けることから始めよう。[26]

さきにも触れたように、一九世紀をヨーロッパ社会の「爆発」だと言うと、それは派手な誇張だと思われるかもしれない。だが、実際のところ、こう表現することは、前述の人口移動の流れのそれぞれと結びついた、少なくとも三つの点から見て適切である。

第一に、ヨーロッパの「爆発」に代えて「拡張」と言ってしまうと、それはヨーロッパ社会が「土地からの逃走」や、一七八九―一八一五年の地殻変動の余震である周期的な革命的危機に見られるような大転換の渦中にあったことを見落としてしまうことになる。一六〇〇年から一八〇〇年のあいだに、ヨーロッパの都市人口は、総人口の（増加）

割合に比べてそれほどの増加を示していない。[27] だが、一八〇〇年からは、著しい増加を示すようになった。プロイセンによるドイツの統一は、都市への人口集中を促し、都市に暮らす人々の数は四五年間で全人口の三分の一から三分の二へと倍増した。[28] 一九世紀中頃のマンチェスターでは、二〇歳以上の人口の三分の二以上が、他の土地で生まれた人々であった。[29] コリン・マレーが言うように、「移民研究は、構造的変化の過程の研究である」。[30] そして、たしかに、この都市への人口移動は、たんなる人口の物理的移転以上の意味をもっていた。

これら三つの流れ全体の中心となる原動力は、ヨーロッパの資本主義的工業化であった。といっても、現実の流れはきわめて不均等なものだった。したがって、ヨーロッパ全体で、土地に対する自由主義的な所有権法の導入が急激に農民を追い立てたとか、農業の生産性を高めて都市を養うことができるようになったとか、拡張する工業部門で働く土地なし労働者を生み出したとか、簡単に言うのは誤解を招くことになる。フランスの農民は大体において変わらなかった。[31] 一八六一年のロシアの「大改革」は、土地の私的所有を一般化したわけではない。[32] 南イタリアの農民は、一九世紀初期には私的土地所有制度のもとに置かれていたが、一八六〇年代までは、実際の立ち退きは起こらなかった。一八六〇年代になって、農業の景気後退とアメリカからの安価な穀物の新たな流入とが結びついて、突然一〇〇万の単位での追い立てが始まった。実際、資本主義的工業化の「古典的」な道をたどった唯一の国がイギリスであり、これが可能だったのはイギリス自身が工業化した最初の国だったからだというのは確かである。だが、イギリスの先行性は、これよりももっと根源的なものだった。初期のランカシャーの紡績工場主が農村に目を遣ったとき、彼らがそこに見たものは、他のいかなる主要国にも見られないほど先進的な農業秩序であった。農民は土地にしがみついていたわけでも、法律によって半封建的な土地所有者に服従させられていたわけでもなかった。その反対に、直接的農業生産者の収奪過程と、これと並行する私的土地所有権の確立とはほぼ完了しており、私的土地所有者、借地農、土地を持たない労働者の三者を構成要素とする資本主義的農業経済が成立していた。これとは対照的に、世界最初の工業国家との競争を望んだ他の諸国はいずれも、しばしば国家の中枢を揺るがすことになった「農業問題」に直面した。

工業化の要請に応えるには、生産性を高め、都市の工業部門に労働力を送り込むことが必要であり、そのためには、所有関係の転換が必要である。だが、所有関係は、国家の強力な利益集団である土地所有階級の政治的パワーの基礎を形成していた。したがって、工業化は人々の移動や社会の変化を意味するだけでなく、政治的な矛盾や危機をも意味した。一部にはこの理由から、一九世紀ヨーロッパの地政学は、新旧の階級間の緊張、自由主義と絶対主義との本質的対立、産業経済化を達成しようとして各国が追求するさまざまな戦略の領土的、政治的帰結にどう対処するかという問題に終始した。

したがって、一九一四年から一九四五年にかけて壊滅的な全般的危機に陥ったヨーロッパは、その一世紀前に正統主義が虚しくその復権を求めたのと同じ種類の社会構成ではもはやなかったのである(33)。

ヨーロッパの社会は第二の意味でも爆発していた。この時期に大量の人口がヨーロッパ大陸から流出した。そのほとんどが大西洋を渡り、「毎年アメリカに向けて押し寄せる絶えまない膨大な数の人間の流れ(34)」を形成した。それ以外の人々は他の土地の白人入植地に向かった。一九一四年までの一世紀に、約五〇〇〇万人がヨーロッパを後にした。これらの人々のほとんどは、ヨーロッパで進行していた土地をめぐる革命によって追い出された農民であった。ウルフが書いているように、

> これらの人々をヨーロッパから押し出した最大の要因は、産業資本主義の普及と農業の商業化であった(35)。

実際、大西洋を渡る継続的な移民の波は、「各国の工業化の時期」に対応しており、「この過程はまず、いたるところで農業部門および手工業部門の労働力を巨大な規模で放出した」と見ることができる(36)。イギリスの場合、一八二一―一八五〇年にはヨーロッパ移民の四分の三を、一八五一―一八八〇年にはほぼ半分以上（その頃になると、北部ヨーロッパ諸国からの人数が増大した）を、一八八一―一九一五年には四分の一強（その頃までには、南東部ヨーロッパ

諸国からの流出が全体の半分以上を占めるようになっていた）を供給した[37]。このパターンには一部例外もある。例えば、一九世紀中頃の数十年にわたるアイルランドやドイツからの大量人口流出は、工業化ではなく飢饉によるものであった。さらにまた、世紀末に近づくにつれ、国際貿易の周期的な落ち込みが、ヨーロッパの工業それ自体から労働者を集団的に追い立てた[38]。しかし、ケンウッドとロッキードが主張するように、「一九世紀ヨーロッパ移民の大部分は地方労働者であった[39]」。彼らを追い立てたのは農地不足であったが、彼らはまたほとんどが工業部門で働く（未熟練の）賃金労働者として再編成された[40]。

一八〇〇年のアメリカは「大西洋沿岸に入植された小さな農業国[41]」であり、人口も約五〇〇万人にすぎなかったが、一九一四年には人口一億を超える主要な工業国となっていた[42]。その間に、アメリカは、ヨーロッパを離れ海外の白人入植地に向かった五〇〇〇万の人々の約三分の二を吸収した。

いまでは、ヨーロッパからの移民がアメリカの工業化を下支えしたというのが常識となっている。だが、この見方は、ヨーロッパとアメリカが同一の爆発にどこまで巻き込まれたかをまったく軽視している。なぜなら、新しい社会を形成するうえでヨーロッパが果たした役割は、人口の面だけではなかったからである。ウッドラフが示唆するように、アメリカの西部開拓運動は一部、アメリカの農産物を求めるヨーロッパの需要に後押しされて行なわれた[43]。この需要は、ヨーロッパの工業生産が拡大するに従い、増大した。このことはアメリカ南部についても間違いなく当てはまる。ランカシャーの工場の機械のテンポ（アメリカの綿花生産は一七九〇―一八六〇年に一五〇〇倍も増加したが、それを原材料として吸収した）こそ、大農場主《プランター》たちを西へと向かわせ、先住民との戦争や、政治的拡張をもたらしたものであった[44]（実際、この時期、綿花はアメリカの輸出の約三分の二を占め[45]、全体として見れば、アメリカ経済の「拡大の最も重要な原因[46]」であった）。北部でも、一九世紀の後半になると、小麦に対するヨーロッパの需要は、鉄道により新たに開かれた地域での農業拡大に重要な役割を果たした。後者の発展は、さらにまた重要な結果をもたらした。ウルフが書いているように、大恐慌期に大量に流れ込んだ「アメリカ産とロシア産の小麦」の影響で、「ヨーロッパの農業の基礎は揺るがされ、アメリカへ向けた移民の流れはさらに強まった」からである。実際、アメリカ産の穀物をヨーロッパに運んだ船が、帰りの便には、この貿易のせいで追い立てをくったイタリアの農民を乗せてアメリカへもどるというケースもあった。(47)

対外貿易の影響を過大評価してはならない。北部の拡大する国内市場がまもなく拡張の第一の原動力となったからである。だが、こうした観察のより深い意味はほかにある。それは、われわれに、アメリカ経済とは実際にはなんなのかを歴史的に示してくれるのである。たんにもう一つの大国であるというだけではなく、この戦後国際関係を決定づけるようになる存在は、ヨーロッパの産業資本主義への転化の産物である。(48)(49) 実際、公式の民族的な定義をもたない以上、その国民的（立憲的）なアイデンティティーは、資本主義的生産関係の最も純粋なイデオロギー的表現と事実上区別できない。『独立宣言』で自明のものとして謳われた真理は、マルクスが言ったように、「純粋な理念としては〔この交換の観念化された表現にすぎないし〕、法律的、政治的、社会関係において展開されたものとしては、この土台が別の位相で現われたものにすぎない」。(50)

したがって、「資本主義の精神」を特徴づけようとして、マックス・ヴェーバーが（その「ほぼ古典的な純粋性」の例証として）引用したのは、ドイツ・プロテスタンティズムの冊子ではなく、『アメリカ独立宣言』の起草者であるベンジャミン・フランクリンによって書かれたパンフレットだった。(51) 同じく、一八四五年にマルクスが「現代国家の最も完全な例」と呼ぶものを選び出したとき、彼が選んだのはフランス——絶対主義的な主権概念の発祥の地であり、近代性のまさに源泉とみなされる革命の地——ではなく、イギリス——農業および工業の資本主義化のパイオニア——でさえもなく、「北アメリカ」だった。(52) その理由は、次の点にあった。

この国は、ブルジョア社会が、封建制度の土台の上にではなく、それ自身で始まったところである。この国では、ブルジョア社会は、数世紀にもわたる運動の生き残った結果として現れたものではなく、新しい運動の出発点として現れたのである。そこでは国家が、以前のあらゆる国民形成とはちがって、最初からブルジョア社会に、その生産に従属していたのであり、国家自体が自己目的であるかのようにふるまうことは全くできなかったのである。また最後に、この国では、ブルジョア社会自体が、古い世界の生産諸力を新しい世界の巨大な自然領域と結びつけて、運動の未曾有の規模といまだかつてない自由さをもって発展してきた(53)。

この国が、(自由主義の先祖であるイギリスの支援を受けて)一九四〇年代以降の国際システムの制度的枠組みを作り替えることになったのである。人類社会が今日、世界でどれほど大きな多様性や不均等発展を見せているとしても、国際システムの支配的な諸機構が資本主義の特徴的な社会形態を反映しているということは、衆目の一致するところではないだろうか。

「爆発」という表現が当てはまる第三の、そして最後の理由は、ヨーロッパの対内的な変化と白人入植地以外の非ヨーロッパ世界の再編という対外的問題との直接的なつながりに関係している。というのは、いわば爆風を浴びて、文字どおりヨーロッパの支配下に置かれた非ヨーロッパ社会は、たんに軍事的に打ち負かされただけではなかったからである。一九世紀の帝国主義は「列強の帝国主義」としてひとまとめにされるようなものではなかった。ほぼどこに行っても、ヨーロッパ人は社会秩序を直接作り替えようとしたり(時として伝統的な土地所有制度を廃止して、その代わり私的所有制度を導入しようとした)、あるいは、直接または間接的にヨーロッパの工業化の必要に適合させるために、現地の生産を少なくとも再編しようとしたりした。ここでもまた、帝国主義諸国のあいだで、実際の行動には大きな違いが見られた。だが、すべてに共通していたのは、ヨーロッパの対外的な拡張は対外的な地政学的展開にとどまらなかったということである。そこには、資源の商業的な搾取を進めるための社会生活の強制的な再編もつねに含まれていた。後の世代がその記憶をもたないとしても、当時、それに巻き込まれた人々にとって、起こったことの重大さは忘れることはできない。インド総督リットン卿は、一八七八年に有名な文章でそれを表現している。

紛れもない事実、……だれの目にも明らかな事実、それは、われわれが漸進的で巨大な革命、おそらく世界が経験した最大で最も重要な社会的、道徳的、宗教的、そして政治的な革命の先頭を走っているということである。[54]

自由貿易に寄せるコブデンの平和的賛歌は、植民地にとっては、強制的な社会変革の突貫工事の響きに聞こえた。[55]この大激変は、これら非ヨーロッパ社会内部あるいは社会間で、大規模な移民を引き起こした。現地の労働力は伝統的な生活から引き離され、プランテーションやヨーロッパ人所有の農場へと駆り立てられるか、あるいは、ヨーロッパを中心として拡大する世界市場へとその地域を物質的に統合するためのインフラ整備に動員された。一八三三年にイギリスが奴隷制を廃止してから一〇〇年のあいだに、債務労働あるいはクーリーイズムというこの新たなシステムは、一二〇〇万から三七〇〇万人の国際的移動を組織した。[56]そして、植民地帝国が撤退――これがグローバルな国家システムの公式の出現への最後のステップである――すると、その後に残されたものは、国境で囲い込まれた地域を支配する政治機構だけではなかった。世界市場という国境を越えた構造へと社会を部分的に統合していく経済的な結びつきのパターンもまた、そこに残された。

ヨーロッパ植民地主義の直接的な影響、とくにそれがもたらした社会的変化の速度と規模を誇張しないように注意しなければならない。それらは不均等であり、キアナンによれば、マルクスのインド通信は、「歴史の糸を、運命の女神が織るよりも速く、引き出そうとする」[57]傾向があった。しかしながら、われわれは帝国主義の総体的な社会学的内容を意識していなければならない。もしわれわれがマルクスの定式を、このことを考えるための経験的に開かれた思考ツールとして用いるならば、それは、一九世紀の帝国主義は主に「経済的」だったのか、それとも「戦略的」だったのかという空疎な論争を回避する最上の方法であるに違いない。

イギリスは、インドで二重の使命を果たさなければならない。一つは破壊、もう一つは再生という使命である。

――古いアジア社会を滅ぼすことと、西欧社会の物質的基礎をアジアに築くことである。[58]

人口の流出、国内の変化、外国に対する征服と動乱――国際関係論の知的挑戦は、これらの力学を全体として把握することにある。地政学的な拡張と構造的な変化とが結びついたこの過程のうちにわれわれが見るのは、まさに近代の国際システム――国際関係論の研究対象――の曙なのである。

## 結果

混乱から一歩身を引いて見ると、世界的規模での「農村の人々の追い立て」と結びついた帝国パワーという形で基本的な歴史的変化をとらえることによって、近代国際システムの出現をより明確に理解することができる。一六世紀のスペイン帝国では、領土的な拡張なしに資源の蓄積を行なうことはできなかった。これは明らかに「純政治的」国家ではない。ヨーロッパのハプスブルク家の領地[59]であれ、アステカやインカの土地であれ、スペインの帝国構造は、その公式の管轄権が及ぶ範囲に限られた。約三〇〇年後のイギリス帝国は、そうではなかった。イギリスの物質的拡張を全体として眺めれば、その大半はヨーロッパとアメリカに集中しており、そこでは公式の政治的支配はともなっていなかった。広大な公式の帝国は行き場を失っていたといえるのかもしれない。[60]戦後のパクス・アメリカーナはこれとも異なる。この場合には領土的拡張は見られない。むしろ、宗主国に対して植民地に主権と独立を与えるように圧力をかけたり、国内に出現しつつあったシステムを安定化させるために、あるいはソ連の脅威からこのシステムを守るために大規模な軍事介入を行なったりした。主権国家の地図を眺めても、アメリカの国際的なパワーの広がりを見て取ることはできない。なぜなら、アメリカの国際的パワーの興隆は、主権国家システムのグローバル化と手に手をとって進行したからである。[61]

興隆する帝国パワーの利害が政治的従属ではなく政治的独立を推進するのはどんな場合だろうか。それは、問題となっている政治的独立が、絶対主権国家（共産主義の場合であれ、過激な民族主義の場合であれ）による資源の実質的な政治的領有ではなく、主権の強化となる場合である。これによって以前の帝国主義パワーとの政治的つながりは断ち切られ、その一方、新たに区分された「経済」領域は外国資本の私的パワーに、つまり物象的依存の社会形態に向けて開放される。歴史的にみると、アメリカは共産主義と戦い、反西欧的で過激な民族主義と戦い、主権国家の独立達成を、それが民主的な政治形態をとるか否かにかかわらず、支持した。言い換えれば、アメリカは国際的な次元で私的領域と公的領域との分離を推進したのである。[62]

第二次大戦中のアメリカの外交政策の立案者の多くは外交問題評議会のシンクタンクに関係していたが、彼らは、それ以前のリットン卿と同じく、（よりプラグマティックな意味においてではあるが）自分たちの主導権の歴史的な特殊性、したがって、必要な制度的形態について十分な自覚を示していた。すでに第一章で指摘したように、一九四二年五月には、「大英帝国は過去に存在したような形で再びその姿をあらわすことはないから、アメリカがその地位を引き継がなければならないだろう」ということが認識されていた。[63] 同時に、「帝国主義の従来のあり方を回避」[64]しなければならないから、アメリカがイギリスの後釜に座るとしても、それは公式の政治的パワーの行使を国際化するような制度を生み出す（そして支配する）ことができた場合に限られる。これが、国連の創設を求めるアメリカの提案の起草に直接つながったアイザイア・ボウマンの考えだった。物の支配（コントロール）を通じた地政学的パワーの行使を普遍化しようという決意を示唆するこの戦略には、資本主義的な地政学の無政府的な社会形態をグローバルに拡大していこうとする意図を見て取ることができる。しかし、それは、一方ではソ連のシステムにより、他方では非資本主義的な社会の抵抗により、制限を受けたのであった。

それでは、なぜ大英帝国は一部は公式で、一部は非公式だったのだろうか。ギャラハーとロビンソンは、かつてこの問いを執拗に追究した。彼らは、白人入植地域における「輸出入部門」に見られるように、商品や投資の自由な動きが政治的抵抗にあったり新たな社会的不安定を引き起こしたりすることがないところでは、直接支配の必要性はなかったと主張した。制度的に区分された経済領域がその地域の「満足すべき政治的枠組み」[65]によって統括されていた場合、それは私的な政治的パワーの拡張を促進する。イギリスの外務大臣カニングは、一八二四年に、このような拡張に向けられる新たな国際的パワーについて、次のように語った。「スペイン領アメリカは自由である。そして、もし対処の仕方を不幸にして過つことさえなければ、そこはイギリス領になる」[66]。その後数十年のあいだに、イギリス資本はラテンアメリカに鉄道を敷設し、牧場を展開し、「一九一三年には、イギリスの対外投資全体の四分の一以上はこの地域に向けられていた」[67]。もちろん、これは社会的に見て調和的なプロセスだったわけではなく、イギリス国家の公的な政治的パワーは、資本の接収を企てる民族主義の体制に対して、私的な株主の利害を守るために、たびたび介入を求められた[68]。だが、公的なものと私的なものとの区別が守られているかぎり（それは部分的には、他と同様にここでも、「純政治的な」圧力によって遂行された）、帝国主義的拡張（生産的資源に対する支配権の拡大）は、「非政治的」形態をとることが可能だったのである。

　非ヨーロッパ諸国が同様の扱いを受けることができなかった主な原因は、これらの国々の社会がきわめて異なる社会的構造をもっていたことにある。そこでは、労働は貨幣によって意のままにできる「物」ではなく、生産は生きるために行なわれており、それゆえに金融的投資は致富の手段となることができなかった。したがって、すでに述べたように、帝国主義はそのほとんどが直接的な略奪に向かったのではあるが、それと同時に、とくにイギリスの場合に見られるように、非ヨーロッパ社会に社会的変革を引き起こし、そこの人々を拡大する世界市場の枠組みに統合することにも大きな力が注がれたのである。そのために、輸出用農産物への転換を強制したり、社会を商業的進出に開放しようとして権威と所有の制度的なあり方を力ずくで変えさせたりするという方法がとられた。ロナルド・ロビンソンは、この点を以下のようにまとめている。

アジアとアフリカの経済は、概してその社会政治的制度から未分化であり、国際市場の動きにあまり左右されなかった。経済的な侵略に対する制度的な障壁がきわめて強固だったのである。経済的な改革に対しては、社会的な保守主義が政治的拒否権をにぎっていた。

白人の植民地では、国際経済はネオ・ヨーロッパ的な姿勢や制度をとおして機能したが、それによって、彼らの輸出入部門は、イギリスの経済的パワーを帝国と植民地の政治的協調へと向かわせることを可能にした。アジアとアフリカのほとんどの例では、制度的なギャップのため、産業的な投入はきわめて少なく、こうしたメカニズムに力を与えることができなかった。このことが、ヨーロッパの力づくの介入を招いたのである。経済的な協力関係が達成されるまえに、外からの政治的圧力が、現地での政治経済に対する経済的な影響力の不足を埋め合わせなければならなかったというわけである。(69)

この対比から、もう一つの点が明らかになるかもしれない。なぜなら、帝国主義国家の政治形態の変化は、同じ時期に起こった、帝国主義の諸機関が外国の直接生産者から剰余価値を搾取する形態の同じような変化と並行していたからである。スペイン・ポルトガル人は、アフリカ人の奴隷に続いて、インディオの奴隷労働や強制労働を利用した。イギリス人は、主として周辺的なクーリー移民の債務労働や半自由労働の監督者であった。アメリカでの生産の国際化は、そのほとんどが、自由な労働力の利用可能性と、他国の政治権威によって保証された私的所有権とに依存していた。(70)

本源的蓄積の議論の中で、マルクスは、次のように述べている。

生産者たちを賃金労働者に転化させる歴史的運動は、……農奴的隷属や同職組合の束縛からの生産者の解放として現われる。(71)

これと同じく、「地政学的」収奪の歴史的運動（帝国主義）は非ヨーロッパ人の世界市場への部分的統合を（場合によっては労働の強制的な「解放」によって）もたらしたが、その結果である独立した「国民国家」の世界では、それは人々の主権の解放としてあらわれた。われわれがここでその出現を目の当たりにしているのは、地政学的な意味での資本主義の当然の帰結、つまり、物象的依存にもとづく主権の独立である。独立した平等な諸国家という現代世界の背後には、直接生産者の収奪が存在するのである。

したがって、この意味で、世界市場の拡大、グローバルな主権国家システムの出現、ヨーロッパの対内的な爆発、それが周辺社会に与える甚大なる影響、つまり、現代の国際システムを生み出した地政学的な拡張と社会変化とが結びついた過程のすべては、とてつもない激動の一部として理解されなくてはならない。それは、現在進行中の資本主義の世界史的激動の一部なのである。

## 結論

帝国的拡張をめぐるそれぞれの歴史的エピソードは、その再生産に関与した支配と利益処分の特定の形態に応じて、それ独自のイデオロギー的正統化を物語っている。一六世紀のカスティリア王国にとって、それは王権の理論と、非キリスト教徒であるインディオの権利をめぐる神学論争を意味した。二〇世紀のアメリカにとって、それは、自由についてのリベラルな思想と、国際関係論という学問である。この学問は、主権の平等と無政府的競争という純政治的世界にその関心を集中させているが、アメリカの世界的パワーの帝国的性格はそこではほとんど目に見えないものとなっている。

もしわれわれが近代の国際システムを理解したいと思うなら、この純政治的世界を額面どおり受け取るべきではない。領土的帝国から主権国家システムへの公式の移行は、人格に対する直接的な政治的支配がもはや国境を越えて及ばないということを意味するものではないからである。むしろ、支配権のこうした拡大は、公的領域と私的領域とのあいだでの政治的機能の分解の結果として、また、物と物との社会関係をとおした人格間の物質的関係の組織化の結果として、異なる形態をとるということを意味する。したがって、国際関係についてのいかなる理論も、主権と無政府状態の両方の歴史的独自性を、マルクスが社会生活の生産および再生産の資本主義的様式と呼んだ、社会関係の特徴的な構成から生じる社会形態として把握するところから始めなければならないのである。そうしたときにはじめて、それがなんのために存在するのかという目的を知ることが可能になる。つまり、人と人との一連の社会関係である。

社会理論が確かな方法的足場と深淵なる政治的前提とを見つけることができるのは、われわれを取り巻く性格のはっきりしない社会的勢力や社会的過程の中での、われわれ自身の集合的な人間的働きを、確固として再発見することによってである。マルクスも述べている。

ここで人間にとって諸物の関係という幻影的な形態をとるものは、人間自身の特定の社会関係にほかならない。(72)

国際関係論の世界にも、反体制派や筋のとおった反対者はいた（モーゲンソー自身、ベトナム戦争に反対していた）。戦争や不正を心から憎む著述家や教師にも事欠かない。だが、国際関係論は国家や市場の幻影的な形態の外皮を剝ぐことに失敗し、したがって、われわれの国際システムの偉大な近代的ドラマが現実にどういうものであるのかを説明することに失敗してきた。この失敗の体系的な特徴を検討してみると、この「アメリカ的な社会科学」を受け入れた現代の学者たちの中に、アメリカは、カール五世（カルロス一世）が当時のドミニコ修道会を抑えるのに使ったもの以上に便利なイデオローグを発見したのだ、と結論づけざるをえないのである。

## 注

（1）*Capital*, Vol. I, p. 925n〔邦訳、九九一頁〕。マルクスがここで引用しているのは、ヴェルギリウス『アエネーイス』第一書、詩節三三の言葉、“Tantae molis erat Romanam condere gentem”（ローマの建国はこんなにも骨の折れることだった）である。

（2）Ibid., p. 874〔邦訳、九三三頁〕。

（3）この種の説明方法の難点をきわめて効果的に衝いたのがブレナーによるスウィージー、フランク、ウォーラーステインへの批判である。Brenner, ‘The Origins of Capitalist Development’を参照。分析の核心は Brenner, ‘The Social Basis of Economic Development’, in J. Roemer, ed., *Analytical Marxism*, Cambridge 1986で、より簡潔に展開されている。その後、ブレナーは、マルクスがスミス的な資本主義起源論から完全に脱却できたのは『要綱』以降の成熟期になってからだと主張している。Brenner, ‘Bourgeois Revolution and the Transition to Capitalism’, in A. Beier, *et al.*, eds., *The First Modern Society: Essays in English History in Honour of Lawrence Stone*, Cambridge 1989を参照。

（4）Bull, *The Anarchical Society*, pp. 13–14〔邦訳、一三―一五頁〕。

（5）Letter to the editor of the *Otyecestvenniye Zapisky*, reproduced in *The Correspondence of Marx and Engels*, p. 354〔邦訳『全集』第一九巻、一一七頁〕。

（6）*Capital*, Vol. I, pp. 874–875〔邦訳、九三四頁〕。

（7）マルクスはここで政治的な次元を示唆してはいるが、展開してはいない。「産業資本家たち、この新たな権力者たちは、同職組合の手工業親方だけではなく、……封建領主をも駆逐しなければならなかった」（ibid., p. 875〔邦訳、九三五頁〕）。セイヤーは論文‘The Critique of Politics and Political Economy’でこの議論をより明快に展開し、以下のように締めくくっている。「国家形成はブルジョア社会の本質的な側面である」（p. 234）。

（8）Ibid., p. 875〔邦訳、九三五頁〕。

（9）Ibid., p. 876〔邦訳、九三六頁〕。

（10）Ibid., p. 915〔邦訳、九八〇頁〕。

(11) Ibid., pp. 915–916〔邦訳、九八〇頁〕。
(12) *The Correspondence of Marx and Engels*, pp. 105 and 119〔邦訳『全集』第二九巻、二四六頁、四四八頁〕。
(13) *Grundrisse*, p. 109〔邦訳、第一分冊、六三頁〕。
(14) *The Eastern Question*, eds. E. Marx and E. Aveling, London 1897.
(15) V. Kubulkova and A. Cruickshank, *Marxism and International Relations*, Oxford 1985, p. 27.
(16) *Capital*, Vol. I, p. 876〔邦訳、九三五―九三六頁〕。
(17) ワイトは、グローチウス、ホッブズ、カントの三人を、いささか図式的ではあるが、国際関係を考える政治理論内部でのアプローチの幅を示すものとしてあげている。Wight, 'An Anatomy of International Thought', *Review of International Studies*, 13(3), 1987を参照。
(18) 「他のだれよりもヴェーバーこそ国際関係に対する現実主義的アプローチの議論を確立した人物である」という主張については、M. J. Smith, chapter 2（引用はp. 53から）を参照。
(19) ワイトが三人を選んだことは注目に値する。ホッブズは、さきに見たように、農業資本主義の社会形態を哲学的に表現したし、カントの普遍主義は自由主義の思想的表現である。その一方、グローチウスの著作のほとんどは、いまでは専門家以外には入手できないものとなっているだけに、彼を加えたことは、ワイト自身にも謎めいた気分を引き起こしている（ある箇所で、拍子抜けするほどの率直さで次のように述べている。「グローチウスの著作には、深甚な諸原理が、大きく育ったシャクナゲのもとに咲くスミレのように、忘れられた議論や時代遅れとなった事例の陰に隠れている。彼の著作に見られるバロック的錯綜の中で再び道を探そうとして、彼が述べたと私が考えていたことを、彼は述べていないということに気づく」[*Systems of States*, p. 127]）。グローチウスから（というよりも、むしろ一六二五年刊の『戦争と平和の法』の序言から）一般に導き出されるものは、契約の遵守に基礎を置く個別主権（国家）の（国際）社会の実現可能性であるという事実により、一つの可能な説明が示される。グローチウスはここでロックの代役となりえたのだろうか。たしかに、この論文でワイトが「グローチウスの考え」を解説するとき、そのほとんどは明らかにロックの議論である。だが、この問いへの答えはどうであれ、これら三人はすべて産業革命以前の人物である。この理由から、彼らの「近代性」は、実際には彼らが歴史的に占める位置の特殊性に由来するにもかかわらず、むしろ、特定の社会とは結びつかない、時代を超えた政治的可能性の領域を示す証拠と見なされてしまうのである。

(20) *The World Crisis, 1911–1914*, (1923), extracted in Wright, ed., p. 137.

(21) 'Politics as a Vocation', in *Weber: Selections in Translation*, ed. W. G. Runciman, Cambridge 1978, p. 224〔邦訳、一〇四頁〕。

(22) 例えば、F. H. Hinsley, *Power and the Pursuit of Peace*, Cambridge 1963; Ian Clarke, *The Hierarchy of States: Reform and Resistance in the International Order*, Cambridge 1989を参照。

(23) ヨーロッパ以外の政治体制では日本が唯一そうした方法で参入を組織することに完全に成功した。そして、それは、西欧化の突貫計画を自らに課したことによりはじめて可能となったのである。明治維新についての簡潔な説明としては、E. Hobsbawm, *The Age of Capital*, London 1977, chapter 8, section II〔邦訳、第八章第二節〕を参照。

(24) Ibid., p. 231〔邦訳、二七七頁〕。

(25) Ibid., p. 228〔邦訳、二七三頁〕。

(26) 近代世界の多くの国にとって、主権国家としての公式の「対外的な指標」が整ったとしても、「近代性」の産みの苦しみはまだこれからである。主権を宣言し、法的な承認を得たとしても、国家の形成に際しての陰惨な現実を魔法で消したり、社会的再生産の商品化に含まれる収奪の悪夢を追い払ったりできるものではない。エリック・ホブズボームは、次のように述べている。「一九五〇年から一九七五年にかけての時期は、……グローバルな歴史としては、最も壮大で、急激で、広範囲で、深淵な、世界的規模での社会的変化の時代だった。……この時期、農民が（先進工業国――そのいくつかの国では農民は依然きわめて強力である――においてだけでなく、第三世界においてさえ）初めて少数派に転落した」(Cited by Giovanni Arrighi in 'World Income Inequalities and the Future of Socialism', *New Left Review*, 189, September/October 1991, p. 39)。

(27) Wolf, p. 360.

(28) W. Woodruff, *Impact of Western Man: A Study of Europe's Role in the World Economy, 1750–1960*, London 1966, p. 666.

(29) Wolf, p. 276.

（30） S. Marks and P. Richardson, eds., *International Labour Migration: Historical Perspectives*, Hounslow 1984, p. 17.

（31） Hobsbawm, *The Age of Revolution*, p. 91〔邦訳、二四三—二四四頁〕。さらにまた、Fohlen, 'The Industrial Revolution in France, 1700–1914', in C. M. Cipolla, ed., *The Fontana Economic History of Europe, Vol. IV: The Emergence of Industrial Societies*, Glasgow 1973, pp. 493–496. 一七八〇年から一八四八年までのヨーロッパの土地改革の全般的状況については、Hobsbawm, *The Age of Revolutions*, chapter 8を参照。

（32） ロシアの土地改革（「大改革」）については、グレゴリー・グロスマン（Gregory Grossman）の解説を参照（C. M. Cipolla, ed., *The Fontana Economic History of Europe, Vol. IV: The Emergence of Industrial Societies*, Glasgow 1973, pp. 493–496）。

（33） 一九世紀と二〇世紀のヨーロッパでは社会的、政治的不均等発展をめぐる重要な論争の主題は大きく異なっている。とくに、Arno Mayer, *The Persistence of the Ancien Régime*, London 1981を参照。両大戦間期にまで議論を進めたものとしては、Mayer, *Why Did the Heavens Not Darken?*, London 1990を参照。メイヤーは不均等な政治的発展の説明を同じ時期のヨーロッパでの戦争の性格にも適用して、刺激的な議論を行なっている。Mayer, 'Internal Crisis and War since 1870', in C. Bertrand, ed., *Revolutionary Situations in Europe, 1917–1922*, Montreal 1977を参照。

（34） *Capital*, Vol. I, p. 940〔邦訳、一〇〇八—一〇〇九頁〕。

（35） Wolf, p. 364.

（36） Potts, p. 131.

（37） A. Kenwood and A. Lougheed, *The Growth of the International Economy, 1820–1980*, London 1983〔邦訳、一九七九年〕に所収の図表を参照。

（38） Wolf, p. 364を参照。

（39） Kenwood and Lougheed, p. 62〔邦訳、四一頁〕。

（40） Ibid., p. 67〔邦訳、四五頁〕。

（41） Woodruff, *Impact of Western Man*, p. 64.

（42） Idem, 'The Emergence of an International Economy, 1700–1914', in C. M. Cipolla, ed., *The Fontana Economic History of Europe,*

*Vol. IV: The Emergence of Industrial Societies*, Glasgow 1973.

（43）　Ibid., p. 664.

（44）　Wolf, pp. 280–284.

（45）　Woodruff, ‘The Emergence of an International Economy, 1700–1914’, p. 659.

（46）　Wolf, p. 279.

（47）　Ibid., pp. 313 and 319.

（48）　ブルもこの点を認めている。Bull, *The Anarchical Society*, chapter 9〔邦訳、第九章〕。

（49）　「合衆国の経済的発展は、それ自体ヨーロッパの、より正確に言えばイギリスの、大工業の産物である」（Marx, *Capital*, Vol. I, p. 580n〔邦訳、五九〇頁、注二三四〕）。

（50）　*Grundrisse*, p. 245〔邦訳、第一分冊、二八〇頁〕。注意点を二つ述べておかなければならない。第一に、工業化以前におけるイギリス植民地の出現は、イギリスの農業資本主義が産み落とした庶子であった。アメリカ合衆国はいわば二度、誕生したのである。第二に、前述の議論は、アメリカ合衆国の成立にとっての、南部の奴隷制や北部の自作農の重要性を損なうものではない。だが、後者は私的所有と交換関係に基礎を置くものであったから、ヨーロッパの小農生産とは違って、資本主義的発展の構造的障害とはならなかった。そして、南部の奴隷制に基づく生産様式が推進したもう一つのイデオロギー的立場は、南北戦争の結果、消えていった。

（51）　Max Weber, *The Protestant Ethic and the Spirit of Capitalism*, introduced by Anthony Giddens, London 1985, pp. 48–50〔邦訳、四〇—四三頁〕。

（52）　*The German Ideology*, p. 60〔邦訳『全集』第三巻、五八頁〕。『要綱』の中でマルクスは、アメリカ合衆国を「ブルジョア社会の最も近代的な存在形態」（*Grundrisse*, p. 104〔邦訳、第一分冊、五六頁〕）と呼んでいる。

（53）　*Grundrisse*, p. 884〔邦訳、第一分冊、五頁〕。

（54）　Cited in T. von Laue, *The World Revolution of Westernization*, Oxford 1987, p. 54. または、それより二五年も早く、マルクスはインドにおけるイギリス人について次のように述べている。「彼らは財産の保護者であるが、彼らがベンガルやマドラスやボンベイで行ったほどの土地革命を、どんな革命政党でもやったことがあるだろうか?」('The Future Results of the British Rule in India', in Marx and Engels, *On Colonialism*, p. 81〔邦訳『全集』第九巻、二一七頁〕)。

(55) コブデンは、「一千年後の世界で、哲学者が世界史上かつて起こった最大の革命に思いをめぐらすなら、彼はその端緒を［自由貿易］の勝利に求めるだろう」と予言した(Bourne, ed., p. 270)。

(56) cf. Potts, pp. 71–73.

(57) 'Marx and India', in R. Miliband and J. Saville, eds., *Socialist Register*, 1967, p. 164. キアナンはこれに続けて次のように述べている。「一八四八年の革命が失敗に終わる以前から、彼はブルジョアジーがすでにヨーロッパの権力をにぎっているかのように書いていた。彼は、イギリスの手織り職人を襲った惨状を忘れていなかったし、イギリスのマニュファクチャーが、遅れたドイツでも『潜在的なプロレタリアート』を生み出しているのを観察していた。統計資料ではなく心眼によって、彼は、インドで同じ過程が進行しているだけでなく、完了したことを見抜いていた」。

(58) 'The Future Results of the British in India', in *On Colonialism*, p. 77〔邦訳『全集』第九巻、二一三頁〕。

(59) ハプスブルク家の統治の条件や効率は、地域によってまちまちだった。だが、重要なのは、ハプスブルク家の権力は、イギリスやアメリカの権力とは異なり、公式の政治的服従なしには行使できなかったという点である。

(60) P. O'Brien, 'The Costs and Benefits of British Imperialism 1846–1914', *Past and Present*, August 1988 を参照。だが、ギャラハーとロビンソンは、公的支配の地域にだけ注目するような帝国研究が「氷山の大きさや性質を、水面上の部分だけから判断する」のと同じであることを示唆している('The Imperialism of Free Trade', *Economic History Review*, second series, VI (1), 1953, p. 1)。この論文での O'Brien の推計がどれほど経験的に妥当なものだとしても、同様のことが言えるだろう。

(61) ステッドマン・ジョーンズが言うように、アメリカ帝国主義には二つの点で独自性が見られる。「領土的野心を持たないこと、……公式には反帝国主義をイデオロギーに掲げていること」である。'The History of US Imperialism', in R. Blackburn, ed., *Ideology in Social Science; Readings in Critical Social Theory*, Glasgow 1973, p. 212)。

(62) バラクラフは鋭いが、あまりに問題に接近しすぎたようで、脱植民地化を世界的規模でのパワーの決定的逆転と誤解してしまった。「人類の歴史が始まって以来、これほど革命的な逆転が、これほど急激に起こったことはなかった」

（Barraclough, *An Introduction to Contemporary History*, London 1964, p. 148〔邦訳、一八一頁〕)。

(63)　このような認識はもちろん一九四二年に始まったわけではない。この「特別な関係」の帝国主義的前史については、C. Hitchens, *Blood, Class and Nostalgia*, London 1990を参照。

(64)　アメリカ外交問題評議会の審議から（Shoup and Mintner, pp. 146 and 149)。

(65)　Gallagher and Robinson, p. 6.

(66)　Cited in ibid., p. 8.

(67)　Ibid., pp. 9–10.

(68)　Ibid., p. 9.

(69)　R. Robinson, 'Non-European Foundations of European Imperialism: Sketch for a Theory of Collaboration', in R. Owen and R. Sutcliffe, eds., *Studies in the Theory of Imperialism*, London 1972, p. 129.

(70)　Potts, chapter 7を参照。

(71)　*Capital*., Vol. I, p. 875〔邦訳、九三四頁〕。

(72)　Ibid., p. 165〔邦訳、九八頁〕。

# 訳者あとがき

本書は Justin Rosenberg, *The Empire of Civil Society: A Critique of the Realist Theory of International Relations*, London; New York: Verso, 1994 の全訳である。謝辞からも明らかなように、本書はＬＳＥ（London School of Economics and Political Science）に提出された博士論文がベースになっている。また、本書は一九九六年のドイッチャー賞に選ばれ、その記念講演が雑誌 *New Left Review* に発表されている（'Issac Deutscher and the Lost History of International Relations', *New Left Review*, 215, Jan./Feb. 1996）。著者は、その後、ブレアに率いられた労働党（New Labour）政権のイデオローグであるアンソニー・ギデンズに対する辛辣な批判の書 *The Follies of Globalisation Theory: Polemical Essays*, London: Verso, 2000 を出版している。現在、著者はイギリスのサセックス大学国際関係部門のリーダー（Reader）のポストに就いており（http://www.sussex.ac.uk/ir/profile102452.html）、ウェブ上に個人のホームページも開設している（http://homepage.ntlworld.com/j.rosenberg/My_Site/welcome.html）。

私が本書の翻訳にとりかかった最大の理由は、「国際的なもの」をどう理解したらよいのかという、漠然とした疑問がつねに脳裏を占めていたからである。「国際的なもの」とは世界の動向や構造のことである。それは、あるときは国際関係であったり、また、あるときはそこでの行動主体と目される国家ないしはその関係、つまり国家間関係であったりする。もちろん「国際的なもの」の対極には「国内的なもの」が存在しているわけで、この場合、「国内的なもの」とは、あるときは社会関係であり、また、あるときはそこでの行動主体と目される市民社会ないしはその相互関係、つまり市民社会の対外的関係のことである。だから、私のさきの漠然とした疑問は、社会科学的に言えば、市民社会、国家、世界という三者の関係をどのように理解したらよいのかという問題である。この問題に対する答えを求めて本書を手にした私は、まもなくその見通しが誤っていなかったことを直感した。なぜなら、端的に言って、本書が提起しているのは、そうした「国際的なもの」をこうした「国内的なもの」から切り離して理解してよいのか、というラディカルな問いかけだったからである。

本書が示すように、この問いはラディカルであるとともに本質的である。なぜなら、近代という時代に独自の構造的特徴がこの分離のうちに含まれているからである。だから、この分離を無条件に受け入れ、社会と世界を分離不可能な一個の総体と考えることをやめた瞬間に、重大な誤解や神話が忍び込んでくる。曰く、「グローバルなものは現代という時代のユニークな特徴である」。曰く、「ナショナルなものはトランスナショナルなものにいまや席を譲った」。前者の誤解からはグローバリゼーションを現代に特有な現象だとする俗論（The Follies of Globalisation Theory）が生まれ、後者の誤解からは現代における国家の退場（The Retreat of the State）という神話が生まれる。だが、これはどちらも事実に反している。グローバリゼーションはいまに始まった現象ではない。あるジャーナリストが言うように、「言葉こそ目新しいかもしれないが、グローバリゼーションは昔ながらのプロセスであり、植民地主義の歴史にその確固たるルーツをもつ」（ウェイン・エルウッド『グローバリゼーションとはなにか』こぶし書房、二〇〇三年）。あるいは、ある著名な国際政治学者が言うように、現在の「グローバリゼーション」など「一九世紀の帝国主義のたんなる言い換えにすぎない」（チャルマーズ・ジョンソン『アメリカ帝国への報復』集英社、二〇〇〇年）。国家も終始一貫して国内主権と対外主権の担い手であり、いまも昔も主権国家システムの基本的構成要素として、その傍らで国境を越えるはたらきを示している多国籍企業などが真似のできない活動を行なっている。本書が第五章で示唆するように、「法律の枠組みをつくり、契約を支え、税金を引き上げ、生産部面の発展を後押しするための政策を実施するのは国家」以外にはありえない。

俗論と神話を生み出したのはたんなる誤解かもしれないし、無知かもしれないが、そうした誤解や無知の背後にあったのは、一つには歴史意識の欠如であり、一つには社会科学の不在である。

「国際的なもの」が最近になってあらわれた現象ではなく、社会的現実や政治的現実の永続的で本質的な要素であることは、「国際的なもの」――国際金融市場であれ、国際情報ネットワークであれ、国際物流システムであれ、人間の国際移動であれ――を長い歴史的文脈の中に位置づけてみれば明らかになるだろう。「グローバルなもの」は近代の幕開けにその起源をもつこと、一国の歴史は国際的な要素のもとでの絶えざる相互作用の産物であることも同時に明らかになるはずである。本書がわれわれに与えてくれる最大の教訓は、こうした歴史意識をもつことの必要性であり重要性である。

本書がわれわれに与える第二の教訓は、社会科学という理論的思考の意義である。マルクスも言うように、現象と本質が一致するならば、およそ科学など必要ない。現象が本質と乖離するからこそ、その「なぜ」を問う科学が成立するのである。この「なぜ」という問いに対し、いかなる「説明」を行なうことができるか。そこに科学と理論の本来的な役割がある。だから、クレイブが言うように、また、ローゼンバーグも本書第二章でそれを追認しているように、競合する科学的理論の優劣を判断する評価基準は、命題の整合性であり、事実証拠による裏打ちであり、因果関係や相関関係についての説明力である。「国際的なもの」を説明するに際して、資本主義という社会形態を無視することは正しいのだろうか。あるいは、諸国家の国内的な性格や要素を排除することは正当と認められるのだろうか。歴史的な文脈、国内的な社会的、経済的、政治的、文化的な文脈を等閑視することは許されるのだろうか。本書が冒頭で述べるように、（政治学と経済学との）学問的分業は現実世界を理解するうえで有益ではないのだから、上述のような問いかけは不可避であり必須である。「説明概念（叙述の便宜的表現としてではなく）としてのバランス・オブ・パワーには、純粋に軍事的な拡大の論理以外に、どのような説明も期待することは困難である」（一三四頁、傍点原文）という本書の強烈な主張は、この問いかけから導かれる本質的な批判なのである。「バランス・オブ・パワー」は説明の原理ではなく、説明すべき対象（現象）にすぎない。「現実主義はバランス・オブ・パワーの理論をもたない」（一三四頁）という本書の鋭い指摘は、説明対象と説明原理とを取り違えた現実主義の欠陥を的確に衝いて衝撃的である。

では、「国際的なもの」を説明する理論体系はどのようなものでなければならないのだろうか。ローゼンバーグの師であるフレッド・ハリディによれば、そもそも理論は四つの文脈で「国際的なもの」を説明できなければならないし、それを可能にするのは史的唯物論を措いてほかにはないはずである（フレッド・ハリディ『国際関係論再考――新たなパラダイム構築をめざして』ミネルヴァ書房、一九九七年）。ちなみに、ハリディはここで史的唯物論という言葉を使っている。イギリスのニューレフトの知的伝統の中に生きる彼にとって、想定される史的唯物論とは、日本的文脈でしばしば考えられる、官許的教義であるスターリン主義的「史的唯物論」のことではない。このことは日本の読者による短絡的な反発を避けるためにもあらかじめ強調しておく必要がある（イギリスのニューレフトの知的伝統については、リン・チュン『イギリスのニューレフト――カルチュラル・スタディーズの源流』彩流社、一九九九年を参照）。

さて、ハリディが言う四つの文脈とは、第一に社会経済的な文脈、第二に歴史的な文脈、第三に階級的な文脈、第四に破局内包的な文脈である。すなわち、「国際的なもの」に対する物質的な規定性を重視することが説明体系として期待される理論体系の第一の条件である。史的唯物論の場合、それが「生産様式」のあり方として問題にされ、資本主義の発展と構造という文脈で「国際的なもの」が説明される。第二の条件は歴史的な文脈の重視である。民族にせよ、国家にせよ、主権にせよ、「国際的なもの」の基本要素は、その発生・成熟・死滅（衰退）という一連の歴史的流れの中で説明されなければならない。これに対し、「国際的なもの」を階級的な文脈でとらえることが第三の必要条件である。国内の階級関係のあり方こそ、実は「国際的なもの」が推移する文脈を構成する。なぜなら、「国際的なもの」を構成する唯一の行動主体としばしば目される国家は、明らかに特定の社会的、経済的、政治的、文化的、かつ歴史的な階級的文脈の中に位置づけられるからである。最後に、「国際的なもの」の中で革命や戦争を引き起こす対立や葛藤に注意が向けられなければならない。革命や戦争という破局を引き起こす潜在的な矛盾の存在を「国際的なもの」の中に探り当てることができない理論は、説明力という点で失格である（ハリディ、前掲書、第三章および第一一章）。

ハリディと同様、ローゼンバーグもまた史的唯物論への信頼を失っていない。生産様式としての資本主義の構造的な特殊性を論じることによってマルクスは近代に特有の制度的形態を説明しようとしたわけだが、ローゼンバーグはこの説明を近代の地政学的なパワーの支配的形態にまで押し広げようとする。その意味で本書の第五章は白眉である。そこには本書のタイトルともなった「市民社会の帝国」概念をはじめとする数々の斬新な問題提起が含まれている。近代における経済（市場）と政治（国家）の領域区分の確立、市民社会から抽象された政治的パワーとしての国家主権の成立、こうした構造変化の必然的な帰結としての主権国家システムの導出、国際政治の無政府性を説明可能なものとするマルクスの議論（「無政府状態《アナーキー》の理論」）の発見など、彼の問題提起は見事なまでにハリディのさきの四つの条件と呼応関係にある。というよりも、ローゼンバーグが本書で行なった問題提起を受けてハリディのさきの条件の提示がなされた、と見るのが正しいだろう。問題提起だけではない。ローゼンバーグは本書において、「国際政治の無政府性」の状況把握にとどまっている（ということは、それが成立する近代の歴史的理論的必然性を説明できない）イギリス学派（ヘドリー・ブル『国際社会論――アナーキカル・ソサイエティ』岩波書店、二〇〇〇年）を超える展望も切り開いた。ローゼンバーグにしても、ハリディにしても、本書で行なわれた本質的な問題提起を踏まえ、それを国際システムの説明体系へと発展させてゆくことこそが究極の目標であるはずである（拙著『市民社会と福祉国家――現代を読み解く社会科学の方法』昭和堂、二〇〇七年の第七章「市民社会の帝国主義」はこの課題を意識した一試論である）。あるべき説明体系の構築と、その可能性を模索する問題提起として、本書はまずもって読まれるべきである。

本書の翻訳は渡辺雅男と渡辺景子の共同作業によって行なわれた。本書の翻訳企画を支えてくれた桜井書店の桜井香さんには、いつものことながら、深く感謝する。

二〇〇七年四月
渡辺雅男

# 人名索引

## ア行

アタワルパ(Atahualpa)　190
アルブケルケ(Albuquerque, Alfonso de)　164, 166
アンダーソン(Anderson, Perry)　110, 126, 128, 181
イサベル(Isabella)，カスティリアの　188
イブン･ハルドゥーン(Ibn Khaldun)　170
インノケンティウス10世(Innocent X)，教皇　227
ウィリアム(William)，オレンジ公(of Orange)　124
ウェイリー(Waley, D.)　135
ウォーラーステイン(Wallerstein, Immanuel)　159, 167, 169, 173
ウォルツ(Waltz, Kenneth)　19, 28, 45–52, 53, 56, 61, 63n2, 66n24, 87, 216, 263n41, 263n44
ウッド(Wood, Ellen)　96n20, 138, 214, 217, 229
ウッドラフ(Woodruff, W.)　277
ウルフ(Wolf, Eric)　85, 169, 276, 277
ヴィトリア(Vitoria, Francisco de)　159, 193
ヴィルヘルム２世(Wilhelm II)，皇帝　40
ヴェーバー(Weber, Max)　27, 44, 87, 173, 273, 278
ヴェスプッチ(Vespucci, Amerigo)　187
エドワード３世(Edward III)，イングランド王　121, 232
エンゲルス(Engels, Friedrich)　57, 240
エンリケ航海王子(Henry the Navigator)　163, 164

## カ行

カーティン(Curtin, P. D.)　166, 174
カール５世，神聖ローマ皇帝(カルロス１世，スペイン国王)　40, 188, 190, 286
カニング(Canning, George)　283
カント(Kant, Immanuel)　74, 288n19
ガマ(Gama, Vasco da)　163, 165
キアナン(Kiernan, V.)　280
キッシンジャー(Kissinger, Henry)　40
ギデンズ(Giddens, Anthony)　78, 80, 83, 84, 92, 99n36, 101–102n55
ギャラハー(Gallagher, J.)　282
ギルピン(Gilpin, Robert)　20, 263n44
クレイブ(Craib, I.)　87, 88, 90, 91, 250
クレオン(Cleon)　129
グローチウス(Grotius, Hugo)　124, 254, 288n19
ケツアルコアトル(Quetzcoatl)　189

ケネディー（Kennedy, Paul）　42
ケンウッド（Kenwood, A.）　277
コブデン（Cobden, Richard）　57, 64n9, 245, 246, 280
コルテス（Cortés, Hernando）　183, 184, 189, 191
コルベール（Colbert, Jean-Baptiste）　171
コロンブス（Columbus, Bartholomew）　188
コロンブス（Columbus, Christopher）　185, 187, 188
コント（Comte, Auguste）　93

**サ行**

サッチャー（Thatcher, Margaret）　217
サラディン（Saladin）　119
サン・シモン（Saint-Simon, Comte de）　93, 249
サンチェス・アルボルノス（Sanchez-Albornoz, Claudio）　180
ザルツァー（Salzer）　115
シュワルツェンベルガー（Schwarzenberger, Georg）　255
ジェンキンズ（Jenkins, B.）　57
ジンメル（Simmel, Georg）　254
スペンサー（Spencer, Herbert）　254
スミス（Smith, Adam）　17, 32, 214
スミス（Smith, Sir Thomas）　229
セイヤー（Sayer, Derek）　117, 213, 230, 238, 253
セプルベダ（Sepülveda, Juan Ginés de）　194
セレーニ（Sereni, A.）　112

**タ行**

チェンバレン（Chamberlain, Neville）　43
チャーチル（Churchill, Winston）　273
ティエリー（Thierry, Augustine）　16, 231
テイラー（Taylor, Trevor）　65n18
テニエス（Tönnies, Ferdinand）　255–256
ディアス（Diaz, Bernal）　187
ディオドトス（Diodotus）　129, 153n105
デイヴィス（Davis, Ralph）　121, 186
デヒオ（Dehio, L.）　124
デュルケーム（Durkheim, Émile）　27, 254
ドイル（Doyle, M. W. ）　131
トゥキディデス（Thucydides）　40, 41, 61, 107, 108, 109, 125, 129, 132, 134, 135, 240
トンプソン（Thompson, Kenneth）　41
ドッブ（Dobb, M.）　169

**ナ行**

ナポレオン（Napoleon），皇帝　40

ノイマン(Neumann, J. von)　48, 49

## ハ行

ハチスン(Hutcheson, Francis)　214
ハリディ(Halliday, Fred)　108
パーネル(Purnell, R.)　126
パーマストン(Palmerston, H. J.)　245-246
パリー(Parry, J. H.)　164, 169, 189, 195
ヒトラー(Hitler, Adolf)　40
ピサロ(Pizarro, Francisco)　190-191
フィリッペ2世(Philip II)，スペイン国王　195
フェルナンド(Ferdinand)，スペイン国王　188
フェルナンド3世(Ferdinand III)，カスティリア国王　184
フランクリン(Franklin, Benjamin)　278
フランソワ1世(Francis I)，フランス国王　164
フリードリヒ1世(Frederick I)，バルバロッサ(赤ヒゲ王)，神聖ローマ帝国皇帝　110
フリスビー(Frisby, D.)　253
ブライト(Bright, John)　246
ブル(Bull, H.)　102n59, 227, 263n41, 270
ブローデル(Braudel, F.)　72, 175, 199n14
プラトン(Plato)　127
ペリクレス(Pericles)　128
ホームズ(Holmes, G.)　121, 166
ホッパー(Hopper, R. J.)　131
ホッブス(Hobbes, Thomas)　228-230, 236, 288n19
ホフマン(Hoffman, Stanley)　35
ホブズボーム(Hobsbawm, Eric)　140, 274
ボウマン(Bowman, Isaiah)　282
ボクサー(Boxer, C. R.)　199n14
ボダン(Bodin, Jean)　228, 230
ポラニー(Polanyi, Karl)　93, 201n46, 253

## マ行

マキャベリ(Machiavelli, Niccoló)　40, 105, 150n74
マゼラン(Magellan, Ferdinand)　188
マティンリー(Mattingly, Garrett)　113, 124, 151n74
マニング(Manning, Charles)　255
マヌエル1世(Manoel I)，ポルトガル王　163-164
マルクス(Marx, Karl)　17, 22, 27, 56, 91, 106, 109, 172, 198, 280
マレー(Murray, Colin)　275
ミネラップ(Minnerup, G.)　57
メディチ(Medici, Cosimo de)　115
モーゲンソー(Morgenthau, Hans)　28, 35-45, 50, 53, 61, 63n2, 118, 233, 261n32, 273, 286

モクテスマ王（Montezuma）　189–190
モルゲンシュテルン（Morgenstern, G.）　48, 49

## ラ行

ラス･カサス（Las Casas），バルトロメ･デ　194
ラング（Lang, James）　180
リットン卿（Lytton, Bulwer），初代伯爵　279, 282
ルービン（Rubin, Isaac）　249
ルイ14世（Louis XIV），フランス国王　171, 233
ルソー（Rousseau, J. J.）　46, 47, 50
ルター（Luther, Martin）　170
レーニン（Lenin, V. I.）　57
ローズクランス（Rosecrance, R. N.）　36
ロッキード（Lougheed, A.）　277
ロック（Locke, John）　288n19
ロビンソン（Robinson, J.）　282
ロビンソン（Robinson, Ronald）　283

## ワ行

ワイト（Wight, Martin）　25n10, 27, 60, 71, 75–80, 92, 97n28, 105, 107, 238, 273, 288n19
ワスカル（Huascar）　190

# 事項索引（地名・国名を含む）

## ア行

**カ行**

## サ行

## タ行

## ナ行



## ハ行

**マ行**

**ヤ行**



**ラ行**

# 文献


Adelson, H., *Medieval Commerce*, Princeton 1962.

Anderson, P., 'The Affinities of Noberto Bobbio', *New Left Review*, 170, July/August 1988.

Anderson, P., 'The Antinomies of Antonio Gramsci', *New Left Review*, 100, 1976/7.

Anderson, P., *Lineages of the Absolutist State*, London 1974.

Anderson, P., *Passages from Antiquity to Feudalism*, London 1974. ペリ・アンダーソン（青山吉信ほか訳）『古代から封建へ』刀水書房，1984年

Anderson, P., *A Zone of Engagement*, London 1992.

Arrighi, G., 'World Income Inequalities and the Future of Socialism', *New Left Review*, 189, September/October 1991.

Aston,T., *Crisis in Europe, 1560–1660*, London 1965.

Barraclough, G., *An Introduction to Contemporary History*, London 1964. G・バラクラフ（中村英勝・中村妙子訳）『現代史序説』岩波書店，1971年

Beetham, D., *Max Weber and the Theory of Modern Politics*, 2nd edn., Cambridge 1985. デーヴィド・ビーサム（住谷一彦・小林純訳）『マックス・ヴェーバーと近代政治理論』未来社，1988年

Beitz, C., *Political Theory and International Relations*, Princeton 1979. C・ベイツ（進藤榮一訳）『国際秩序と正義』岩波書店，1989年

Berghahn, V., *Militarism: History of an International Debate*, Cambridge 1984. フォルカー・R・ベルクハーン（三宅正樹訳）『軍国主義と政軍関係——国際的論争の歴史』南窓社，1991年

Black, J., *The Rise of the European Powers, 1679–1793*, London 1990.

Bourne, K., ed., *The Foreign Policy of Victorian England*, Oxford 1970.

Boxer, C. R., *The Portuguese Seaborne Empire*, Harmondsworth 1973.

Braudel, F., *The Perspective of the World* (*Capitalism & Civilization, 15th–18th Centuries*, Vol. III), London 1979. フェルナン・ブローデル（村上光彦訳）『世界時間』みすず書房，1985年

Brenner, R., 'Bourgeois Revolution and She Transition to Capitalism', in A. Beier *et al.*, eds., *The First Modern Society: Essays in English History in Honour of Lawrence Stone*, Cambridge 1989.

Brenner, R., 'The Origins of Capitalist Development: A Critique of Neo-Smithian Marxism', *New Left Review*, 104, July/August 1977.

Brenner, R., 'The Social Basis of Economic Development', in J. Roemer, ed., *Analytical Marx-*

*ism*, Cambridge 1986.

Bull, H., *The Anarchical Society*, London 1977. ヘドリー・ブル（臼杵英一訳）『国際社会論――アナーキカル・ソサイエティ』岩波書店，2000年

Bull, H., 'International Theory: The Case for a Classical Approach', *World Politics*, 18(3), 1966.

Burn, A. R., *The Pelican History of Greece*, Harmondsworth 1982.

Butterfield, H., 'The Balance of Power', in H. Butterfield and M. Wright, eds., *Diplomatic Investigations*, London 1966.

Cammack, P., 'Bringing the State Back In?', *British Journal of Political Science*, April 1989.

Carr, E. H., *Nationalism and After*, London 1945. E・H・カー（大窪愿二訳）『ナショナリズムの発展』みすず書房，1952年

Carr, E. H., *The Twenty Years' Crisis*, 1st edn., London 1939; 2nd edn., London 1946, reprinted Basingstoke 1981. E・H・カー（井上茂訳）『危機の二十年――1919–1939』岩波書店，1996年

Chamberlain, R. S., 'The Roots of Lordship; The *Encomienda* in Medieval Castile', in H. B. Johnson, ed., *From Reconquest to Empire: The Iberian Background to Latin American History*, New York 1970.

Chomsky, N., *Towards a New Cold War*, New York 1982. ノーム・チョムスキー（河村望訳）『知識人と国家』ティービーエス・ブリタニカ，1981年

Clarke, I., *The Hierarchy of States: Reform and Resistance in the International Order*, Cambridge 1989.

Corbridge, S., *Capitalist World Development*, Basingstoke 1986.

Craib, I., *Modern Social Theory*, Brighton 1984.

Curtin, P. D., *Cross-Cultural Trade in World History*, Cambridge 1984. フィリップ・カーティン（田村愛理・中堂幸政・山影進訳）『異文化間交易の世界史』NTT出版，2002年

Davis, R., *The Rise of the Atlantic Economies*, London 1973.

Dehio, L., *The Precarious Balance*, London 1963.

Diaz, B., *The Conquest of New Spain*, ed. J. M. Cohen, Harmondsworth 1963. ベルナール・ディーアス・デル・カスティーリョ（小林一宏訳）『メキシコ征服記』岩波書店，1986–87年

Dobb, M., *Studies in the Development of Capitalism*, New York 1963. M・ドッブ（京大近代史研究會譯）『資本主義發展の研究』岩波書店，1954年

Donelan, M., 'Spain and the Indies', in H. Bull and A, Watson, eds., *The Expansion of International Society*, Oxford 1984.

Dougherty, J. E. and Pfaltzgraff, R. L., *Contending Theories of International Relations*, New York 1981.

Doyle, M. W., *Empires*, Ithaca, New York 1986.

Doyle, M. W, 'Thucydidean Realism', *Review of International Studies*, 16(3), 1990.

Elliott, J. H., *Imperial Spain 1469–1716*, London 1970. J・H・エリオット（藤田一成訳）『スペイン帝国の興亡』岩波書店，1982年

Evans, P., Rueschmeyer, D. and Skocpol, T., eds., *Bringing the State Back In*, Cambridge 1985.

Finley, M. I., *The Ancient Greeks*, London 1963. モーゼス・I・フィンレー（山形和美訳）『古代ギリシア人』法政大学出版局，1989年

Fohlen, C., 'The Industrial Revolution in France, 1700–1914', in C. M. Cipolla, ed., *The Fontana Economic History of Europe, Vol. IV: The Emergence of Industrial Societies*, Glasgow 1973.

Forsyth, M. *et al.*, eds., *The Theory of International Relations: Selected Texts from Gentili to Treischke*, London 1970.

Frisby, D. and Sayer, D., *Society*, London 1986. D・フリスビー／D・セイヤー（大鐘武訳）『社会とは何か』恒星社厚生閣，1993年

Gallagher, J. and Robinson, R., 'The Imperialism of Free Trade', *Economic History Review*, Second Series, VI(1), 1953. ジョージ・ネーデル／ペリー・カーティス編（川上肇ほか訳）『帝国主義と植民地主義』御茶の水書房，1983年所収

Giddens, A., *A Contemporary Critique of Historical Materialism*, Basingstoke 1981.

Giddens, A., *The Constitution of Society*, Cambridge 1984.

Giddens, A., *The Nalion-State and Violence*, Cambridge 1985. アンソニー・ギデンズ（松尾精文・小幡正敏訳）『国民国家と暴力』而立書房，1999年

Gilpin, R., *The Political Economy of International Relations*, Princeton 1987. ロバート・ギルピン（佐藤誠三郎・竹内透監修，大蔵省世界システム研究会訳）『世界システムの政治経済学——国際関係の新段階』東洋経済新報社，1990年

Gilpin, R., 'The Richness of the Tradition of Political Realism', in R. Keohane, ed., *Neorealism and Its Critics*, New York 1986.

Gilpin, R., *War and Change in World Politics*, Cambridge 1981.

Glamann, K., 'European Trade, 1500–1750', in C. M. Cipolla, ed., *The Fontana History of Europe, Vol. II: The Sixteenth and Seventeenth Centuries*, Glasgow 1974.

Godelier, M., *The Mental and the Material*, London 1986.

Goodman, G., *The Miners' Strike*, London 1985.

Goodwin, G., 'The Erosion of External Sovereignty?', *Government and Opposition*, 9(1), Winter 1974.

Gramsci, A., *Selections from Prison Notebook*, ed. Q. Hoare and G. N. Smith, London 1971. アントニオ・グラムシ（上村忠男訳）『新編・現代の君主』青木書店，1994年

Grossman, G., 'Russia and the Soviet Union', in C. M. Cipolla, ed., *The Fontana History of*

*Europe, Vol. IV: The Emergence of Industrial Societies*, Glasgow 1973.

Grotius, Prolegomena to *On the Law of War and Peace*, in Forsyth *et al.*, eds., *The Theory of International Relations: Selected Texts from Gentili to Treitschke*, London 1970. グローチウス（一又正雄訳）『グローチウス 戦争と平和の法』酒井書店，1996年

Hagen, V. W. von, *The Ancient Sun Kingdoms of the Americas*, London 1962.

Hall, J., 'They Do Things Differently There, or, The Contribution of British Historical Sociology', *The British Journal of Sociology*, 40(4), December 1989.

Halliday, F., *The Making of the Second Cold War*, London 1983. フレッド・ハリディ（菊井礼次訳）『現代国際政治の展開――第二次冷戦の史的背景』ミネルヴァ書房，1986年

Halliday, F., '"The Sixth Great Power": On the Study of Revolution and International Relations', *Review of International Studies*, 16(3), July 1990.

Halliday, F., 'State and Society in International Relations: A Second Agenda', *Millennium*, Summer 1987.

Halliday, F., 'Theorizing the International', *Economy and Society*, 18(3), August 1989.

Hay, D., *Europe in the Fourteenth and Fifteenth Centuries*, London 1966.

Header, H. and Waley, D. P., *A Short History of Italy*, Cambridge 1963.

Heimann, E., *History of Economic Doctrines: An Introduction to Economic Theory*, New York 1964. エドゥアード・ハイマン（喜多村浩訳）『経済学説史』中央公論社，1950年

Held, D., 'Crisis Tendencies, Legitimation and the State', in J. Thompson and D. Held, eds., *Habermas: Critical Debates*, London 1982.

Heller, E., *The Artist's Journey into the Interior*, London 1966.

Hill, D. J., *A History of Diplomacy in the International Development of Europe*, 3 vols., London 1905–14.

Hilon, R., ed., *The Transition from Feudalism to Capitalism*, London 1976. ポール・スウィージーほか（大阪経済法科大学経済研究所訳）『封建制から資本主義への移行』柘植書房，1982年

Hinsley, F. H., *Power and the Pursuit of Peace*, Cambridge 1963.

Hinsley, F. H., *Sovereignty*, London 1966.

Hitchens, C., *Blood, Class and Nostalgia*, London 1990.

Hobsbawn, E., *The Age of Capital*, London 1975. E・J・ホブズボーム（柳生圀近ほか訳）『資本の時代――1848–1875』みすず書房，1981–12年

Hobsbawn, E., *The Age of Empire*, London 1987. E・J・ホブズボーム（野口建彦・野口照子訳）『帝国の時代――1875–1914』みすず書房，1993–98年

Hobsbawm, E., *The Age of Revolution*, London 1962. ホブズボーム（安川悦子・水田洋訳）『市民革命と産業革命』岩波書店，1968年

Hobsbawm, E., 'The Crisis of the Seventeenth Century', in T. Ashton, ed., *Crisis in Europe 1560–*

*1660*, London 1965.

Hobsbawm, E., 'Goodbye to All That?', *Marxism Today*, October 1990.

Hoffman, S., 'An American Social Science: International Relations', *Daedalus*, Summer 1977.

Holmes, G., *Europe: Hierarchy and Revolt, 1320–1450*, Glasgow 1975.

Holsti, K. J., *Peace and War: Armed Conflicts and International Order, 1648–1989*, Cambridge 1991.

Holzgrefe, J. L., 'The Origins of Modern International Relations Theory', *Review of International Studies*, 15(1), 1989.

Hopper, R. J., *Trade and Industry in Classical Greece*, London 1979.

Howard, M., 'The Concept of Peace', *Encounter*, 61(4), December 1983.

Hume, D., 'Of the Balance of Power', reproduced in M. Wright, ed., *Theory and Practice of the Balance of Power, 1486–1914*, London 1975. ヒューム（小松茂夫訳）『市民の国について』岩波文庫，1982年

James, A., *Sovereign Statehood: The Basis of International Society*, London 1986.

Jarvis, A., 'Societies, States and Geopolitics: Challenges from Historical Sociology', *Review of International Studies*, 15(3), 1989.

Jenkins, B. and Minnerup, G., *Citizens and Comrades*, London 1984.

Johnson, H. B., 'Introduction' to H. B. Johnson, ed., *From Reconquest to Empire: The Iberian Background to Latin American History*, New York 1970.

Jones, R., 'The English School of International Relations: A Case for Closure', *Review of International Studies*, 7(1), 1981.

Kamen, H., *Spain, 1469–1714: A Society of Conflict*, Harlow 1983.

Kant, I., *Perpetual Peace and Other Essays*, ed. T. Humphrey, Indianapolis 1983. イマヌエル・カント（宇都宮芳明訳）『永遠平和のために』岩波文庫，1985年

Kaplan, M., 'The New Great Debate: Traditionalism vs Science in International Relations', *World Politics*, 19(1), 1966.

Kennedy, P., *The Realities behind Diplomacy*, London 1981.

Kenwood, A. and Lougheed, A., *The Growth of the International Economy, 1820–1980*, London 1983. A・G・ケンウッド／A・L・ロッキード（岡村邦輔ほか訳）『国際経済の成長——1820–1960』文眞堂，1979年

Keohane, R., ed., *Neorealism and its Critics*, New York 1986.

Keohane, R. and Nye, J., *Power and Interdependence*, Boston 1977.

Kiernan, V., 'Marx and India', in R. Miliband and J. Saville, eds., *Socialist Register*, 1967.

Kindleberger, C. P., *Historical Economics: Art or Science?*, Hemel Hempstead 1990.

Knutsen, T., *A History of International Relations Theory*, Manchester 1992.

Koenigsberger, H., *Early Modern Europe 1500–1789*, Harlow 1987.

Kriedte, P., *Peasants, Landlords and Merchant Capitalists*, Leamington Spa 1983.

Kubalkova, V. and Cruickshank, A., *Marxism and International Relations*, Oxford 1985.

Lang, J., *Conquest and Commerce: Spain and England in the Americas*, New York and London 1975.

Laue, T. von, *The World Revolution of Westernization*, Oxford 1987.

Limm, P., *The Thirty Years' War*, Harlow 1984.

Linklater, A., *Beyond Realism and Marxism: Critical Theory and International Relations*, London 1990.

Lourie, E., 'A Society Organized for War: Medieval Spain', *Past and Present*, December 1986.

Mann, M., 'The Autonomous Power of the State: Its Origins, Mechanisms and Results', in J. Hall, ed., *States in History*, Oxford 1986.

Mann, M., 'Capitalism and Militarism', *War, State and Society*, London 1984.

Mann, M., *The Sources of Social Power*, Vol. I, Cambridge 1986. マイケル・マン（森本醇・君塚直隆訳）『先史からヨーロッパ文明の形成へ』NTT出版，2002年

Mann, M., 'War and Social Theory: Into Battle with Classes, Nations and States', in M. Shaw and C. Creighton, eds., *The Sociology of War and Peace*, London 1987.

Manning, C., *The Nature of International Society*, London 1975.

Marks, S. and Richardson, P., 'Introduction', to S. Marks and P. Richardson, eds., *International Labour Migration: Historical Perspectives*, Hounslow 1984.

Martines, L., *Power and Imagination: City-States in Renaissance Italy*, New York 1979.

Marx, K., *Capital*, Vol. I, introduced by E. Mandel, Harmondsworth 1976.

Marx, K., *Capital*, Vol. III, Moscw 1959.

Marx, K., *Early Writings*, ed. L. Colletti, Harmondsworth 1975.

Marx, K., *The Eastern Question*, eds. E. Marx and E. Aveling, London 1897.

Marx, K., *Grundrisse*, foreword by M. Nicolaus, Harmondsworth 1973.

Marx, K., *Pre-Capitalist Economic Formations*, ed. E. Hobsbawm, Moscow 1964.

Marx, K., *Readings from Karl Marx*, ed. D. Sayer, London 1989.

Marx, K., *The Revolutions of 1848*, ed. D. Fernbach, Harmondsworth 1973.

Marx, K., *Surveys from Exile: Political Writings*, Vol. II, ed. D. Fernbach, Harmondsworth 1973.

Marx, K. and Engels, F., *The Correspondence of Marx and Engels*, ed. D. Torr, London 1934.

Marx, K. and Engels, F., *The German Ideology* (Parts I and II), ed. R. Pascal, New York 1947.

Marx, K. and Engels, F., *On Colonialism*, Moscow and London 1980.

Marx, K. and Engels, F., *Pre-capitalist Socio-economic Formations*, Moscow 1979.

〔マルクス・エンゲルスの著作の邦訳については，『マルクス・エンゲルス全集』大月書店の各巻を，『経済学批判要綱（*Grundrisse*）』についてはマルクス『資本論草稿集――1857-58年の経済学草稿』大月書店の各巻を参照。なお，「ドイツ・イデオロギー」

については岩波文庫版（マルクス／エンゲルス著，廣松渉編訳，小林昌人補訳『新編輯版 ドイツ・イデオロギー』岩波書店，2002年）の頁数を並記した〕

Mattingly, G., *Renaissance Diplomacy*, Harmondsworth 1965.

Mayer, A., 'Internal Crisis and War since 1870', in C. Bertrand, ed., *Revolutionary Situations in Europe, 1917–1922*, Montreal 1977.

Mayer, A., *The Persistence of the Ancien Régime,* London 1981.

Mayer, A., *Why did the Heavens Not Darken?*, London 1990.

Merrington, J., 'Town and Country in the Transition to Capitalism', in R. Hilton, ed., *The Transition from Feudalism to Capitalism*, London 1965. ポール・スウィージーほか（大阪経済法科大学経済研究所訳）『封建制から資本主義への移行』柘植書房，1982年，所収

Mills, C. W., *The Sociological Imagination*, Oxford 1959. C・W・ミルズ（鈴木広訳）『社会学的想像力』紀伊國屋書店，1995年

Minchinton, W. E., *The Growth of English Overseas Trade in the 17th and 18th Centuries*, London 1969.

Mommsen, W., *The Age of Bureaucracy*, Oxford 1974. W・J・モムゼン（得永新太郎訳）『官僚制の時代——マックス・ヴェーバーの政治社会学』未來社，1984年

Mooers, C., *The Making of Bourgeois Europe*, London 1991.

Morgenthau, H., 'Another "Great Debate": The National Interest of the US', in M. Smith *et al*., eds., *Perspectives on World Politics*, Beckenham 1981.

Morgenthau, H., *Politics among Nations*, 6th edn., New York 1985. ハンス・モーゲンソー（現代平和研究会訳）『国際政治——権力と平和』福村出版，1986年

O'Brien, P., 'Europe in the World Economy', in H. Bull and A. Watson, eds., *The Expansion of International Society*, Oxford 1984.

O'Brien, P., 'The Costs and Benefits of British Imperialism, 1846–1914', *Past and Present*, August 1988.

Olsen, W., 'The Development of a Discipline', in B. Porter, ed., *The Aberystwyth Paper: International Politics, 1919–1969*, London 1972.

O'Sullivan, D., *The Age of Discovery*, Harlow 1984.

Parry, J. H., *The Age of Reconnaissance*, London 1973.

Parry, J. H., 'The New World, 1521–1580' in G. R. Elton, ed., *The New Cambridge Modern History, Vol. II: The Reformation, 1520–1559*, Cambridge 1965.

Parry, J. H., *The Spanish Seaborne Empire*, London 1966.

Parry, J. H., *The Spanish Theory of Empire in the Sixteenth Century*, New York 1974.

Polanyi, K., *The Great Transformation*, Boston 1957. カール・ポラニー（吉沢英成ほか訳）『大転換——市場社会の形成と崩壊』東洋経済新報社，1975年

Potts, L., *The World Labour Market: A History of Migration*, London 1990.

Purnell, R., 'Theoretical Approaches to International Relations: The Contribution of the Graeco-Roman World', in T. Taylor, ed., *Approaches and Theories in International Relations*, Harlow 1978.

Robinson, R., 'Non-European Foundations of European Imperialism: Sketch for a Theory of Collaboration' , in R. Owen and R. Sutcliffe, eds., *Studies in the Theory of Imperialism*, London 1972.

Rosenberg, J., 'Giddens' Nation-State and Violence. A Non-Realist Theory of Sovereignty?', *Millennium,* Summer 1990.

Ross, J. and McLaughlin, M., eds., *The Portable Renaissance Reader*, Harmondsworth 1968. Francesco Gucciardini については，グイッチァルデーニ（末吉孝州訳）『イタリア史Ｉ』第１・２巻，太陽出版，2001年

Rubin, L., *Essays on Marx's Theory of Value*, introduced by F. Perlman, Montreal 1973.

Sabine, G., *A History of Political Theory*, London 1941. G・H・セイバイン（丸山眞男訳）『西洋政治思想史Ｉ』岩波書店，1953年（部分訳）

Sanchez-Albornoz, C., 'The Continuing Tradition of Reconquest', in H. B. Johnson, ed., *From Reconquest to Empire: The Iberian Background to Latin American History*, New York 1970.

Sansom, G. B., *The Western World and Japan*, New York 1950. サンソム（金井円ほか訳）『西欧世界と日本』上，筑摩書房，1966年

Sayer, D., *Capitalism and Modernity*, London 1991. デリク・セイア（清野正義ほか訳）『資本主義とモダニティ――マルクスとウェーバーによる知的探険』晃洋書房，1993年

Sayer, D., 'The Critique of Politics and Political Economy: Capitalism, Communism and the State in Marx's Writings of the Mid-1840s', *Sociological Review*, 33(2), 1985.

Sayer, D., 'A Notable Administration: English State Formation and the Rise of Capitalism', *American Journal of Sociology*, 97(5), March 1992.

Sayer, D., 'Reinventing the Wheel: Anthony Giddens, Karl Marx and Social Change', in J. Clark *et al*., eds., *Anthony Giddens: Consensus and Controversy*, London 1990.

Sayer, D., *The Violence of Abstraction*, Oxford 1987.

Schwarzenberger, G., *Power Politics: An Introduction to the Study of International Relations and Post-war Planning*, London 1941.

Sereni, A., *The Italian Conception of International Law*, New York 1943.

Shoup, L. and Minter, W., 'Shaping a New World Order: The Council on Foreign Relations' Blueprint for World Hegemony', in H. Sklar, ed., *Trilateralism*, Boston 1980.

Smith, M. J., *Realist Thought from Weber to Kissinger*, Boston Rouge and London 1986. マイケル・J・スミス（押村高ほか訳）『現実主義の国際政治思想――M・ウェーバーからH・キッシンジャーまで』垣内出版，1997年

Spero, J., *The Politics of International Economic Relations*, London 1985. ジョーン・E・スペ

ロ（小林陽太郎・首藤信彦訳）『国際経済関係論』東洋経済新報社，1988年

Sprout, H. and Sprout, M., 'Tribal Sovereignty vs Independence', in M. Smith *et al.*, eds., *Perspectives on World Politics*, Beckenham 1981.

Stedman Jones, G., 'The History of US Imperialism', in R. Blackburn, ed., *Ideology in Social Science: Readings in Critical Social Theory*, Glasgow 1972.

Stoessinger, J., 'The Anatomy of the Nation-State and the Nature of Power', in M. Smith *et al.*, eds., *Perspective on World Politics*, Beckenham 1981.

Strange, S., *States and Markets: An Introduction to International Political Economy*, London 1988. スーザン・ストレンジ（西川潤・佐藤元彦訳）『国際政治経済学入門――国家と市場』東洋経済新報社，1994年

Taylor, T., 'Power Politics', in T. Taylor, ed., *Approaches and Theory in International Relations*, Harlow 1978.

Therborn, G., *Science, Class and Society*, London 1976.

Thompson, J. W., *Economic and Social History of the Middle Ages*, Vol. II, New York 1959.

Thompson, K., 'Toward a Theory of International Politics', in S. Hoffman, ed., *Contemporary Theory in International Relations*, Englewood Cliffs, New Jersey 1960.

Thucydides, *History of the Peloponnesian War*, ed. M. Finley, Harmondsworth 1972. トゥーキュディデース（久保正彰訳）『戦史』岩波文庫，1966–67年

Tönnies, F., *Community and Association (Gemeinschaft und Gesellschaft)*, London 1955. F・テンニエス（杉之原寿一訳）『ゲマインシャフトとゲゼルシャフト――純粋社会学の基本概念』岩波文庫，1957年

Vasquez, J., *The Power of Power Politics: A Critique*, London 1983.

Viner, J., 'Power versus Plenty as Objectives of Foreign Policy in the Seventeenth and Eighteenth Centuries', *World Politics*, 1(1), 1948.

Waley, D., *The Italian City-Republics*, 3rd edn., Harlow 1988. D・ウェーリー（森田鉄郎訳）『イタリアの都市国家』平凡社，1971年

Wallerstein, I., *The Capitalist World Economy*, Cambridge 1979. I・ウォーラーステイン（藤瀬浩司・麻沼賢彦・金井雄一訳）『中核と周辺の不平等』名古屋大学出版会，1987年

Wallerstein, I., *The Modern World-System, Vol. I: Capitalist Agriculture and the Origins of the European World-Economy in the Sixteenth Century*, London 1974. I・ウォーラーステイン（川北稔訳）『近代世界システム――農業資本主義と「ヨーロッパ世界経済」の成立』岩波書店，1981年

Wallerstein, I., *The Modern World-System, Vol. II: Mercantilism and the Consolidation of the European World-Economy, 1600–1750*, London 1980. I・ウォーラーステイン（川北稔訳）『近代世界システム 1600～1750――重商主義と「ヨーロッパ世界経済」の凝集』名古屋大学出版会，1993年

Waltz, K., *Man, the State and War*, New York 1959.

Waltz, K., *Theory of International Politics,* Reading, Mass. 1979.

Watson, A., *The Evolution of International Society*, London 1992.

Weber, M., *Economy and Society*, ed. G. Roth and C. Wittich, Berkeley 1978.

Weber, M., *From Max Weber: Essays in Sociology*, eds. H. H. Gerth and C. W. Mills, London 1948.

Weber, M., *The Protestant Ethic and the Spirit of Capitalism*, introduced by A. Giddens, London 1985.マックス・ヴェーバー（大塚久雄訳）『プロテスタンティズムの倫理と資本主義の精神』岩波文庫，1989年

Weber, M., *Weber: Selections in Translation*, ed. W. G. Runciman, Cambridge 1978. ヴェーバー（脇圭平訳）『職業としての政治』岩波文庫，1980年

Wight, M., 'An Anatomy of International Thought', *Review of International Studies*, 13(3), 1987.

Wight, M., *Power Politics*, 2nd edn., Harmondsworth 1986.

Wight, M., 'Western Values in International Relations', in H. Butterfield and M. Wight, eds., *Diplomatic Investigations*, London 1966.

Wight, M., *Systems of States*, Leicester 1977.

Wight, M., 'Why Is There No International Theory?', in H. Butterfield and M. Wight, eds., *Diplomatic Investigations*, London 1966.

Wolf, E., *Europe and the People without History*, Berkeley 1982.

Wood, E., 'Marxism and the Course of History', *New Left Review*, 147, September/October 1984.

Wood, E., *The Pristine Culture of Capitalism*, London 1991.

Wood, E., 'The Separation of the Economic and the Political in Capitalism', *New Left Review*, 127, May/June 1981.

Wood, E., 'The Uses and Abuses of "Civil Society"', *Socialist Register*, 1990 (Special issue: R. Miliband and L. Panitch, eds., *The Retreat of the Intellectuals*).

Woodruff, W., 'The Emergence of an International Economy, 1700–1914', in C. M. Cipolla, ed., *The Fontana Economic History of Europe: Vol. IV: The Emergence of Industrial Societies*, Glasgow 1973.

Woodruff, W., *Impact of Western Man: A Study of Europe's Role in the World Economy, 1750–1960*, London 1966.

Wright, M., ed., *Theory and Practice of the Balance of Power, 1486–1914*, London 1975.

渡《わた》辺《なべ》雅《まさ》男《お》

一橋大学社会学研究科教授，社会学博士

著書

『階級論の現在』（J. スコットとの共著）青木書店，1998年

『現代日本階層差別及其固定化』（中文）中央編訳出版社，1998年

『階級！ 社会認識の概念装置』彩流社，2004年

『市民社会と福祉国家』昭和堂，2007年

翻訳

J. ウェスターガード『イギリス階級論』青木書店，1993年

リン・チュン『イギリスのニューレフト』彩流社，1999年

J-C. ドゥロネ／J.ギャドレ『サービス経済学説史』桜井書店，2000年

J. クランプ『日経連 もうひとつの戦後史』（洪哉信との共訳）桜井書店，2006年

渡《わた》辺《なべ》景《けい》子《こ》

一橋大学社会学研究科博士課程単位修得

翻訳

A. ウォーカー『ヨーロッパの高齢化と福祉改革』（渡辺雅男との共訳）ミネルヴァ書房，1997年

G. エスピン-アンデルセン『ポスト工業経済の社会的基礎』（渡辺雅男との共訳）桜井書店，2000年

J. フォスター『破壊されゆく地球』こぶし書房，2001年

G. エスピン-アンデルセン『福祉国家の可能性』（渡辺雅男との共訳）桜井書店，2001年

J. フォスター『マルクスのエコロジー』こぶし書房，2004年

J. シーブルック『世界の貧困』青土社，2005年

市民社会の帝国 近代世界システムの解明

2008年6月25日 初 版

訳 者 渡辺雅男／渡辺景子

装幀者 加藤昌子

発行者 桜井 香

発行所 株式会社 桜井書店

東京都文京区本郷1丁目5-17 三洋ビル16

〒113-0033

電話 (03)5803-7353

Fax (03)5803-7356

http://www.sakurai-shoten.com/

印刷所 株式会社 ミツワ

製本所 誠製本 株式会社

© 2008 M. Watanabe & K. Watanabe

定価はカバー等に表示してあります。
本書の無断複写(コピー)は著作権法上
での例外を除き，禁じられています。
落丁本・乱丁本はお取り替えします。

ISBN978-4-921190-50-7 Printed in Japan

長島誠一著
**現代マルクス経済学**

『資本論』の経済学の現代化に取り組んだ挑戦的試み
A 5判・定価3700円＋税

重田澄男著
**資本主義を見つけたのは誰か**

資本主義認識の深化の過程をたどるユニークな経済理論史
A 5判・定価3500円＋税

重田澄男著
**マルクスの資本主義**

資本主義概念をめぐるマルクスの模索と決断
A 5判・定価3800円＋税

柴田徳太郎編
**制度と組織**
**理論・歴史・現状**
制度経済学を具体的に展開する
A 5判・定価4700円＋税

戸原四郎著
**ドイツ資本主義**
**戦間期の研究**
1920·30年代に焦点をあてたドイツ資本主義発達史
A 5判・定価4600円＋税

王田美治著
**フランス資本主義**
**戦間期の研究**
1920·30年代に焦点をあてたフランス資本主義発達史
A 5判・上製4800円＋税

**桜 井 書 店**
http://www.sakurai-shoten.com/

藤田 勇著
自由・民主主義と社会主義 1917～1991
社会主義史の第２段階とその第３段階への移行
「ソビエト型社会＝政治体制」崩壊の歴史的意味を考察
定価１万1500円＋税

奥村　哲著
中国の資本主義と社会主義
近現代史像の再構成
中国近現代史の全体像を追究
Ａ５判・定価4800円＋税

菊本義治ほか著
日本経済がわかる 経済学

新しいスタイルの経済学入門テキスト
Ａ５判・定価2800円＋税

森岡孝二編
格差社会の構造
グローバル資本主義の断層
〈格差社会〉と〈グローバル化〉をキーワードに現代経済を読み解く
四六判・定価2700円＋税

伊原亮司著
トヨタの労働現場
ダイナミズムとコンテクスト
気鋭の社会学研究者が体当たりで参与観察・分析
四六判・定価2800円＋税

西堀喜久夫著
現代都市政策と地方財政
都市公営事業からコミュニティ共同事業への発展
都市の創造力をつくりだす都市財政を追究
Ａ５判・定価3400円＋税

桜井書店
http://www.sakurai-shoten.com/

エスピン-アンデルセン著／渡辺雅男・渡辺景子訳
**ポスト工業経済の社会的基礎**
**市場・福祉国家・家族の政治経済学**
福祉国家の可能性とゆくえを世界視野で考察
A 5判・定価4000円＋税

エスピン-アンデルセン著／渡辺雅男・渡辺景子訳
**福祉国家の可能性**
**改革の戦略と理論的基礎**
新たな，そして深刻な社会的亀裂・不平等をどう回避するか
A 5判・定価2500円＋税

ドゥロネ＆ギャドレ著／渡辺雅男訳
**サービス経済学説史**
**300年にわたる論争**
経済の「サービス化」，「サービス社会」をどう見るか
四六判・定価2800円＋税

ジョン・クランプ著／渡辺雅男・洪 哉信訳
**日経連**
**もうひとつの戦後史**
「闘う日経連」の異名をとった使用者団体の戦後史
四六判・定価2800円＋税

加藤一夫著
**プラトンの国の先住者たち**

プラトンの『国家』のもうひとつの読み方
四六判・定価3200円＋税

大谷禎之介編
**21世紀とマルクス**
**資本システム批判の方法と理論**
マルクスに即してマルクスを読む
A 5判・定価5200円＋税

**桜 井 書 店**
http://www.sakurai-shoten.com/